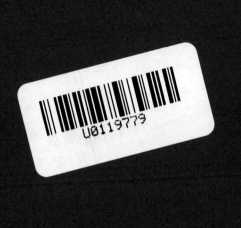

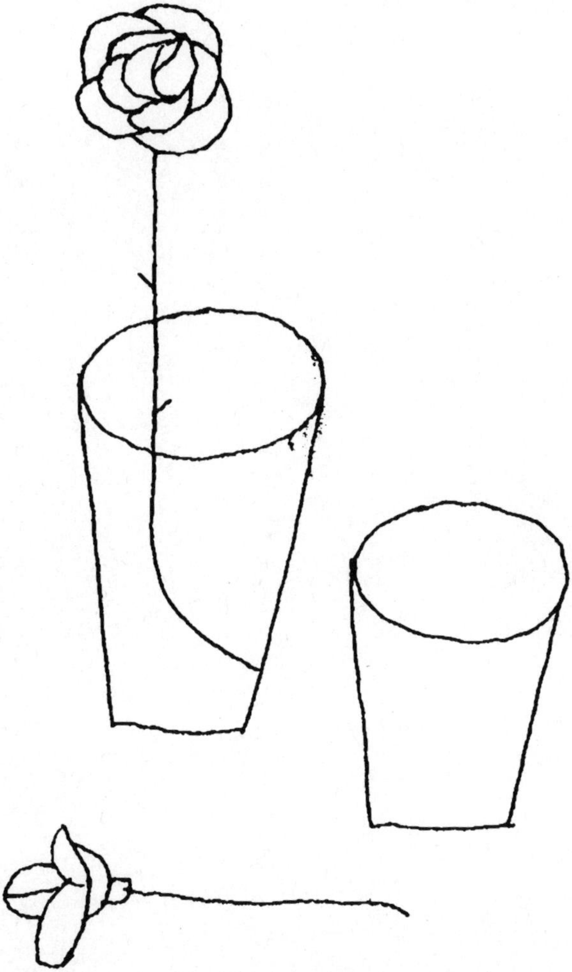

H

これは　あなたの手帖です
いろいろのことが　ここには書きつけてある
この中の　どれか　一つ二つは
すぐ今日　あなたの暮しに役たち
せめて　どれか　もう一つ二つは
すぐには役に立たないように見えても
やがて　こころの底ふかく沈んで
いつか　あなたの暮し方を変えてしまう
そんなふうな
これは　あなたの暮しの手帖です

——花森安治

一九五四年七月，生活手帖社。（攝影：樋口進，寫真提供授權：達志影像）

HANAMORI YASUJI

日本の暮しをかえた男

改變日本生活的男人

花森安治伝

津野海太郎

Tsuno Kaitaro

蔡青雯／譯　　臉譜／出版

彼のすることは、
すべて伝説となった。

他做的所有事情全都成了傳說。

目次

The Man Who Changed Japan's Lifestyle

The Autobiography of Hanamori Yasuji

第三部 ●

第四部 ●

選書、書籍設計　王志弘

HANAMORI YASUJI

日本の暮しをかえた男

改變日本生活的男人

花森安治伝

グラフィックデザイナー

ジャーナリスト、コピーライター

『暮しの手帖』初代編集長

●●●●

一九一一年（明治四十四年）十月二十五日～

一九七八年（昭和五十三年）一月十四日

序——誕生《生活手帖》的街道

The Man Who Changed Japan's Lifestyle
●●●●
The Autobiography of Hanamori Yasuji

一瞬間的記憶

筆者從未與花森安治見過面。但是在很久以前，曾在街上瞧見他的身影。黃昏時分，國電（現在的JR）新橋車站附近，外堀路（也稱電通路，現在的西銀座路）的十字路口。一名男子，個子不高卻體格健壯，站在上班族之間，朝向筆者望來。筆者所在之處，恰巧通過約五十人的小規模抗議遊行隊伍，一個月前剛成為大學新生的筆者，就在隊伍當中。

根據後來的調查，一九五七年（昭和三十二年）五月十五日，在南太平洋英屬聖誕島上，英國進行了第一次氫彈爆炸實驗。

大概是實驗後的第二天或第三天，大學生自治會緊急組織抗議遊行，在半藏濠的英國大使館正門前，筆者生平第一次參加政治性質的抗議遊行，緊張萬分。

抗議集會結束之後，從內堀路出發的抗議隊伍，鑽過新橋車站銀座出口的鐵橋下，緩緩走向解散地點的土橋。

身邊一位胳臂交叉在胸前、素未謀面的學生，小聲地對筆者說道：「喂！那個人是花森安治吧？」那個男人的國字臉彷彿是怒氣沖沖的平家蟹，雙眼炯炯有神；但是頭上頂著像是大嬸的河童髮型，還燙得捲捲的。雖然他並沒有穿著註冊商標的裙子，但是絕對沒錯，他就是有名的女裝總編輯、《生活手帖》的花森安治。

在好奇心驅使之下，筆者目不轉睛地盯著站在十字路口的河童男。對方似乎意識到筆者的視線，卻視而不見地撇過頭，和身旁的男性說了句話。

筆者的記憶到此為止。前後時間大約只有十五秒吧。然而，這一瞬間的記憶，為正在下筆撰稿的筆者，賦予無比的自信。這股自信來自於自己曾在年輕時，親眼見過花森安治！各位可能納悶筆者何需這股自信，因為花森安治已經離世超過三十年，自己對花森安治的存在感已經逐漸稀薄，他幾乎已經成為一位歷史傳奇中的人物。

除了女裝傳奇，花森還是位擁有諸多傳奇的人物，這些傳奇都不是他刻意打造的，卻件件耐人尋味，筆者將會善加利用，分享在書中。

另一方面，筆者認為他是獨創性十足的編輯，催生近代日本，所以想探尋他的獨特性源流。

此外，那些花森透過編輯工作想要傳達的訊息，以及他的功績，將花森傳奇化，很容易流於單調且平面的敘述，所以年輕時曾經親眼見到本人的那一瞬間，對筆者而言有絕大的幫助。

當時撇過頭、不理會抗議學生視線的河童男，不只是傳奇中的人物，而是曾經和自己呼吸過同一個時代空氣的真實人物。

這種曾經身在同一時空的證據，就像是對自己施與魔法，激發自己寫出的花森傳能夠具有嶄新的觀點。

百萬份雜誌的起點

花森安治的時代，其實就是「戰後」。

他的時代，可以從中日戰爭開始起算，歷經了長期的戰亂，一九四五年（昭和二十年），大日本帝國吞下敗果，然後走過經濟高度成長的六〇年代，直到一九七一年（昭和四十六年）、描述生涯的作品《一戔五厘的旗幟》出版發行。

他的時代，也可以起始於戰後的遍野焦炭殘骸之中，一群半吊子外行人，臨時成軍，攜手製作雜誌，創刊《美麗生活手帖》，然後改名《生活手帖》，接連發表各項人氣企畫，尤其最具代表的是「商品測試」，雜誌實際銷售冊數超過百萬，獲稱為「新國民雜誌」，影響力無遠弗屆。

不久之後，一九七八年（昭和五十三年），六十六歲的花森安治驟逝，在這之前，他一直坐鎮《生活手帖》，擔任總編輯。

如果是經過面試、就職、坐領月薪的編輯，絕對無法如此長期堅守崗位，絕不輕言離開。在這一方面，花森的好友、縱橫戰後出版界、《週刊朝日》的著名總編輯扇谷正造[1]，或是《文藝春秋》的池島信平[2]，也都是相同的態度；他們擔任了幾年的總編輯，然後調遷其他部門，如果還有機會和餘力，再返回原雜誌部門，擔任數年的總編輯。其實不僅是扇谷或池島，從前至今，只要是任職出版企業的編輯，都不由自主地步上這條宿命之途。

一般人在持續出版相同雜誌之後，通常都會厭倦，想要嘗試其他工作。然而花森卻不同，他製作出版同一種雜誌，長達三十年。而且，基本上，他維持相同的出版風格；並像個掌握權勢的獨裁者，長年君臨統治自己的城堡。

不過，他並非獨裁專斷的庸才管理人，而是出眾不凡的能幹管理人。

在每期的雜誌中，他不僅撰寫大量的文章和標題，插圖、手繪文字、排版、照片拍攝、報紙廣告、電車廂內吊掛廣告等，從不假手他人，甚至從企畫到現場的編輯作業，也都是獨掌全局。他的強勢領導作風，他人絕對模仿不來。

說穿了，他是達文西型的全能雜誌編輯。

在近代日本的編輯當中，遍尋不著像他這般的人物，《滑稽新聞》的宮武外骨[3]或許可以媲美。就打破傳統的編輯奇人而言，宮武外骨的確出版發行了不只《滑稽新聞》，一八八七年（明治二十年）創刊《頓智協會雜誌》，一九二九年（昭和四年）創刊《半開玩笑》，在這段期間，他還發行不少雜誌和報紙，不過卻都是創刊之後就停刊，無一例外，沒有一份報章雜誌是持續三十年，而且還發行超過百萬部。

不過，羅馬非一日而成，花森安治並非立刻就成為雜誌發行百萬的總編輯。

閱覽酒井寬所寫的《花森安治的工作》等相關資料時，筆者驚訝發現原來《生活手帖》是在偶然之下問世的雜誌。最初的發案者並不是花森，而是他湊巧認識的一位名為大橋鎮子的女性，二十多歲的她提案製作專為女性設計的生活雜誌，花森的腦中才開始扎根這個想法。

一九一一年（明治四十四年）十月，花森安治誕生於神戶。所以日本戰敗時，他三十三歲。戰前和戰時，他參與伊東胡蝶園[4]（後來的Papilio公司）、大政翼贊會[5]等宣傳工作，書籍裝幀和插圖的實力獲得認可。但是，此時只有少數人知道花森這號人物，在一般社會當中，他還只是沒沒無名的存在。

不僅沒沒無名，他和當時的許多日本人一樣，極度地貧困匱乏。在戰敗前兩個月，他任職的大政翼贊會突然解散，失業、沒有收入，他和學生時代認識、結婚成家的妻子，以及才剛上小學的女兒，每日三餐頓時苦無著落。不久之後，日本戰敗。情勢所迫，他為雜誌描繪插圖，設法維持生活，並且和翼贊會時期的同事四處奔走，打算成立廣告公司。

同一時期，《日本讀書新聞》的總編輯田所太郎，他是花森從舊制松江高中到東京帝大時期的好友。田所邀他每週前來位於御茶之水文化公寓中的報社編輯室，協助描繪插圖，也擔任田所的個人諮詢對象。

在編輯室中，花森認識一位年輕的女性編輯，她就是大橋鎮子，一九二〇年（大正九年）出生於東京，當時二十五歲，比花森年輕九歲。在她就讀小學時，任職公司的父親病死，母親一人含辛茹苦地撫養她長大成人。府立第六女子高中（現為都立三田高中）畢業之後，她進入日本興業銀行任職，後來再進入日本女子大學求學。可是，中途因病休學，一九四一年（昭和十六年）春天，她進入日本讀書新聞社任職。

同年十二月八日，日本偷襲美國珍珠港，太平洋戰爭開戰。

隨著戰事擴大，在內閣情報局的管轄之下，國策機關日本出版文化協會（日後的日本出版會）負責管制和檢閱戰時出版物品，日本讀書新聞社收編到旗下。大橋調任協會秘書室，田所總編輯的《日本讀書新聞》成為協會的機關刊物。然而，隨著戰火日熾，職級低於田所的編輯陸續被送上戰場，報紙不得不休刊。敗戰那年的十一月，復員歸來的編輯合力復刊《日本讀書新聞》，大橋也回歸編輯部。應該就是在這段時期，田所開口邀請花森協助。

從戰場歸來的編輯中，有一位後來以「眠狂四郎」系列馳名的作家柴田鍊三郎[6]。

當時在柴田眼中，往來出入編輯部的花森安治，只能算是一個玩票性質的「插畫家」。他承認「在稚拙的作品中，的確具有專業畫家所未見的嶄新感覺」，但是「應該難成氣候，很快就無戲可唱」。然而，這位不被看好的男子卻注意到與眾不同的女性——大橋鎮子。柴田表示，「所以花森開始走運。」

「從戰時到現在，她已經是資深編輯，不僅工作能力強，處理日常生活瑣事，也都游刃有餘，是不可多得的寶貴人才，更可說是一位無所不能的女性。戰時，即使物資逐漸吃緊，諸多物品不易入手，只要請求大橋鎮子幫忙，食衣住行，無論是砂糖，或是火車票，她都能夠設法張羅到手。（略）她的特異能力，簡直就是我們的救星。」（《異形的數學家 花森安治》）

柴田的說法或許過於誇張，但是，年輕的大橋鎮子確實擁有過人的行動力，這股行動力可能來自於她的強烈使命感——父親早逝，所以自己必須代行父職，養活母親和兩個妹妹。她和花森安治之間的關係也是誕生於此。花森「注意」到大橋，的確為自己帶來「好運」；另一方面，在自己和家族的現實逼迫之下，大橋也「注意」

到花森，為自己帶來「好運」。

不過，首先採取行動的並非花森安治，而是大橋鎮子。根據大橋鎮子在九十歲出版的回憶錄《生活手帖與我》（二〇一〇年發行，大橋於二〇一三年逝世），大約一九四五年底，《日本讀書新聞》復刊號校對完畢之後，大橋體念母親和祖父一路辛勞，認為自己有責任讓他們過著幸福的生活，但是考量到現下的收入，絕對難以如願，所以她找田所總編輯商量。

面對未來，我左思右想，自己是處於戰火下的女學生，無法專心向學，什麼都不懂。因此，如果可以調查自己不知道的事物，自己想知道的事物，然後出版發行，相信比我年輕五歲或年長五歲、合計十年的人們絕對願意閱讀。我希望為這些女性出版刊物，您覺得如何呢？

田所聽完她的想法，建議她「現在經常出現在編輯部的花森安治先生，他具有這方面的能力，不妨找他商量看看」。當天，在編輯部的一角，大橋鼓起勇氣，向「面貌兇惡不易親近」、向來保持安全距離的花森提出自己的計畫。當場，花森回答「我知道了，我來幫你孝順長輩」。幾天之後，花森邀請大橋來到東京復活主教座堂旁的小咖啡廳。這時花森所說的話，筆者從另一份資料摘錄介紹如下：

這次的戰爭，女人沒有任何責任；然而，女人卻得面對殘酷的困境。責任都在我。女人感到幸福快樂，每個人就都能有溫暖的家庭，就不會發生戰爭。因此，我想要幫忙。（《生活手帖》和半世紀〉）

女人沒有任何責任，可是，責任都在我……。

如果花森真的如此表示，責任所指何意？或許在戰時，他曾是大政翼贊會宣傳部門的一員，而且現在仍然惡名昭彰的戰爭標語「奢侈是大敵！」，傳說原始作者就是花森安治。

筆者也只能推測至此；不過，筆者相信花森和大橋商討結束，在後來的那幾天當中，花森心裡肯定覺得在戰敗之後，吃了這麼多苦，總算等到可以讓自己大顯身手的機會了。

在那之後，時節恰巧迎接新年，去職日本讀書新聞社的大橋，偕同兩個妹妹晴子和芳子，聽從花森的建言，準備成立新公司。

在大橋的回憶當中，花森建議，如果打算銷售書籍到日本全國，出版社最好設在銀座，所以考慮先在銀座成立事務所。不過花森強調這並非主管命令，自己還只是三姐妹的工作協力夥伴。

不過，同樣一件事情，在柴田鍊三郎筆下則全都走樣。

「(花森)命令她立刻張羅資金，並找到位在大樓內的事務所。如同以往，沒過多久，她立刻為花森尋得二十萬日圓的資金，以及位在銀座八丁目的日吉大樓一室。」

柴田大師，您真是風趣，不過內容似乎過於聳動了。

首先，尋得「大樓一室」的並不是鎮子，而是妹妹晴子。晴子任職的保險公司位在丸之內地區，她利用午餐休息和下班的時間，在遭到空襲、處處斷垣殘壁的銀座，尋找劫後餘生的大樓，東奔西走，耗費一番功夫，才終於發現可以租借的「名川法律事務所」。這間事務所位於西八丁目，是三層樓老建築「日吉大樓」的最頂樓。巧合的是大橋家和同住在大井鹿島町的名川家素有往來，所以憑藉著這段緣分，大橋得以順利承接到約只有八坪的小辦公室。

另外，柴田大師所提的「資金」，就是出版社的成立資金，也是晴子在保險公司負責的顧客——千葉酒店，二話不說地出借兩萬日圓（不是二十萬日圓）。花森非常高興，表示「就好像身陷地獄，遇見菩薩顯靈，這些資金足夠我們放手嘗試」，並請大橋母親保管這筆資金。

以下是筆者的推測。

最初期的生活手帖社，可能類似《海螺小姐》作者長谷川町子和姐妹共同成立的「姐妹社」，屬於家族經營的出版社。然而，花森從旁獻策，協助大橋的家族事業，自己的想法也逐漸成形。他不再希望只是「從旁協助」，而是想以此做為自己在戰後重新出發的起點，最後他甚至退出已經進行多時的廣告公司計畫，決心認真投入出版事業。

在戰後焦野的街道一角

一九四六年春天，花森安治和大橋家三姐妹在日吉大樓的一室，成立小型出版社。成員加上會計橫山啟一（原本屬於日本宣傳技術家協會，後來和晴子結婚），總共五位，社名訂為「衣裳研究所」，發行了《造型書》、《職業婦女的造型書》等幾本單薄、稱不上是雜誌的手冊。兩年後，一九四八年九月，更名為「生活手帖社」，大橋社長搭檔花森總編輯，創刊《美麗生活手帖》，也就是日後的《生活手帖》。

更改社名如同昭告天下，此後再也不僅是家族企業，而且從此時開始，花森安治內心蓄積已久的編輯想法，瞬間爆發。筆者形容地如此誇張，是因為比較《造型書》和全新的《美麗生活手帖》，其中展現出的編輯欲望和完成度，真的是天差地別。

不過，關於雜誌的論述，時候尚早，先來探尋花森安治在戰前戰時的軌跡，以及他編輯欲望的萌芽，並看看這群人的出發點——戰後的銀座西八丁目是何種光景。

首先，如同文字所示，「銀座西」意指銀座的西半邊。以現在的西銀座路（外堀路）來看，索尼大樓所在的數寄屋橋十字路口附近是西五丁目；然後往新橋方向走去，就是六丁目、七丁目，再來就是土橋，在未抵達土橋前的區域是西八丁目。現在靠近土橋側的街角，有棟 RECRUIT 大樓。

這座土橋，就是筆者在本章開頭所寫「抗議遊行隊伍朝著土橋前進」的那座土橋。外堀川流過數寄屋橋，在新橋車站前方大幅左彎之後，流經一座小橋，在戰後時期，因為常是勞工節等抗議遊行的解散地點，所以頗有名氣。

不過，這座橋現在已不存在，筆者偶然瞥見花森身影的兩年之後，一九五九年（昭和三十四年），為了開通首都高速公路，土橋和外堀川（在這時也稱為汐留川）

都被一併掩埋，現在只見首都高速公路的標誌「土橋入口」、「土橋十字路口」，徒留空名。

日吉大樓究竟位在八丁目的何處呢？

筆者偶然在住家附近圖書館發現「創建和平博物館之會」編纂的寫真集《銀座和戰爭》，寫真集中附有一九三七年（昭和十二年）製作的手繪銀座世界地圖摺頁。借來使用放大鏡細瞧之後，發現在土橋靠近銀座方面的旁邊，走過RECRUIT大樓的街角，沿著首都高速公路……，咦？不對，應該是沿著汐留川左轉，在下一個街角，就發現小字寫著「名川事務所」。沒錯，雖然沒有日吉大樓之名，此處應該就是大橋晴子發現的「名川法律事務所」。

順帶一提，這份市街地圖製作於昭和十二年，當時，在RECRUIT大樓的地點，雜亂並列著加油站、名片印刷廠、菸店、理髮店、榻榻米店、美容院等十餘間店面。再仔細端詳附近地區，發現標示「虎屋汽車」的店面。

咦？這間虎屋汽車莫非是小澤的老家嗎？

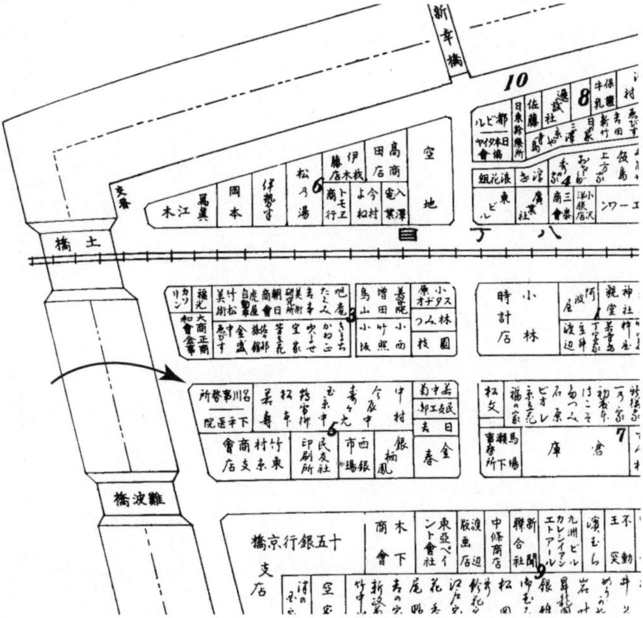

擷自舊銀座五～八丁目町內圖。
箭頭所指的「名川事務所」，
應該就是後來成為生活手帖社的「衣裳研究所」。
（收錄於《銀座和戰爭》）

小澤是筆者的老友——作家小澤信男[7]。他的長篇小說作品《小說昭和十一年》，舞台設定在地圖製作完成的前一年，該年發生二二六事件[8]、阿部定事件[9]等重大社會事件。小說作品在一九六九年（昭和四十四年）出版，四十年後，筆者重新翻閱，發現在作品開頭果然描述了這個區域。

「這裡是銀座的西區邊緣，土橋附近的電車道。從橋頭數來第五間就是虎屋汽車商會。木造鐵皮的車廠，歷經前幾天的大雪，居然沒有坍塌。車廠正面停放三台汽車，並肩緊緊依偎著。後方一邊是辦公室，另一邊內凹處再停放一台汽車。最後方是四帖半房間和廚房，然後就到底了，不過，二樓卻還有六帖和八帖的房間，甚至還有曬衣場，是一棟頭重腳輕的違章建築。四帖半房間算是兩位司機的員工宿舍，二樓則是老闆的孩子，包括嬰兒共計五人，現在仍在呼呼大睡。」

關東大地震之後，小澤的父親開設虎屋汽車商會，經營汽車出租業。五個孩子當中，排行第二的就是信男少年，當時就讀西五丁目的泰明小學三年級。從虎屋到日吉大樓，以少年的奔跑腳程，不到三十秒即可抵達。原來如此，歷經了戰爭，十二年後，在這片街區，花森等人在這裡創刊《生活手帖》。

可是，有一個地方令筆者不解……。

太平洋戰爭的最後一年，一九四五年，銀座遭到三度猛烈的空襲攻擊，幾乎夷為平地。尤其是一月二十七日的空襲，造成有樂町兩百多人死亡，地下鐵站內的死屍堆積如山。尾張町十字路口的服部鐘錶店（現在的和光），三越、松屋、松坂屋等百貨公司，歌舞伎座、泰明小學、讀賣新聞社，遭到五十六架B29長程轟炸機投下兩百五十公斤炸彈，瘋狂轟炸，烈焰直竄，在這波戰火肆虐之後的瓦礫堆當中，只剩下燒得焦黑的大樓外牆。位於土橋對面的新橋也是面目全非。在這種幾乎無一倖免的狀況下，為什麼日吉大樓能夠逃過一劫呢？

答案就在前述的寫真集《銀座和戰爭》裡。書中附錄「戰災燒失圖」，是在戰後立刻製作的簡略地圖。根據這份地圖，銀座地區整片幾乎都塗上紅色，屬於「燒失地區」，然而只有七丁目和八丁目是白色。同樣屬於銀座地區，這裡卻能夠躲過空襲浩劫。可能是政府強制疏散民眾，讓這區成為一大片空地，所以，從高空俯瞰的B

銀座四丁目十字路口。一九四五年十一月。（菊池俊吉攝影）

29，才沒有狂投炸彈和燃燒彈吧。

「如果要成立出版社，先從銀座出發。」

花森口中的銀座，既非戰前繁華時髦的銀座，也非現在聳立著索尼、RECRUIT等高層大樓的銀座，而是遭到美軍空襲，化為一片焦野，如同煉獄般的銀座。

走過橫跨在汐留川上的土橋，就來到新橋，這裡也是遭到大肆破壞，取而代之的是黑市，雜亂林立著鐵皮屋商店、廉價酒館、馬票外場銷售處等。黑市肅殺緊繃的氛圍，肯定也飄進銀座焦野的邊緣、老街風貌倖存的西八丁目。

然而，這個地區雖然逃過戰火肆虐，卻難逃戰後復興浪潮，眨眼之間就改頭換面。一九五七年，筆者目睹抗議遊行隊伍通過的時期，小澤信男的老家——虎屋汽車商會附近，已經換成大型酒館「演藝船」。這間「演藝船」在一九七〇年歇業，不久之後發生火災，燒毀殆盡。後來，原地蓋起 RECRUIT 總公司大樓。

一九五三年，在麻布狸穴蘇聯大使館旁邊，生活手帖社新建「生活手帖研究室」，編輯重鎮也隨之轉移到這裡。不過，日吉大樓的辦公室仍然繼續使用，所以，當時，花森安治可能剛好走出辦公室，站在「演藝船」前的十字路口，看著抗議遊行隊伍。一切只是推測，筆者無法斷定，也無意斷定。兩名男子佇立在鬱灰街道上。那日的黃昏光景，靜靜地沉澱在遙遠的記憶之中。

1 扇谷正造：一九一三～一九九二。編輯、記者、評論家。「週刊雜誌之鬼」的綽號，並和花森安治、大宅壯一並稱「戰後媒體的三烏鴉」。

2 池島信平：一九〇九～一九七三。編輯。戰後，重新設立文藝春秋社，並出任第三任社長。

3 宮武外骨：一八六七～一九五五。出生於四國香川縣。新聞工作者、風俗史新聞史研究家。以反骨奇人著稱，創刊發行大阪《滑稽新聞》、《此花》、《不二》等多份報刊雜誌，刊登反官方的諷刺文章，導致經常遭到文字獄之災。藝文修養造詣深厚，也以研究古川柳俳句、浮世繪等為人所熟知。著有《筆禍史》等多部作品。

4 一九〇四年創立的日本化妝品牌，首創日本國內的無鉛粉餅。戰後，一九四八年，更改社名為「Papilio」（鳳蝶的學名，日文「胡蝶」為鳳蝶之意）。

5 第二次世界大戰期間的政治團體。一九四〇年十月十二日成立，一九四五年六月十三日解散。日本的國內外戰況日益吃緊，為了擺脫困境，當時的近衛內閣參照德義兩國，解散現有政黨，推行輿論劃一、一國一組織的「新體制運動」。成立宗旨在於「上意下達，下情上通，密切配合政府」。總理大臣出任總部長，各地方首長兼任分部長。雖然組織宣稱是以公眾事務為目的，採多數表決制，戰後仍被認為是類似納粹、法西斯的獨裁政黨。

6 柴田鍊三郎：一九一七～一九七八。小說家、中國文學家。作品《耶穌的後裔》獲得直木獎。撰寫多部劍客、劍豪相關的小說《眠狂四郎》、《御家人斬九郎》、《德川太平記》等，有「劍豪作家」之稱。

7 小澤信男：一九二七～。作家。

8 一九三六年二月二十六日，日本東京，一四八三名皇道派陸軍青年軍官於凌晨發動政變，佔領警政署、首相府邸等政府機關，殺害財政部長、內大臣、侍從長等高官，目的是「昭和維新」。為時四日，以失敗告終。

9 一九三六年五月十八日，東京都荒川區，鰻魚店女服務生阿部定絞殺情人，並切除生殖器官；遭到逮捕之後，社會一片譁然。和二二六事件、上野動物園黑豹脫逃事件，並稱「昭和十一年三大事件」。

HANAMORI YASUJI

日本の暮しをかえた男

改變日本生活的男人

花森安治伝

第一部

一九二三年夏天，花森家的孩子。
左起久麻（七歲）、秋四郎（二歲），後排安治（十一歲）、松三郎（五歲）。

第一章　我要當編輯

The Man Who Changed Japan's Lifestyle
○●●●
The Autobiography of Hanamori Yasuji

母親的離世

一九四八年（昭和二十三年），遭到戰火焚燬的斷垣殘壁，在銀座仍然四處可見。這時，《美麗生活手帖》創刊，長年積蓄在花森安治心中的編輯欲望，瞬間爆發……。

筆者在序文中如此寫著，卻感到不安。因為，「長年」究竟應該從何時起算，究竟在人生的哪段時期，花森開始認真思考「成為編輯」呢？

花森從不積極主動地敘述自己的過去或私生活，所以並無任何自傳。他人撰寫的傳記，最完整的版本，出現在他過世十年之後，一九八八年，由朝日新聞學藝部門前記者酒井寬在報紙連載之後，才集結成書，名為《花森安治的工作》（這是二〇一一年的狀況。現在還有二〇一六年出版、馬場真人的小說傳記《花森安治的青春》）

還有一冊是一九九七年，晶文社出版，唐澤平吉所著的《花森安治的編輯室》。作者曾經任職《生活手帖》編輯部，他撰文回憶往事，篇篇散文都饒富趣味，提供諸多有力證詞，不過傳記要素不多；總而言之，雖然花森安治特立獨行，引人注目，他的個人資訊卻是少之又少，或許這也是他擁有諸多傳說的原因之一。

不過，有時候，花森會在短文中提及自己的過去，一九七二年六月，在朝日新聞的系列企畫「我思我風土」，他所撰寫的散文〈一枝筆〉中，有一段敘述：

母親年輕早死。我升高中的第一年暑假，因為心臟病發，母親離世，年僅三十八歲。當年我十九歲。

可能是第一次看到我穿制服，母親要求我站到枕邊，左右轉動身體，從上到下仔細端詳我，然後說道：「長大囉！」我回答：「無聊。」

母親問我將來的打算，我回答要當報社記者或編輯，母親只是輕哼了一聲。幾天之後，母親死了。

一九一一年（明治四十四年）十月二十五日，花森出生在神戶市西部須磨區的平田町，是在山陽電鐵市營地下鐵線板宿站附近的熱鬧商店街裡。祖父開始經營貿易事業，父親繼承家業。婚前，母親從師範學校畢業之後，擔任小學教師。花森是長男，下有五個弟弟妹妹。

根據酒井寬的傳記，記述父親恒三郎「身體孱弱，幾乎不曾工作」。不過，在二〇〇四年刊行《生活手帖保存版Ⅲ 花森安治》當中刊載的略傳〈花森安治的履歷〉，敘述恒三郎「幾乎不曾工作」，似乎並非體弱之故，由於他生長於對外開港地區的神戶，喜愛追求時髦生活，不是自願繼承家業的料子。

「富裕的花森家，連平常便服都是西服，相當特別。父親還會帶著安治和妹妹觀賞寶塚少女歌劇。

父親迷上賭馬，又玩股票和投機買賣，還幫別人擔保，導致家產盡失。屋漏偏逢連夜雨，花森家遭到星火波及，燒毀殆盡，一夜之間，一家人淪落至長屋生活。」（略傳〈花森安治的履歷〉）

當時，花森家已經搬遷至離市中心不遠的熊內町（現為中央區。新幹線新神戶站附近）。住家在一九一九年燒毀，細節無法得知，不過從記述判斷，在長男安治八歲、就讀熊內町雲中尋常小學二年級時，家中經濟狀況頓時掉落谷底。

母親淑乃協助丈夫經營藥局、雜貨店，晚上則在家兼職，縫製和服，養育六個孩子。在敘述母親過世的段落之前，花森寫著「最近，偶爾夢見神戶」。雖然戰爭迫使他拋開對故鄉的愛，即使如此，「仍然想念自己出生成長的街道。（略）說來難為情，那裡留有和母親每天生活的回憶。」（〈一枝筆〉）

一九六二年，花森投稿至朝日新聞專欄〈一本書〉的短篇散文，也提及同一時期的花森母親。筆者閱讀其中一節之後，才知道花森所言的「回憶」為何。

在母親過世的前一年，一九二九年（昭和四年），高中入學考試落榜的花森，每天前往大倉山的市立圖書館（現為神戶市立中央圖書館），除了準備重考之外，也廣泛閱讀圖書館的藏書。

這座圖書館，本來只是臨時圖書館，八年前，一九二一年（大正十年），搬遷至大倉山公園內，擁有本館一棟、書庫一棟，成為名副其實的市立圖書館。藏書量不斷增加，並採用日本十進分類法的圖書檢索系統。從小在這區成長的重考生花森少年，圖書館的轉變，想必帶給他不少的刺激。不過，當時的日本公立圖書館多半收費，這裡也不例外，必須支付閱覽費，所以少年每次前往圖書館時，都得伸手向母親討個三錢、五錢的零用吧。

在新閱覽室中，他偶然讀到平塚雷鳥[1]的論集《來自圓窗》（一九一三年出版，禁書），因而得知平塚雷鳥創辦的女性文藝雜誌《青鞜》，以及她的創刊詞「創世之初，女性原本是太陽。但是，現在的女性卻是月亮，是依附他人而生、借助其他光芒輝映、蒼白病容般的月亮」。

對於這段名句，花森表示並無特別感動，反而是「覺得毫無頭緒，不知道如何是好」，結果，他不自覺地找到德國社會主義者奧古斯特・倍倍爾（August Bebel）[2]的《婦人論》，以及圖書館中二十多本和「婦人地位、解放」等相關書籍，全部讀完。

翌年，一九三〇年（昭和五年），他離開出生地神戶，來到舊制松江高中[3]就讀。母親在家兼職副業，存下賺得的酬勞，說服丈夫讓安治念完大學。或許長年的辛苦，身心疲累，才導致她的心臟積勞成疾。

那年夏天，母親死了。望著她再無生氣的面容，腦中彷彿在誦經般地浮現「……現在的女性卻是月亮，是依附他人而生」。幾天之後，在擺放信件和照片的箱底，發現用紙包住的父親照片。父親身旁是一位藝妓般模樣的人物。

（〈一本書〉）

花森從小就愛作畫，而且是他的拿手強項。母親過世當天，他在枕邊一心不亂地描繪母親安息後的面容。這是在酒井的書中，花森妹妹的證言。看來在他一語不發、揮動畫筆的同時，平塚雷鳥煽動性的言論，像誦經般在他的腦中不斷迴盪。花森並無更多詳述，不過，對於母親的短暫人生即將落幕，他的確「覺得毫無頭緒，不知道如何是好」。

他當然曾經反抗過任性自私的父親，但是，他無法強烈苛責父親，畢竟自己身為長男，一直以來都在母親勞心勞力之下安逸地成長。

年少的花森內心應該感到痛苦糾結，所以才會沒來由地埋首閱讀圖書館中「婦人地位、解放」相關書籍。花森安治的女性主義，來自於一肩扛起家計、拚命賺錢養活孩子、「蒼白的」母親記憶。所以，筆者多少能夠理解他後來答應大橋鎮子的請求，「我的母親已經不在人世，所以我願意協助你孝順母親。」

為什麼花森要前往松江

母親在死前詢問花森將來的打算，十九歲的兒子昂首回答：「我要當報社記者或編輯。」

所以，花森安治在昭和初期、從少年成長為青年之際，已經立志要當一位編輯。不過，無從得知在年輕花森的心中，究竟對編輯工作有多少理解或想像。或許，他只是覺得報社記者和編輯都大同小異，他就是要當一位撰稿人。

不過，他使用「編輯」一詞，絕對有其緣由。花森升上高中之後，積極參與校內雜誌、電影播映會節目單等印刷物品的編輯工作。不過，在敘述這段期間之前，先回溯到更早之前，探討他離開神戶、特地前往松江的理由。

戰前的日本高中，當然也有私立高中、府立高中、商業或工業的高職。然而，提及這時的高中，會先想到日本全國二十五所官立高中，就是舊制高中。其中，第一高中（東京）至第八高中（名古屋）稱為號碼高中，之後成立的新潟高中、松山高中、浦和高中，才冠上地名。松江高中是第十七所成立、山陰地方的第一間高中。從這些高中畢業之後，幾乎保證可以直升全國僅有九所（包含京城〔現在的首爾〕和台北）的帝國大學。換言之，舊制時代的高中生就是未來的菁英分子。

前面提到花森安治從第三神戶中學校（現為縣立長田高中）畢業之後，經歷一年的重考生活。筆者可以想像他最初應該是投考距離神戶最近、難度最高的號碼高中，例如京都第三高中，或是金澤第四高中，但卻不幸落榜。如果真如想像，為什麼翌年，他會改變志願，投考松江高中呢？筆者正愁沒有本人、或是任何人的證詞時，很幸運地，在關西的詩人、影評人杉山平一[4]的隨想集《我的敗走》中，發現這段記述。杉山平一和花森同校，是晚他一年的學弟。

「以前的舊制高中入學考卷是全國相同，不過，各校的考試科目不同，當時，松江高中的入學考試不考數學。所以，討厭數學的蠻漢[5]和武士，從全國各地聚集前來。」（〈舊制松江高中〉）

花森比杉山早一年報考。筆者在松江曾聽過，在當時的考生之間，相較於其他高中，松江高中的確比較容易考上。所以，推測花森和其他從日本各地蜂擁而來的「蠻漢和武士」一樣，都是憑藉這條小道消息。

其實，同樣狀況也發生在中學入學時。

小學時，花森就認識了終生摯友田宮虎彥[6]，他後來成為作家，代表作品是《落城》、《足摺岬》。好友田宮前往縣立第一神戶中學（現為縣立神戶高中）就讀，為什麼花森選擇第三神戶中學，未和田宮一起就讀縣立第一神戶中學呢？筆者有些不解，不久之後讀到淀川長治[7]的自傳，才恍然大悟。淀川出生在神戶西柳原的藝妓屋，在第三神戶中學是比花森大一年的學長。淀川表示：

「當時，神戶最難考的是縣立第一神戶中學。第二神戶中學也都是用功學生的天下。我聽說後來才新成立的第三神戶中學最容易考上。所以我選擇第三神戶中學。」（《淀川長治自傳》）

相信各位都已經了解，無論是第三神戶中學，或是松江高中，花森在面臨升學時，都刻意挑選「比較容易考上」的學校。

花森不是勤勉向學的優等生，但是他並未打算放棄菁英之途——縣立中學、舊制高中、帝國大學。關於這點，他和幾位同是神戶長大的都市小孩，完全不同。例如淀川長治；比花森小兩歲的作家足立卷一[8]，則是「考不上縣立中學，只好進入關西學院國中部就讀」。（《親友記》）；比足立大十屆、同是關西學院國中部的學長稻垣足穗[9]，或是從第二神戶中學（現為縣立兵庫高中）升學至關西學院大學的詩人竹中郁[10]。

花森身負家庭和母親的期待，他無法拋棄官方鋪設打造的菁英之途。即使後來進入東京帝大，他選擇就讀一般人敬而遠之的美學美術史學科，也是只求沾到邊緣，讓自己輕鬆應付。所以，他不挑選斯巴達式、以「質樸剛健」教育為宗旨的第一、第二神戶中學，而是挑選自由開放、以「尊重個性的自由主義教育」為宗旨的第三神戶中學；然後，挑選入學考試不考數學、為日本全國「蠻漢和武士」打開入學大門的松江高中。（不過，全國討厭數學的各路江湖人馬都聞風前來報考，所以據說松江高中的入學考試反而競爭更為激烈。）

著名的鬼瓦

無論到何處，花森安治這號人物立刻會吸引眾人的目光。或許因為他的長相特異，不過多半是他給人的第一印象「面貌兇惡」。大橋鎮子最初因為「面貌兇惡」而不敢靠近；從大阪府立北野中學（現為府立北野高中）來到松江、立刻和花森成為好友的杉山平一，也不例外。

「真的不敢靠近他啊。而且，他是學長，對我總是命令口氣。（略）我根本不敢主動開口。他就好像是大家的理想目標。花森有個綽號『鬼瓦』，一副要把人吞下肚似的長相。／第三神戶中學裡，小他兩屆的富士正晴[11]也說過，他的鬼瓦長相很有名的。」（訪談〈談花森安治〉）

因為是「有名的鬼瓦」，花森不得不意識到他人注視的目光，甚至必須經常謀算在別人的眼中，自己的外表和行為所能達到的效果。

然而這股自我意識並非內斂深藏，而是十分乾脆地對外釋放。鬼瓦少年擅長畫

松江高中校舍本館是現代建築，附設講堂和學生宿舍。第二排右側是花森。
（摘自世田谷美術館所藏的畢業紀念冊《Our Memory 1933》）

畫，而且不只畫水彩或油畫。小學時，他在黑板上畫伊索寓言；中學時，在寺廟兒童活動中，表演佛法的洋片畫劇；他的畫作總是伴隨著各種演出。進入高中之後，他的畫風已經演變成為立體派、超現實派等前衛繪畫；前衛本來就具有「驚世」的性格，他意識到自己是受人矚目的，更增強自己的表現欲望。

他也寫詩作文。原本他就對寫作深具想法，高中時，他非常沉迷於各種大膽的文體實驗，例如創作無標點符號小說等。神戶市以坡道多著稱，他以神戶的坡道街區為舞台，描寫現代男女心理的糾葛。有人認為他受到橫光利一[12]、川端康成[13]等新感覺派的影響，然而，附庸風雅、都會輕鬆風格，比新感覺派更新鮮年輕，更像是全盛時期的龍膽寺雄[14]、吉行榮助[15]、久野豐彥[16]等新興藝術派。

他也擅長演講，說話幽默風趣，而且聲音動人。第三神戶中學時代，在校內的辯論大會中，他總是負責結辯，博得滿堂喝采。進入高中之後，在和他校共同舉辦的辯論大會「現代漫畫和將來發展」中，他更是不遑多讓，充分發揮花森風格，震懾全場，所向披靡。他還在小倉制服[17]背後題上海涅（Heinrich Heine）[18]的詩，畫滿表現派畫風的彩繪，大剌剌地走在街上。

進入高中的第二年，一九三一年（昭和六年）年底，校內突然發生為期十八天的學生罷課。在學校成立十週年紀念典禮上，學生要求讓校友會的學生理事致詞，卻遭校方駁回，於是學生發動抵制紀念典禮。沒想到校方祭出嚴厲處分，三名學生退學，一名開除學籍，二名停學，結果演變成為罷課事件。

筆者曾讀過花森負責裝幀的《舊制松高物語》（朝日新聞社松江支局編，鳥取縣米子市今井書店出版），才知道松江高中早期就受到「福本主義」的影響，福本是指以馬克思主義理論家著稱的福本和夫[19]教授。所以，共產黨思想的社團、社會問題研究會等實力雄厚，學校才成立不久，就已經掌握校友會、學生宿舍自治會的實權。

然而，一九二八年（昭和三年）的三一五事件[20]，以及翌年一九二九年的四一六事件[21]，日本政府持續鎮壓共產黨，在花森入學時，因為「學校思想傾向過於露骨」，校友會刊物的原稿必須接受學生課的檢閱，不僅三分之一禁止刊登，印刷出刊的版面上，處處可見塗黑方塊，受到嚴重打壓。當時正值經濟大蕭條，生活艱苦，窮困學生的鬱悶心情瞬間宣洩而出。

「其實還只是少年的我根本不懂，罷課是要求校方撤回對十週年紀念典禮的學生處分，我們被關在學生宿舍裡將近一個月。為了排解無聊心情，高年級生在學生餐廳播映小津安二郎的藝術電影《美人哀愁》。我才第一次知道原來電影也有高雅的作品。

後來成為防衛廳長的細田吉藏[22]等高年級生，在講壇上緊握帽子、高聲吶喊的罷課騷動終於落幕；然而解散儀式當天，居然也是松江聯隊出征滿洲的日子。」（〈舊制松江高中〉）

據守學生宿舍，是為了警戒校方離間分化自家通學生和寄宿生（花森和田所都是寄宿生）。

學生五、六人編成一班，共五班，採取兩小時輪班制，綁腿、配劍帶槍，警戒巡邏學校周圍。此外，演講社團的二十四名則分乘汽車，衣帽襤褸、身披黑披風、足履二齒木屐，在市內三十多處進行街頭演說。在《舊制松高物語》中發現「花森安治（十期，文甲）也是其中一位向市民傾訴真情的學生。」附帶說明，「文甲」不是理科，而是文科，選擇英文為第一外語；如果選擇德文則是文乙，選擇法文則是文丙。

雖然，這些行動可能來自潛入地下活動的共產黨指令，不過，決意發起罷課行動的實際動機，與其說是政治操作，比較像是《舊制松高物語》中，一位畢業校友的回憶：「大部分學生憤慨、感動，基於同窗情誼，決心挺身拯救遭到不當處分的友人。」

所以，「市民的同情」是支持學生，而非校方。根據《舊制松高物語》，杉山平一所說「藝術電影的上映」能夠成功，似乎是託「市民的同情」之福；因為松江市末次本町的電影院「電影俱樂部」（原文全以平假名表示），在營業結束之後，將影片借給街頭演說學生帶回學校放映。

網站「中原行夫的房間」當中，刊載一九三二年（昭和七年）時，日本全國四十六都道府縣的電影院清單。根據這份清單，這個時期，松江有五間電影院，分別是電影俱樂部（原文以漢字和平假名表示）、演藝館、松江座、第一八雲館、第二八雲館。根據另一份資料，其他還有「松江電影院的先驅」之稱的著名電影院洋風館，但是在清單上查無此院。松江上映第一部有聲電影是在一九二九年（昭和四年），難道在這股衝擊之下倒閉了嗎？

不好意思，探討方向似乎越來越鑽牛角尖，請容筆者再引用一項資料。二〇〇六年，世田谷文學館舉辦「花森安治和《生活手帖》展」，展覽圖錄附有年譜大事記，在一九三〇年（昭和五年）的部分——

> 這個時期，和田所太郎（後來成為日本讀書新聞總編輯）在活動小屋「松江俱樂部」，擔任電影鑑賞會的幹事，閱讀原文等資料，編輯電影解說手冊（四六版三十二開，四頁）。

電影俱樂部（原文全以平假名表示）、電影俱樂部（原文以漢字和平假名表示）、松江俱樂部（花森的寫法。〈關於我〉），其實都是同一間電影院，只是每個人的表記方式不同。這間電影院位在松江大橋尾（往松江城方向），是木造三樓建築、室內鋪設榻榻米。

筆者無法得知那場「電影鑑賞會」是提供電影院會員的優惠，還是松江高中的社團活動。不過推測應該是後者，所以，社團應該和電影俱樂部經常往來，才能夠在罷課行動的娛樂活動中，商借到小津安二郎的電影新作。而杉山平一所言策畫電影上映的「高年級生」就是指花森安治。

杉山入學之後，先認識田所太郎，再經由田所的介紹，認識同是文藝社團成員的花森。

觀賞小津安二郎的作品，「才知道原來電影也有高雅作品」的杉山，開始「熱中研究電影和相關領域的藝術」。可是，電影新作多半好幾個月後才會來到松江這種鄉下地方。杉山焦躁等待，好不容易才在「車站前的電影院，坐在榻榻米上，裹著披風」，欣賞山中貞雄[23]的《磯之源太 抱寢的長脇差》。小津的《東京的合唱》是在「大

橋尾的電影院」（指電影俱樂部）觀賞。「雖然伴奏是唱片，仍是感動萬分。」（〈舊制松江高中〉）

杉山引頸企盼觀賞有聲電影新作，然而影片卻總是姍姍來遲。耐不住性子的杉山召集同學，組成「電影研究會」，和電影俱樂部合作，開始舉辦電影鑑賞會，播放《我們等待自由[24]》（*À nous la liberté*）、《摩洛哥[25]》（*Morocco*）等有聲電影。這個「電影研究會」和花森、田所的「電影鑑賞會」的關係不明，可能是同一團體，也可能是前後交棒關係。無論如何，可以了解以花森、田所、杉山為核心，點燃松江高中的電影熱潮，到了罷課行動期間，甚至帶動松江市展開文化活動。

十二月四日發起的學生罷課行動，在當月二十二日結束。校方展現妥協的態度，對於退學、停學等「改過向善」的學生，都予以復學，也不再懲處任何相關學生。不過，不僅是在松江高中，共產黨地下團體「社會問題研究會」在日本全國各高中的校內勢力，從此一蹶不振。在自選文集《巡航船》中，杉山說道：

「席捲全國的左翼學生運動，在昭和八年退潮。當年，花森是學生自治會長，他的演講句句珠璣，例如『拂去塵埃，光耀自己』。當時，他製作的校友會雜誌，設計新穎，現在仍是傳奇，小說、詩、前衛繪畫、獨特字體，都深深吸引著我。」（〈我相遇過的人〉）

昭和八年是一九三三年，花森高中畢業。學生自治會通常管理學生宿舍相關事務，但是花森是寄宿學生，並未住宿。至於校友會學生理事又是怎麼一回事呢？筆者查無資料，只是根據杉山的回憶，花森在社會問題研究會退出校園之後，成為學生之間的新領袖，而且和政治極左派毫無關係。

罷課行動結束半年之後，花森擔任總編輯，發行《校友會雜誌》第二十期。這期就是杉山所言「仍是傳奇」的雜誌。或許雜誌大受好評，所以獲選為學生領袖。編輯電影鑑賞會的解說手冊之後，接著又能親自操刀獨斷編製，成為花森「我要成為編輯」的契機。這時的花森不是十九歲，已經二十歲了。

第二章——神戶和松江

The Man Who Changed Japan's Lifestyle
○●●●
The Autobiography of Hanamori Yasuji

校友會雜誌總編輯

花森安治喜好演講，並且很有自信。進入高中就讀之後，他立刻參加辯論社團。高二時參加文藝社團，和田所太郎深交。他在那年年底的學校罷課行動中，積極參與街頭演說，可見他並未退出辯論社團。

不僅是松江高中，當時的舊制高中，校內都有「校友會」組織，主要是社團活動，從學生和教職員等兩方挑選理事，負責營運事務。

這些校友會每年發行兩～三次的雜誌，多半由文藝社團負責編輯。松江高中也不例外，每年發行兩次校友會雜誌。罷課行動結束之後，一九三二年（昭和七年）初，花森和幾位文藝社團成員獲選為第二十期的編輯委員。

半年後，該期雜誌發行，筆者閱讀編輯後記（相當冗長的文章），不得不說花森可能不是獲選，而是他自願參與。從文章開頭，就能夠感受到他的氣勢。

我全權負責本期雜誌。

本期雜誌的編輯，都是依照我的個人獨斷。所以，我誠摯感謝田所、保古等委員的包容。

多位相關人員都曾證實，《生活手帖》總編輯花森安治堅持採取獨斷獨行的方式。原來從高中時期，他就已經確信，如果總編輯不採取獨斷獨行，無法打造出高品質的雜誌。雖然這篇校友會雜誌的後記冗長，請容筆者介紹後續部分。

關於本期的形式，並非在炫耀個人品味，而是在減少一行的字數，增加行數，獲得如詩一般的簡潔，同時考量易讀性之後，所得到的結論；頁數也絕非刻意增加，而是原稿內容的確豐富。

本期的封面是在下的嘗試，懇請賜教。

本期的排版方式，全部採取九號字，一段文字方塊。雖然曾經討論過部分採取兩段文字方塊，讓頁面有所變化，不過後來以在下的個人判斷，全部採取一段文字方塊。因為在下討厭那種密密麻麻的感覺。

雖然也曾建議加入插圖。在下採取強硬態度，斷然反對。請各位睜大眼睛看看，全國數十本的校友會雜誌，文章和作品都是被這些插圖拖垮。請容在下明言，學校刊物當中恐怕不可能出現理想的插圖。因為沒有人能夠從活字和直線的頁面結構上，尋得真正的美。

他首先傳達雜誌「形式」，而非內容，頗有示威的態勢，卻毫無舊制高中自以為是的目中無人，真不愧是花森安治。

筆者重讀酒井寬的《花森安治的工作》，才知道這期雜誌目前據說在舊制松江高中、轉制升格的島根大學圖書館中。二〇一〇年夏天，筆者搭上前往出雲機場的班機。從松江城朝東北方漫步二十多分鐘，就抵達島根大學。從原是松江高中的石造小巧正門進入，向前直走，右側就是圖書館。筆者事先電話預約閱覽，於是在圖書館二樓翻閱數冊校友會雜誌。

我立刻了解花森「刻意選擇這個排版方式」的理由。「版」是版型之意。相較於前後的期刊，文藝雜誌都是常見的縱長型Ａ５版（菊版十六開），唯獨第二十期是較小的正方形。前後期都是八號字、兩段文字方塊；第二十期是大一號的九號字、活字版明體、一段文字方塊。漂亮的法式軟皮精裝，預留寬裕的留白，而且沒有插圖。

封面是素描用的高級炭畫紙，根據第二十一期田所太郎所撰寫的後記，挑選封面和內文的用紙時，花森從當地印刷廠搬來「如小山般高」的紙張樣本。

校友會雜誌第貳拾號目次

小説

詩章

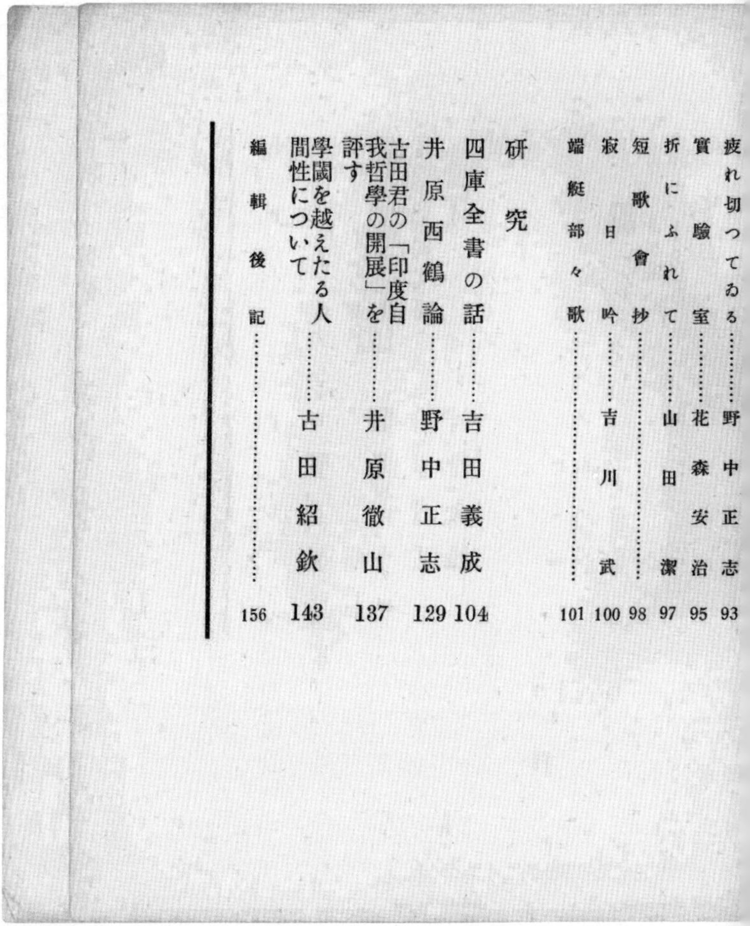

舊制松江高中《校友會雜誌》第二十期，花森編排的目次。
一九三二年。（島根大學附屬圖書館所藏）

偏白的奶油色底，銀色墨水印出如同心圓般的大小正方形，形似設計師杉浦康平年輕時樂此不疲的幾何禁欲樣式，非常低調，如果不調整光線投射方向，幾乎看不見這些銀色圖樣。難怪他會開宗明義地寫出「這是在下的嘗試，懇請賜教」。然而，花森是懷抱何種壯志，如此講究「形式」呢？

在後記的後半段，他意有所指地寫著希望藉由這期的「刺激」，為松江高中帶來「文藝復興」的契機；他似乎想為罷課行動之後，校內陰鬱不振的氣氛，注入一劑強心針。不過，他的目的可能不僅止於如此，筆者推測在這個時期，花森滿腔的豪情壯志，想要挑戰他校的校友會雜誌或是類似的文藝雜誌。

當時正處於昭和初期，第一高中的校友會雜誌，都是後來成功成名的杉浦明平、立原道造等青年操刀；京都的第三高中則是青山光二[28]、織田作之助[29]執牛耳；與其分庭抗禮、創刊詩誌《三人》的野間宏[30]偶爾也會撰文投稿。此外，在這之前，弘前高中[31]校友會雜誌則有太宰治[32]、石上玄一郎[33]……。

在這些人當中，翌年一九三三年，花森和杉浦明平在《帝國大學新聞》編輯部才首度見面。戰後的直木獎候選作家青山光二畢業於第二神戶中學，和第一神戶中學升至第三高中的田宮虎彥是為好友。大學畢業後、返回大阪的杉山平一，則和青山、織田的交情匪淺。花森和野間宏則是在敗戰之後，曾在小出版社編輯部共事。《三人》創刊成員、野間的夥伴富士正晴，則是小花森兩屆、第三神戶中學的學弟。

花森和立原、太宰或石上當然毫無關聯，和杉浦、青山、野間等人也無直接交情。不過，交換雜誌，互通有無，所以一定知曉各高中文藝社團的風雲人物。他想要打造絕不遜色的雜誌，但是自己的作品連田所也贏不過，於是他注意到校友會雜誌特有的保守俗氣「形式」，示威地表示：「全國數十種校友會雜誌，因為插圖而拖垮頁面和作品。」

所以他打算以「形式」一決勝負。然而其他的委員不太可靠，只好獨力採取大膽設計，打算讓校內外那些傢伙瞠目結舌。下定決心之後，他絕不妥協，連校對也不假他人之手，貫徹到底。堅持這種工作方式、完美主義的萬能編輯花森安治，在此時初現身影。

根據慣例，這期雜誌必須在上學期發行。罷課行動才剛結束，大家都抱著無需勉強的態度，結果花森反而表示：「我就愛唱反調，也不是嬌生慣養的少爺，從小就容易吃虧。」一九三二年七月，他設法在上學期發行這期雜誌，廣受好評。不過，是否真的振奮校內士氣，則有待商榷。同年年底，第二十一期恢復原來的菊版十六開，編輯田所太郎在後記寫著：

「在話題的第二十期之後接下編輯工作，我將學業先擺一旁，煞費苦心地延續改革企圖。（略）然而，封面和裝訂都是花森的作品，才誕生這份差強人意的期刊，想要寄贈給全國數十間高中，著實需要勇氣。（略）總而言之，要說自己是文藝人士，恐怕還嫌托大。」

果然，前編輯花森企圖掀起松江高中的「文藝復興」浪潮，卻未能有任何風吹草動。可能在這時，田所或花森就放棄以文字維生的夢想。

取而代之的是，花森模糊可見另一個嶄新未來——成為編輯或設計師。根據酒井

《校友會雜誌》。
右起第十九期、第二十期、第二十一期。

寬所述，花森後來曾向《生活手帖》編輯部成員提起，這份校友會雜誌是自己成為編輯的起點。田所建議大橋鎮子「編輯的工作可以請教花森」，應該是源自於這個時期的深刻印象。

田所太郎和花森同年，一九一一年（明治四十四年）出生於東京。京華商業學校畢業之後，成為銀行員，沒過多久就離職，進入松江高中。相較花森，他是一位寡言的美男子。他居住的租屋距離小泉八雲舊邸不遠，幾乎很少出席上課，三年級時留級，延後一年畢業。他其實是個內向、獨自思考的青年。不過，一年之後，他勉強擠進東京帝大法文科，在《帝國大學新聞》編輯部，和早他入學的花森重逢。

前衛藝術的衝擊

然而，為什麼毫無雜誌編輯經驗的花森青年，能夠製作出如此高完成度的雜誌呢？唯一的可能就是花森少年在神戶時，接觸到各種嶄新雜誌，內心暗暗決定今後自己也要打造出這種水準的雜誌。

一八六八年（慶應三年），根據天皇敕令，兵庫港和函館、橫濱、新潟、長崎，指定為開港場所，海邊的偏僻小村——神戶村建起外國人居留地。這座臨時建築的城鎮在大正後期、花森安治成為國中生時，躍升成為亞洲最大的海港城市。城鎮持續急速成長，一九六三年（昭和三十八年）《生活手帖》秋季號（一世紀第七十一期）中，花森表示：「百年前開港時的人口不到兩萬，現在則有一百二十萬。」

新鮮新奇的事物，多半發源於這座城鎮。日本最早的高爾夫球場始於這個城鎮，麻將也是從這座城鎮開始流行。超市或合作社能夠拓展成長，在於這個城鎮的居民，對商品斤斤計較，便宜一日圓也不嫌少。說好聽是合情合理，說難聽則是翻臉無情。（略）神戶居民開朗樂觀，追求潮流，輕率不穩重，無憂無慮，不過為了生活，拚勁十足。（〈日本紀行 其一 神戶〉）

「新鮮事物」除了衣類、食品、家具、裝飾品等舶來品，還有最新一期、剛過期的歐美雜誌或小說。這些刊物多半是外國船員、商人、旅人讀完丟棄，然後流通到城鎮的舊書店。在世田谷文學館編纂的年譜中，刊有如下記述：

一九二七（昭和二）年／十六歲

這時沉迷閱讀《新青年》連載的偵探小說。在神戶元町電車鐵橋下蒐羅《史全德雜誌[34]》（*The Strand Magazine*）、《笨拙[35]》（*PUNCH*）、《紐約客[36]》（*THE NEW YORKER*）等雜誌。

《新青年》在一九二〇年（大正九年）創刊，是專為都會派青年製作的人氣雜誌，也受到花森等許多中學生讀者的歡迎。一九二七年，神戶出身的橫溝正史（比花森年長九歲，當時二十四歲），接下森下雨村[37]的棒子，成為第二任總編輯。或許出身相同，所以花森也是雜誌的忠實讀者。《史全德雜誌》則是廣為人知的英國大眾雜誌，獨家連載柯南．道爾的福爾摩斯系列故事。

不過，花森編輯的校友會雜誌風格，實在無法和《笨拙》、《紐約客》歸類為同一類型。

除了商業大眾文化之外，其實，另有不同種類的「新鮮事物」吸引花森少年的心，那就是在關東大地震之後，從歐美傳來、引領時代的現代文學、前衛藝術等潮流。然而，關於這項興趣，筆者無法找到任何花森的敘述，反倒是有強而有力的間接證據，那就是他在校友會雜誌上發表的詩和小說。例如，其中一篇，刊載在一九三二年刊行、第十九期的詩〈鐵骨的感覺〉。

鐵骨堅不可摧
構成感情
稜柱和稜角
斜聳入穹蒼

在遙遠上空
點狀逐漸凝聚
細小的尖端
閃閃發亮
閃閃發亮的小旗

二十世紀初期是戰爭和革命的時代，同時也是義大利未來派、俄羅斯結構主義、德國新即物主義等前衛藝術家，謳歌工業和科技締造未來夢想的時代。

在這股潮流當中，日本的代表選手是村山知義[38]。他是第一次世界大戰之後、從德國歸來的奇人。當時二十五歲的村山，在小書《結構派研究》中，倡導鼓吹「機械之美」、「對建築的熱愛」，旋即成為年輕人之間的知性偶像。時值一九二六年（昭和元年）。六年之後，高中生花森發表〈鐵骨的感覺〉詩作，對村山大肆宣揚的機械建築之「美」，明顯展現出同樣感受。早熟的國中生花森非常可能在神戶的市立圖書館中，曾經閱讀過編入大量圖版的《結構派研究》。

在第二十期校友會雜誌編輯後記中的一節記述——「本期的最新嘗試——募集照片印刷，然而卻沒有收到任何投稿。（略）誰能讓我瞧瞧蒙太奇式的松江風情呢？」

當時，歐洲流行蒙太奇、剪貼、拼貼等手法，大膽組合照片、影像、印刷品碎片，打造成新作品。電影通友人杉山平一，迷上蘇聯電影導演愛森斯坦（Sergei Eisenstein）[39]的蒙太奇理論。小時候，父親曾經送給花森一台相機，從此他迷上攝影，自然也不落人後地追求德蘇興起的蒙太奇式相片，所以計畫在校友會雜誌中，放入跨頁的「照片印刷」，不過未能成功。

在同期編輯後記的敘述——「因為沒有人能夠從活字和直線的頁面結構上，尋得真正的美」，也顯現出當時花森對時代藝術運動的著迷。

自己編輯的雜誌，揚棄過時的插圖、不慍不火、無關痛癢的隨筆專欄，藉此從機械文明的產物，或說是始祖的活字組合（規格化的小零件組合）當中，發現嶄新美感。這股欲望的最大根源，就是來自包浩斯和結構主義所提倡的「新文字編排」運動。在時代風潮的帶動之下，一九三一年（昭和六年），日本的新銳設計師原弘[40]出版說明手冊《新活版術研究》，呼籲有別於歐美的羅馬字體排版，應該革新日本的漢字和假名的排版，打造「屬於自己的新活版技術」。然而，這份說明手冊發行量少，又是非賣品，花森應該不曾讀過；即使如此，花森青年卻敏銳感受到時代風潮。

這些「新鮮事物」的資訊，他究竟如何到手的呢？松江絕不可能取得這些資訊，看來只剩神戶這個選項。他的資訊途徑是如何呢？首先不會是透過廣播。日本的廣播始於一九二五年（大正十四年），花森是國二學生。所以，他的取得管道只有《結構派研究》這類書籍雜誌的印刷刊物；尤其是非營利性質、刊登前衛思想主題的小雜誌……。

高見順[41]在《昭和文學盛衰史》中，敘述大正晚期至昭和初期是「同人雜誌空前絕後的全盛時代」。

同人雜誌換個洋味說法就是小雜誌[42]，例如免費提供閱讀、村山知義、稻垣足穗等人受邀撰稿的《GGPG》（一九二四年創刊）；或是北園克衛[43]、上田敏雄[44]、富士原清一[45]等人編製，日本第一本超現實主義詩誌《薔薇 魔術 學說》（一九二七年創刊）；還有春山行夫[46]、北川冬彥[47]等人編製，不走偏激路線，屬於清高風格的《詩和詩論》（一九二八年創刊）；這些從前衛藝術、現代文學運動誕生的小雜誌，種類多采多姿。

提起歐美直接輸入的「新鮮事物」，亞洲最大海港都市神戶當然不落人後。同一時期，參與《詩和詩論》創刊的竹中郁編製《羅盤》（一九二四年創刊），比花森稍微年長的亞騎保[48]、足立卷一的《青騎兵》（一九三二年創刊），這段期間正是「同人雜誌的全盛時代」，後來還出現「神戶現代主義」、「阪神現代主義」等潮流。這時正值花森的少年時期。

不過，花森少年應該不是從頭到尾、細細閱讀這類雜誌。即使他曾經閱讀，應該只是偶爾在書店、舊書店、圖書館中，隨手翻閱罷了。他必定是想迅速捕捉世界和日本、以及自己生活的城市神戶，飄盪著哪些新時代的氛圍。

重要的是，這股氛圍逐漸改變日本雜誌的編輯方式。頁面擠滿活字，字裡行間再隨處崁入插圖。相較於這種實質本位、俗氣的方式，新雜誌運用各種方式強調雜誌的個性，例如重視視覺效果，少見的版型、封面設計、內文組合的巧思、大膽的排版、照片的大量使用等。而且不只是同人誌或前衛的小雜誌，還有《新青年》、《王者[49]》、《文藝春秋》等商業雜誌或大眾雜誌。昭和初期，日本的出版界迎接空前絕後、雜誌全盛期的到來。換言之，花森就是嶄新「雜誌時代」培育出的產物。

在松江發現日本

神戶時代的花森安治，還是一位青澀的前衛藝術少年。如果他留在神戶，或是直接前往東京，當然也會是活躍的人物。然而他卻沒有選擇這些方向，而是離開神戶，前往松江，這個決定深深影響他的人生。

因為松江是一座和神戶完全迥異的城鎮。

花森曾在〈日本紀行〉神戶篇中提及，神戶地區和神戶居民「對於老舊事物、消逝事物、過去事物，從不戀眷，也不執著。日本的城鎮，很多是城下町，這些城鎮現在還保留著武士的傳統規範。但是神戶和武士毫無關聯，甚至沒有聯隊」。

寫著「城下町」時，想必花森腦海中閃過古都松江的情景。除了神戶和東京，花森實際只住過松江。從文明開化以來，神戶直接面對從港口進入的「新鮮事物」，是一座商人的城鎮；相較之下，松江則是擁有超過三百年歷史的武士城鎮，是著名茶人松平不昧[50]統轄的城下町。明治末期，陸軍六十三聯隊駐紮當地。這個聯隊就是杉山平一所指，在學生罷課結束當天、出征滿洲的松江聯隊。

這座歷史悠久城鎮，一九二二年（大正十一年），松江高中開校，成為全國第十七間官立高中。當時，山陰地方尚未有大學，所以舊制松江高中是這個地區的最高學府。順帶一提，十期生花森在學時，在全校六百名學生當中，約百分之三十八來自島根縣[51]，其中，從松江市或附近住家通學的學生只有數十人。其他都是來自台灣、庫頁島等日本全國各地的學生。

這些外來的菁英高中生，尤其是來自東京、京阪神等大都會的年輕人，最初都只能唉聲嘆氣，心灰意冷。

從大阪前來就讀的杉山平一，感嘆國內外的電影新作，常是只聞樓梯響，老是等不到影片上映。想要找間新書、雜誌一應俱全的書店，恐怕只能失望。咖啡店只有幾間老舊落伍的店面，例如明治末期建造、位於天神町的「美濃庄」、「更科」等，無法妄想能有窗明几淨的咖啡廳。花森等人只好聚集在熟識的木造電影院「電影俱樂部」二樓食堂，或是附近毫不起眼的蕎麥麵店或關東煮店。

可是，學生無法獲得滿足的心情，在習慣當地生活之後，逐漸產生改變。其中改變最大的是寄宿生活。松江高中當然設有學生宿舍，卻無法容納將近五百位的外地學生。所以，大多數學生都寄宿在鎮上居民家中。松江居民對待寄宿學生視如己出。《舊制松高物語》收錄一位老婦人的談話。

「從大正十五年開始，我兒子還沒娶媳婦之前，直到高中轉制廢止，我家一直都有兩三位寄宿學生。（略）我當然非常疼愛這些學生啊，每天三餐，餐餐都是熱騰騰的食物，並且送到房內，還讓他們第一個入浴。上午十一點、即將午休時，我都走出門外張望，遠遠看到有學生走出校門時，就趕緊返回廚房熱湯。」

同一本書中，也寫著這些「學生」的其中一人花森「寄宿在年邁的退休藝妓、三味線師傅家中，據說曾拜師學藝」。傳聞是否正確，無從得知，但是根據筆者的了解，花森寄宿在提供伙食的家中，而且獲得完善的照顧。花森青年和鎮上居民的往來增加，這裡完全不同於自己出生成長的故鄉神戶「說好聽是合情合理，說難聽則是翻臉無情」，令他更關注這座傳統日本城鎮的生活型態。

花森往來的居民之間，也有年輕女性。這項證據見於田所太郎的散文〈松江高中時期〉中，年輕花森寫下的戀曲——「今夜，城見繩手的北堀處，青藍霧渺間，見君走來」。「城見繩手的北堀處」在小泉八雲舊居附近，也就是田所租借的「陋室」。花森後來的結婚對象是松江出身，但是在大學時才結識的。曲中的「君」另有其人。如果戀曲所述確實，而非編造，看來花森沒有得到對方的芳心。

在一九六〇年代的《生活手帖》中，花森以無署名連載〈日本紀行〉，前面引述神戶篇「其一」，後續是飛驒高山、札幌，一九六四年夏季號（一世紀第七十五期），則報導松江。篇名為「水鎮」，前提介紹「鎮中央有座城，城周圍環繞著森林，森林周圍則是壕溝環抱」。文章仍是無署名，但是字裡行間能夠感受到花森對松江深摯的喜愛。

簡單說來，松江居民的性格就是古語所說的「彬彬有禮」。所有事物都典雅有序，謙遜恭謹，不高調張揚，不譁眾取寵。

因為在三百年之間，一點一滴地教養在「城」裡，許多城鎮的教養都被炸彈炸得四散紛飛，被燃燒彈燒得灰飛煙滅。但是這座城鎮卻未曾燒毀過，所以這些教養還存活著。

松江地區有兩大中心，一是武士地區，擁有松江城，以及並列城外的武家宅邸，二是南部商業地區，以松江大橋為中心。武士地區的「教養」遍及商業地區，以及周圍一般庶民的生活當中。所以花森說這裡的居民彬彬有禮，不高調張揚。總之，相較於神戶人「說好聽是合情合理，說難聽則是翻臉無情」、「追求潮流，輕率不穩重」，性格迥然不同。

再引用另外一段敘述。

在這座城鎮，茶道既不是才藝，也不是在人前表現的教養。只是如同其他城鎮平常喝茶一般，煮茶，然後喝茶。如果喜歡，就會連喝好幾杯，如果不喜歡，就完全不喝。

最近才不見蹤跡的人力車，車夫會在等待乘客時喝茶，也常見工廠的木匠、泥瓦匠喝茶。

在松江，茶就是柴米油鹽醬醋茶的其中一項而已。

雖然，不高調張揚、彬彬有禮是「城」的「教養」成果，但有可能是「表面功夫」，也會有「陰鬱、怠惰」的一面。

即使如此，一般百姓不是武士、上層商人，也不是嗜好此道之人，飲茶卻像是稀鬆平常之事，這種從容穩靜的情景，神戶是無法見到。花森感受到「這裡還留存著日本人生活的原型」。這是他五十歲時所歸納總結的感想，多少和年輕時的心境有所出入，但是不至於大相逕庭。

他同時敏銳感受到前衛藝術中機械建築的「美」，以及保存在古城城下町日常生活當中傳統的「美」。

就結論而言，這種雙重性，後來以不同形式存在《生活手帖》編輯方針中。他關注每個人想追求潮流、追求合理性的心情，也同時了解扎根在庶民生活中、無以撼動的事物。寫到這裡，筆者終於了解花森從少年成長到青年的期間，生活在兩個極端對照的地方——神戶和松江，對於他的編輯人生是非常重要的體驗。

第三章──帝國大學新聞的時代

The Man Who Changed Japan's Lifestyle
○●●●
The Autobiography of Hanamori Yasuji

進入東京帝大文學部

一九三三年(昭和八年),花森安治從松江高中畢業之後,進入東京帝大文學部美學美術史學科。同一年,從第一高中畢業、進入國文學科的杉浦明平在系列小集《三春易過》中敘述「文學部十六個學科當中,只有三個學科超過學生招收名額」。所以,只要志願表填滿十六學科,從高中畢業的學生,不愁沒有學校可念。花森應該不是認真用功、準備考試的學生,受惠於這種特殊制度之下,他得以進入美學美術史學科。

美學美術史學科，在史前時期有官聘外籍教師菲諾羅薩（Ernest Francisco Fenollosa）[52]、庫伯（Raphael von Koeber）[53]，以及夏目漱石的友人大塚保治[54]等，一九〇〇年（明治三十三年）才正式成立。初期的主要教授是大西克禮（美學）、瀧精一（日本和東洋美術史）、團伊能（西洋美術史），後來逐漸交棒給竹內敏雄、藤懸靜也、兒島喜久雄，這時剛好是花森在學時期。

然而，花森青年對這些毫無興趣，筆者讀過他在戰後不久所寫的文章〈關於我〉，得知他挑選這個學科，並非有特別的理由。

> 像我如此怠惰的學生，一定不常去學校。我再次強調，二十年後，掐指計算前後四年的大學生活中，進出教室的日子，真的沒有幾天，單手即可算完。

年輕讀者對於這句「我再次強調，前後四年的大學生活」，可能覺得大學本來就是四年啊，何來強調的必要。

其實，不同於現在的大學，這個時期的東大，最少三年就可以應試，及格之後，就能夠畢業，取得學士學位。

這個制度，不僅現在的年輕讀者不知道，其實在三十年前，筆者讀到井伏鱒二[55]《荻窪風土記》一書中，敘述太宰治「三年即可畢業，卻花費了六年也沒法從東京帝大法文科畢業」時，才知道日本的大學在戰前是三年制。據說當時東京帝大法文系主任辰野隆[56]教授擔心太宰治無法畢業，特地在口試時半開玩笑表示，只要說得出在場三位教授的姓名，就可以畢業，但是太宰治一個也答不出來。

太宰治遭到退學是一九三五年（昭和十年），花森升上大三。他身邊的人士是抱持哪種想法報考東大呢？青山光二，他比花森晚一年入學，進入相同學科，第三高中文藝社團出身。

「選擇美學美術史學科就讀，在於自己習於視覺思考，覺得美術是所有藝術的基本，此外在第三高中的破舊圖書館中讀到《深田康算[57]全集》，也影響甚深。不過這是表面理由。其實經過事先調查，美學美術史學科的研究會比其他學科少，這才是我選擇的最大理由。因為，必修課不多，我想休息就休息，正好適合我研究小說。」（《純血無賴派走過的時代》）

在東京帝大時，深田康算是庫伯老師的愛徒，留學歐洲之後，成為京都帝大美學美術史講座的第一代教授。青山光二讀完深田的全集，來到東京帝大美學美術史學，竟然只是為了「想休息就休息」……。

無獨有偶，花森在松江高中時代的學弟杉山平一也不例外。「可敬可畏的花森升學至東大美學美術史學科，既然想要學習電影，我的選擇似乎只有這個學科。」

不過，事實卻是「以前的大學，只要進入舊制高中，東大、京大，任你挑選。文學部幾乎不會額滿。甚至還有印度哲學梵文學科，難得有學生入學，教授都開心地不得了。」（《我的敗走》）

杉山「剛好擠進名額以內」，成為青山的同學。當然校內不乏優秀人才、一心向學的學生；然而，綜觀上述說明，這個學科反倒像是個龍蛇雜處的集散地，聚集了來自全國各地高中的蠻漢、後段班生、名士文人。入學之後，杉山向花森學長討教，他親切地回答：「不必擔心，共有十七個學科（杉浦表示有十六學科，筆者依照各自的說法摘錄），就好像紙箱有十七個洞，鑽進去之後，就是一個共同的紙箱。不過，出去時，還是得從原洞鑽出去。」

大正末年，即使是「大學畢業」也一職難求，這個時期情況仍未見改善。雖然從東大畢業，但是文學部美學美術史學科，就算是勤勉好學的畢業生，別說想任教大學或高中，連鄉下中學的教師都當不了。結果越來越多學生先設法取得帝大學生的頭銜，然後各自發展所好。當然花森個性強悍，造就他不受拘束的行為，不過也是時勢助長這種發展。

話說回來，花森置學業於不顧，究竟都在忙些什麼呢？他有三個主要重心。第一是在《帝國大學新聞》編輯部的活動。第二是戀愛和結婚。第三是在伊東胡蝶園兼差化妝品的宣傳工作。

首先是第一項。

花森編輯松江高中校友會雜誌時，體驗到編輯的魅力，入學之後，看到校內張貼《帝國大學新聞》招募新人的廣告，立刻前往安田講堂旁邊的老舊木造二樓建築，接受面試。這棟建築的一樓是大學新聞社，在這裡，他和少年時期的朋友田宮虎彥重逢。田宮後來描述：「在窄小休息室中，我發現一位學生，覺得很眼熟。」「那位學生似乎是神戶小學和我同班的花森安治。我們兩人同時微笑以對。後來，大學三年之間，不，將近二十年，我都和花森安治密切往來。我的大學回憶幾乎都是和花森安治的回憶。」（〈從瀧川事件到二二六〉）

這時，雙手抱胸站在後方、參與面試的是扇谷正造，他是高一年級的國史科學生，戰後，他任職《週刊朝日》總編輯，將雜誌打造成為日本第一的週刊。根據他的記憶，岡倉古志郎[58]（岡倉天心的孫子，後來設立亞非研究所，左派國際政治學者）自視甚高，目中無人；低頭內向的「俊美青年」是田宮虎彥，在他之後入室的男子莫名地「氣勢懾人」，名為花森。

「我記得他身穿不太高級、焦糖褐色的西裝，繫著鮮艷紅色的領帶；不過，也許這是他日後的穿著。但是，我清楚記得他的身形壯碩，卻有著不相襯的纖細雙手。」(〈反俗漢 花森安治的秘密〉)

結果，岡倉、田宮、花森等三人獲選；翌年，同年入學、小兩歲的杉浦明平，和遲一年從松江高中畢業的田所太郎，都加入新聞社。一九八八年(昭和六十三年)，田宮虎彥從自家公寓跳樓自殺身亡，在追悼文〈帝大新聞時代〉中，杉浦回憶寫道：

「昭和十年是帝大新聞的花季。雖然編輯都是東大生，但是還刊登地方大學、高中的新聞，是包羅萬象的綜合刊物。當時，軍閥抬頭，國粹主義興起，要求放逐河合榮治郎[59]教授、彈劾美濃部學說、甚至罷課拒聽美濃部達吉[60]博士的講課。在河合教授的告別課堂上，大教室擠滿了人，甚至有人趴在窗外聽講，真可比擬為費希特(Johann Gottlieb Fichte)[61]的『對德意志民族的演講』。我一個人留守新聞社，其他人都前去聽講。聽完了倡導真理和愛的演講，每個人都感動萬分，回到新聞社，心情都還餘波盪漾。我記得帝大新聞整版刊登演講速記。這時掌控報紙形式的核心就是田宮、花森、岡倉等人。」

杉浦明平是因為難耐主任教授藤村作、留洋歸國的久松潛一的講課枯索無味，所以每天都泡在圖書館閱讀狄更斯全集或杜斯妥也夫斯基的英譯本。最後，他覺得自己不能再繼續瞎混，才考慮試試當個記者。

於是，他進入帝大新聞編輯部。不僅是杉浦和花森，田所太郎也是「棄學業於不顧」，扇谷正造還延遲一年才勉強從國史科畢業。這些逃課生和留級生的活動，打造出帝大新聞的「花季」，報導一連串的事件，一九三四年（昭和九年），美濃部達吉的「天皇機關說[62]」，以及美濃部遭槍擊事件；一九三六年，河合教授批判二二六事件的論文遭到偏執攻擊，右派主導的「國體明徵[63]」運動強勢席捲校內外。

（引用杉浦的文章中提及「放逐河合榮治郎教授」，實際是在一九三九年（昭和十四年）。這時所有人都已經畢業。「告別講課」應該是杉浦的錯誤記憶。）

和服老店的千金小姐

加入帝大新聞之後，不久，花森青年就面臨另一件大事。這是他在大學時完成的第二件事情——戀愛和結婚。

從酒井寬的著作，以及世田谷文學館製作的年譜，可知花森在大學在學時，和松江的女性結婚，對象名為「桃代」。不過，從朝日新聞社松江支局編纂的《舊制松高物語》才得知兩人經歷一番波折，才終成眷屬。

《舊制松高物語》的〈教師列傳〉篇中，有位教經濟法律和德文的老師加藤恂二郎。「不拘傳統的個性」、「學識豐富」，獲得學生的愛戴，是典型的舊制高中風格名師。這位老師也「疼愛學生」，書中所舉實例就是花森的結婚傳說。

「昭和八年即將進入尾聲，某天晚上，有人敲著教授的家門。開門一看，門口站著那年四月進入東大的花森安治。教授詢問來由，花森搔頭回答自己和山內和服店的千金正在交往，但是對方雙親反對兩人結婚。第二天一早，加藤教授身穿正式和服，搭乘人力車前往山內和服店交涉。結果，店主回答既然是加藤老師出面，不再反對兩人的婚事，成就了這段戀情。」

雖然，筆者覺得故事肯定更為曲折。總之，花森安治的婚事並非一帆風順。

兩人如願成婚，但是令人好奇的是兩人究竟何時、何地開始交往的呢？進入東大的那年年底，花森前往加藤教授家中請求協助，所以應該是在之前、或是松江高中在學期間，兩人就已經結識。松江高中學生愛上這塊土地的年輕女性、然後步入禮堂的例子不少，所以筆者最初以為兩人是在松江結識。

不過，事實並非如此。

桃代夫人已經不在人世，筆者無法直接確認。不過花森的獨生女土井藍生願意為筆者解惑。她從母親桃代夫人生前的談話當中，得知雙親的交往是始於那年夏天的某個偶然機緣。

那年是一九三三年（昭和八年），山內桃代從舊制松江女高畢業，前往東京就讀實踐女子專門學校的家政研究科。放暑假時，桃代在東京車站買票，打算返鄉省親時，聽到背後傳來「一張到松江的車票」，桃代回頭探望，看到一位面貌兇惡、睜大雙眼的「怪男子」。

返鄉途中，她先繞道京都辦完事情之後，才回到松江。第二天，桃代前往茶道老師家送禮（在京都購買的「松風」和菓），老師請她泡茶，招待正好來到家中的東大學生。茶道老師將東大學生喚進茶室，桃代才發現他竟然是幾天前在東京車站售票處看到的「怪男子」。老師介紹他是花森。

真是一段奇妙的緣分，令人會心一笑。但是桃代返鄉不稀奇，已經從松江高中畢業的花森，為什麼不是返回故鄉神戶，而是松江呢？

其實，不只是這一年的暑假，東大在學期間，只要學校放假，花森總以各種藉口前往松江，例如寫論文、能夠專心念書等等。可能是為了拜訪受人敬重的加藤老師，或是真的熱愛松江。不過，筆者覺得理由不只如此。

他的理由究竟是什麼呢？

他就是不想返回神戶。母親死後，父親恒三郎的生活更不安定，身為長男，託母親的福，能夠念到大學。然而弟妹的升學之路艱難，四散寄養在親戚、他人的家中。自己也是窮困學生，連給弟妹一點零錢花用都辦不到。而且，就算返回神戶，說不定連落腳之處都成問題。東想西想，花森的腳步不由自主地轉向松江。

藍生小姐說父親在松江「好像都住在原來的寄宿家庭」。原來的寄宿家庭應該是指年邁的退休藝妓、三味線師傅家中。因此，介紹花森認識桃代的茶道老師，有可能是同一位師傅，或是師傅的好友；不知道花森曾向師傅拜師學的「藝」，其中是否包含茶道呢？

這些都只是筆者的猜測，無從證實。

松江大橋的北側曾有電影俱樂部，過橋到南側就是一條直行道路，緣於白潟天滿宮，取名為天神町商店街，歷史悠久。現在已經沒落蕭條，不過從江戶時代就一直是松江的商業地區中心。沿著天神街走一段路之後，右側就是和菓老店「風流堂」本店，再走過一間店面，出現一塊空地，這裡就是加藤教授曾經身穿正式和服、前來交涉的桃代夫人老家——山內和服店。

山内桃代（上方照片左側，下方照片中央），約二十歲時。
實踐女子專門學校在學中，和同學合影。

從江戶時代開始，山內和服店就是松江地區的大店，店內經常都約有四十位家僕。桃代出生於一九一三年(大正二年)，比花森小兩歲。她是家中么女，上有一位哥哥，三位姐姐。她有自己的侍女，從未做過任何家事，備受寵愛。

長兄山內以九士從慶應大學畢業之後，根據美國的規範手冊，為剛成立的日本職業棒球聯盟製作日本棒球規則。戰後，成為太平洋聯盟的紀錄部長，有「紀錄之神」的美譽，是一位相當活躍的人物。現在大家常提到的「防禦率」、「投手責任失分」等棒球用語都是他創造的。一九八五年，他以正式紀錄員身分榮登棒球名人堂。

長姐富江是鎮上公認的美少女，女學校時代，一畑鐵路公司老闆對她一見鍾情，娶她為妻。相信許多人透過二〇一〇年上映、中井貴一主演的電影《RAILWAYS四十九歲的電車夢》，得知這條地方鐵道路線。起站是松江宍道湖溫泉，經過以一畑藥師(一畑寺)著名的一畑口車站，終點站是電鐵出雲市車站。原本是小型鐵道公司，後來事業領域逐漸拓展，成為一畑集團，經營百貨公司、飯店等。花森和這位同是東大畢業的老闆姐夫感情融洽，經常接受他的委託，設計一畑百貨公司的包裝紙。不過，一畑百貨和三越百貨進行業務合作之後，包裝紙已經變成三越風格，原本是非常典雅的花森風格。

總而言之，山內家在松江是具有悠久歷史的名賈。不僅是長姐，二姐和三姐也都分別嫁給大型接骨醫院的公子，以及大企業職員。當地風氣保守，仍然堅守禮俗，講究門當戶對。

不僅是桃代的姐姐，她的友人也都是選擇同樣的道路。

一九六六年，距今約半世紀之前，當時朝日新聞的大阪版，刊載和菓店「風流堂」上一代夫人內藤千代榮的文章，共九回。其中第二回〈憧憬蠻漢〉一文中，提及一九二五年（大正十四年），千代榮進入四年制縣立松江女高就讀。松江高中在四年前設立，她在前言寫著，「青年從京阪神聚集前來，這座靜謐的山陰地方城鎮，到處可見蠻漢學生闊步而行，成為女學生愛慕的對象。」

「前陣子，電視台舉辦宿舍之歌大會。我聽到松江高中的歌曲，真是令人懷念啊。我們比較害羞，從來沒有和松江高中學生發生任何傳聞，倒是經常哼唱宿舍之歌。」

千代榮的娘家經營餐廳「松崎水亭」，位在松江大橋北端的東本町，她是桃代在松江女高的同學。從風流堂當代堂主內藤守的口中，筆者得知桃代夫人生前經常和千代榮前往海外旅遊，交情深厚。總而言之，千代榮從女高畢業之後，不久就嫁到松江大橋的另一側，成為天神町和菓店繼承人（內藤守的父親）的妻子。

如同她在朝日新聞連載專欄的前文所寫，看來的確曾有松江高中和松江女高，兩間名校的學生之間譜出戀曲、步上禮堂的故事。

然而，千代榮所說的「我們」，應該是指當地的千金小姐，礙於世人的眼光，而不敢放膽行動。「我們」也包含山內和服店的么女桃代。所以，筆者才會推測兩人的婚事不可能只憑老師當說客就水到渠成。門不當戶不對，尤其花森青年的神戶老家沒落貧困，一定造成莫大阻礙。

可是，花森卻不退縮。桃代沒有古都松江的保守性格，反而是個具有都會風情的美少女。她的個性剛強，不顧雙親反對，離開松江，前往東京求學。在某個夏日，這位美少女神情自若地為自己泡茶，花森青年大概是對她一見鍾情吧。

一旦下定決心，就會排除萬難，勇往直前。終其一生，這都是花森安治的行事風格。

不過，一個巴掌拍不響，如果桃代的意志動搖，這樁婚事也難成就。除了加藤教授的強力推薦之外，向來任性的千金小姐，絕不讓步的個性，才是排除所有障礙的最大關鍵吧。

而且，花森青年有股吸引人的神奇魄力，總是在不知不覺之間，讓人覺得這位小個子、長相奇特的青年，將來肯定能成大事，而且無人能出其右。

藍生小姐曾經問過母親：「當時身邊肯定有更體面合適的人選，為什麼選擇父親這樣的對象呢？」

桃代夫人回答：「第六感。」

雖然，這名男子長得不體面，但是第六感直覺他必定有潛力，連加藤教授都願意助他一臂之力……。

這時，花森二十二歲，桃代二十歲。翌年春天，桃代從實踐女子專門學校研究科畢業，再也無法自由往返東京，所以花森必須經常前往松江。一年半之後，世田谷文學館製作的年譜，在一九三五年（昭和十年）的項目中，如此記述：

十月十八日，在祭拜山神的日枝神社，和松江和服店的千金山內桃代舉行結婚儀式。在牛込簞笥町租屋，展開新生活。

結婚儀式在東京舉行，不是在松江，也不是在神戶，表示兩人終於跨越巨大障礙，結成連理。

新婚生活並不輕鬆

花森與好友——《週刊朝日》總編輯扇谷正造，以及《文藝春秋》總編輯池島信平，三人主持戰後深受歡迎的NHK廣播節目「旁觀者清」，成為人盡皆知的三大巨頭；個人往來則是少年時代就結識的田宮虎彥和田所太郎。土井藍生小姐表示，這些人士經常來訪，家族之間也往來頻繁。

相較於花森，田宮和田所都是寡言的「俊美青年」，深愛妻子；因此，雖然另有主因，兩人都在妻子離世之後，自殺身亡。

帝大新聞時期的夥伴杉浦明平，為兩人寫追悼文。田宮的追悼文已在前段引用，此處引用一九七五年（昭和五十年）去世的田所太郎追悼文：「在大學新聞的工作當中，田所太郎並不顯眼。他不善言語，發言總是簡短，編輯會議人才濟濟，個個才華洋溢，理論清晰，他很容易被忽視。相較於同一高中出身的同學花森安治，他總是給人優柔寡斷的印象。」

「我從未見過田所夫人，也不知道田所什麼時候結婚。花森安治在學時，就迎娶松江和服老店漂亮的千金小姐，所以我記得非常清楚。此外，我還特別記得花森新家的菸灰缸，其實原本是裝糖醋排骨的盤子，是大學新聞編輯會議在晚上請中菜餐廳外送得到的。」（〈田所太郎的二三事〉）

這間「新家」雖然不大，卻是不折不扣的透天厝，而非公寓一室。各位可能覺得花森的經濟算是寬裕，然而事實卻非如此。

神戶老家不可能有任何援助；而疼愛么女的父親，在她婚後不久驟逝，長男以九士繼承家業，所以也無法從松江娘家獲得任何生活補貼。花森必須扛起一家之計。即使侵佔使用住家附近中菜餐廳的「糖醋排骨盤子」，承接大學新聞社各種工作，仍然入不敷出，因此他開始兼職伊東胡蝶園宣傳部門的工作。總之，這對新婚夫婦非常貧窮。

《帝國大學新聞》是大學的正式刊物，但是並非學生自主發行的學生報紙，而是由形制特殊的校內企業帝大新聞社，發行八頁的商業報紙。雖然都是學生擔任編輯，但是在全國的大學、高中當中設有通訊員，成為知識分子之間深具教育性的報紙，獲得相當的信賴。

因為是商業報紙，學生成員可以支薪，不過工作繁忙，除了負責採訪撰寫各自學部和學科的報導之外，也要委託校外作家、畫家、知識分子撰文，或是進行訪談，甚至還要擔任電影講評會、座談會等的司儀，「物盡其用」的用人方式，所以，成員無暇顧及學業其來有自，杉浦明平在田所追悼文中也證實此事。

「帝大新聞社的架構與其說是古怪奇異，不如說是模糊不清。發行份數宣稱有三、五萬，形式卻只是東大附屬的學生新聞，編輯都是學生兼職，薪水是大一生五日圓，大二生十日圓，大三生十五日圓，雖然說一週出勤工作三天，但是後來幾乎必須每天出勤。經營權握在三人手中，分別是創刊『大哥』久富達夫[64]，他曾經擔任東京日日新聞總編輯，戰後擔任田徑協會、東京奧運委員長；然後是久富的接班人『團長』奧山信一，以及掌控編輯和廣告的『社長』野澤隆一。」

一九三四年（昭和九年），花森的薪水從五日圓調到十日圓。由於報紙越來越暢銷，大哥、團長和社長打算將報紙頁數從八張增加到十二張，卻不打算增加編輯成員。工作量暴增的第一線人員當然難以忍受，於是，杉浦寫道：「岡倉、田宮、花森等人帶頭和野澤社長談判，要求增加編輯人員、改善薪資待遇。」

「他們不採取罷工或翹班的戰術，而是繼續堅守編輯崗位，耐心談判。每天，幾乎所有的大一大二成員都開會討論對策，雖然我不了解內情，還是追隨田宮等人。田所想必和我同樣心思，願意追隨花森。然而，談判陷入延長戰，出現轉移社長陣營的叛徒，還有像岡倉，他和編輯部核心運動家S先生的未婚妻陷入熱戀（後來結婚），田宮和花森幾乎和他斷交，岡倉只好脫隊退出。」

杉浦似乎想要吹捧田宮，然而不善言辭的田宮究竟發揮多大的指導力，令人存疑。果真如杉浦所說，（理論清晰型）岡倉古志郎脫隊，所以（才華洋溢型）花森不得不成為核心人物？排除萬難、以便迎娶桃代的花森，以及四年後結婚，成為愛妻人士的田宮，不滿岡倉的背叛行為而絕交。故事發展似乎過於簡單，令人難以置信。

朝著設計前進

除了一般的編輯業務之外，花森還有另一項志業。澤開進是編輯部的低年級生，他後來成為每日新聞社記者和《英文每日》總編輯。他表示，「那時，星期六晚上，有一位人物一定會出現在編輯室。他總是坐在角落專心畫著插圖。顴骨高聳，個子矮胖，他就是花森安治。」（〈花森安治論〉）

澤開並未提及，其實花森這時熱中的不只是插圖。高中時代，他曾經運用總編輯權限，徹底改變定型的校友會雜誌設計。對於帝大新聞塞滿採訪報導，毫無風格可言的形式，他當然難以忍受。他先從和田宮虎彥兩人負責的學藝專欄下手，設法改變版面的排版方式。例如多用手繪文字等。在他的視覺改革嘗試當中，標題的框線和留白等大膽方式，讓扇谷正造等學長大為驚艷。

「有所爭議時，通常是我們人生派獲勝，版面設計則根本是花森一人的天下。

例如某次他為學藝專欄製作的標題。

「浅草紅団」より

川端康成

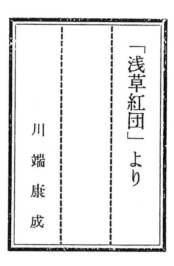

真是令我為之語塞。

空白竟然選擇中間一行。人生派的編輯技巧稱這種為『浪費』。然而，他什麼都不解釋，只是堅持不退讓。仔細觀察之後，發現印刷完成的版面確實漂亮極了。這個人實在太神奇了，我不得不認輸。」（〈反俗漢 花森安治的秘密〉）

一九一三年（大正二年），扇谷正造生於宮城縣北部的遠田郡涌谷町。仙台第二高中畢業之後，一九三三年，進入東京帝大文學部國史科。高中在學期間，父親經營的小型造絲工廠破產，他覺得自己是「窮鄉下人」，因而思想逐漸左傾。他曾經住在本所柳島（現在的墨田區横川）工人街上的東大睦鄰之家65，甚至還曾捲進舊制東京高中（日本國內唯一的官立七年制高中）的發傳單事件，被拘留在中野警察署二十九天，很難想像日後《週刊朝日》的總編輯，竟然有這些過去。

扇谷所說的「人生派」，喜好議論，是指幾年前左翼運動興盛時，曾經自願加入東大新人會（奉行馬克思主義的學生組織，東大睦鄰之家也曾短暫受到影響。一九二九年解散）的左派編輯成員。

在「赤貧、一週有三天在大學新聞、四天在睦鄰之家生活」的扇谷眼中，小他一屆的花森和田宮，是都市長大的軟弱「藝術派」。後來扇谷才知道其實他們也是窮學生，「和自己一樣貧困，一件春秋裝穿三年，早知道如此，應該和他們多多親近。」(〈反俗漢 花森安治的秘密〉)

「藝術派」在行動上，雖然不會主動住進睦鄰之家，協助貧困勞工，教育窮孩子；不過卻是精神支持左翼運動。花森等人入學的一九三三年二月，無產階級作家[66]在築地警察署遭到虐殺；四月，文化大臣鳩山一郎要求罷免京都帝大法學部教授瀧川幸辰[67]，發生「瀧川事件」。此外，這一年，日本拒絕接受李頓調查團[68]指出滿洲非自願成立的國家，宣布退出國聯。

來看看國文學科學生杉浦明平的情形。

他有不少左翼友人，六月十七日，在友人的邀請之下，他參加東大舉行的反對罷免瀧川校內集會(在一片亂鬥混亂中，所幸未遭到逮捕)。然而他無法認同八股刻板的演說，所以並未積極參加相關運動。可是，不久之後，身邊好友陸續遭到逮

帝國大學新聞

赤門懷古 後藤末雄

《帝國大學新聞》一九三四年（昭和九年）十一月十九日。
法國文學家、比較思想史家後藤末雄撰寫的〈赤門懷古〉。
手寫的標題、文武欄線、一行空白等，充滿濃濃的花森排版風格。
同月二十八日的圖表疑似也是出自花森之手。
（東京大學大學院情報學環所藏）

捕，在只剩下自己的恐懼和孤立感之下，他決定進入帝大新聞。

再看看田宮虎彥。

他也是國文學科，大學畢業那年，他加入反法西斯主義的青年作家團體，這個團體以大阪出身的新進作家武田麟太郎69為中心，田宮參與編輯雜誌《人民文庫》。他出席參加在新宿咖啡廳召開的研究會，卻因未事先申請、違反集會法，遭到淀橋警察署逮捕。結果，雖然才剛獲得都新聞（後來的東京新聞）工作，也只好提出辭呈。

不同於杉浦和田宮，卻不見任何花森參與過左翼運動的蹤跡。在學中，他從未出席軍訓課，莫非這是他對急速軍國主義化的社會，刻意表達的抗議嗎？還是單純只是偷懶蹺課呢？筆者無法得知。

不過，可以確定的是，在這個時期，算是非關政治「藝術派」的花森，已經有自己的想法，不同於政治改革，他想運用自己的方式來改變社會本質。這個想法延續到戰後的《生活手帖》。

說是「藝術派」，不過，花森不像杉浦或田宮撰寫小說，對於詩、音樂、戲劇，他也不感興趣。他總是素描簿不離手，隨時都在畫畫。所以身邊好友都覺得他將來會成為畫家。

不僅是友人，根據酒井寬引用田宮的談話，大一時，邀請武田麟太郎和無產階級美術家柳瀨正夢[70]，進行座談會。當時柳瀨稱讚花森的畫作，並不斷慫恿他別再分心，專心當個畫家。

「座談會結束之後，田宮和武田二人外出。行進之間，武田表示花森是個不容小覷的人。田宮詢問所言何意，武田回答花森總能一針見血地指出自己發言中的矛盾，並陳述不同的意見，而且觀點驚人，遠遠超出學生水準。」

連同樣惹人注目的長髮名人武田麟太郎也不禁咋舌，年輕花森異於常人的才華果然驚人。想必武田覺得花森的實力深不可測吧。記者高瀨廣居引用佐野繁次郎的談話，他是不久之後成為花森在伊東胡蝶園的主管，是大名鼎鼎的畫家和裝幀家。

「他的繪畫才能與生俱來。如果他不是就讀東大的美學，而是前往美術學校的

話，一定能夠成為了不起的人物。」（《現代男性論1 花森安治》）

可是，他卻不顧周圍人士的期待，不選擇畫家之路，捨棄當一位專心創作文學或美術的藝術家。他選擇廣義的設計——存在於藝術和日常生活之間的表現領域，在當時被視為是二流藝術。

不過，花森尚未意識到「設計」一詞，畢竟這個詞彙尚未扎根運用在日本的社會當中。

花森的想法源自於少年時代，透過前衛藝術運動的拼貼理論，他確信並非從零打造才是創造，組合既有事物，產生嶄新意義，也是屬於創造。蒐集喜好的事物、外型、語言，然後挑選、連接組合，挖掘出前所未有、嶄新的美感或力道。他認為自己的能力不在於當個純粹藝術家，而是適合用於創造上，因為創造更令人躍躍欲試、趣味十足。

他的這股欲望，首先宣洩在報紙排版和編輯作業（也是拼貼的一種。廣義的設計），然後逐漸投入衣服的設計和搭配。

然而，他的口袋空空，無法從事耗費巨資的事業。

所以，他拆解常穿的藍色西裝，加以改造，然後戴上自製的怪帽子（田宮虎彥稱「碗帽」）上街。他本來就喜歡出鋒頭，大家也都認為他是行為怪異的前衛藝術家。他越來越作怪，從浴巾正中央剪個大洞，直接套上身體，腰部再綁條帶子，像是穿著長袍。他大步走在校園內，簡直就像舉行個人服裝秀，嚇壞周圍朋友。他的辯才無礙，也不在意行為誇張，的確是個古怪的青年……。

結果他延後一年才畢業，匆忙寫完的畢業論文，題目是〈衣妝美學〉。

「主題是『從社會美學角度論衣妝』。『衣妝』是在下結合『衣服』和『化妝』的造詞。在記憶當中，從高中時對衣裳產生興趣。從社會現象思考人類的衣服穿著，實在趣味十足，令人欲罷不能。與其坐而言，不如起而行，所以決定將這些想法運用到自己的生活當中。」（〈關於我〉）

主任教授大西克禮瞥了一眼題目，就說「這個題目不可行」。論文需要參考文獻，這種題目絕對無法找到足夠的文獻。可是，即使遭到拒絕，花森青年只願意研究這個主題，花了兩天說服教授，終於獲得許可。

這篇畢業論文會不會雷聲大，雨點小呢？

原本筆者只找到扇谷正造簡單的證詞，敘述論文顛覆傳統，分析希臘羅馬時代的長袍，以至裙子長度。正以為再也找不到任何詳細資料時，前幾日，意外地接到土井藍生小姐的來電聯絡，表示從生活手帖社的倉庫當中，找到一百一十張兩百字稿紙的草稿（第一稿）。根據這份草稿，介紹論文的最初架構。

序　章　對象和態度
第一章　衣妝的發生
第二章　衣妝和生活
（欠缺第三章。或是花森沒寫）

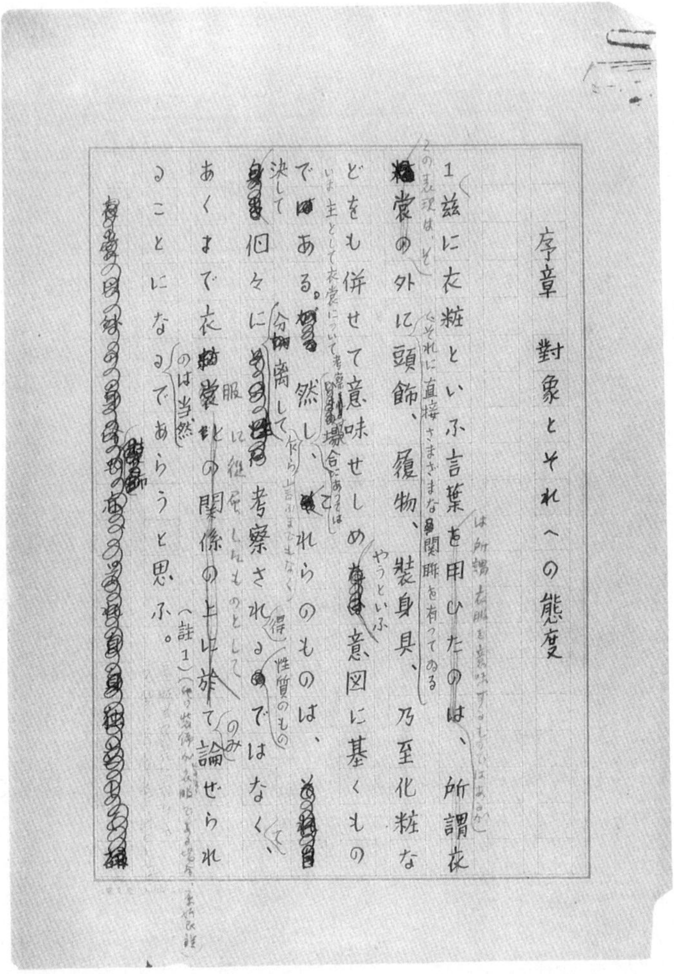

花森安治的畢業論文第一稿。
推測原本是花森自己保管，一九六六年二月住家發生火災，
所以臨時移到生活手帖研究室倉庫避難，然後留存至今。
每一頁都可見仔細推敲的痕跡，
卷末註記「昭和十一年 十二月十二日初稿／十二月十八日再稿」。

第三章　衣妝美的表象
第四章　衣妝美的性質

超乎筆者的想像，這是一篇正經八百的論文，而且似乎在意教授的想法，設法加入參考文獻。序章闡述「衣妝」不僅是工藝品，而是在現實社會中，「穿戴」到每個人身上之後，才能算是真正完成。然後文中隨處可見花森主張的說法，相當精采。例如第二章。

本章將在「衣妝和生活」之下，討論衣妝和風土、衣妝和階級、衣妝和性別等三項主題。衣妝隨著風土（氣候、土地、民族）、階級（統治階級和被統治階級）、性別（男和女）而不同。

如果是一般人撰寫這篇論文，應該就是依序分析其中原因；然而花森青年的主張不僅止於此，他單刀直入地指出其中不同，而且跳脫現代日本人所理解的概念。

針對衣妝的性別差異，例如男性服飾裝飾少，女性服飾裝飾多，社會認為「因為在心理層面上，居於劣勢的性別，希望讓居於優勢的性別懷有好感」，當然這並沒錯，不過，這是基於男性優勢的固定概念，花森接著分析：

……如果社會是女性居於優勢，男性依存女性，女性的衣妝將採取簡單實用的形式，而男性的衣妝則會演變成線條柔和優雅的形式。（略）兩性的身體條件，以及社會地位的變化，除了本質的差異之外，身高、體力、骨骼等也可能會發生某種程度的變化。

學生時代的奇裝異服，戰後的女裝傳說，花森似乎不是為了標新立異，縱使真的想要獨樹一幟，但也都是根據他自己獨特的邏輯，所進行的社會實驗。

關於風土部分，花森記述以往的衣妝是隨風土而定，現在因為「文明進步」而逐漸全球「單一化」。衣妝和階級的關係也是相同，被統治階級擺脫德川時代階級社會牢不可破的身分差別，逐漸近似統治階級的衣妝形式。因此，衣妝的階級差異迅速縮小。

我們生活的社會，風土、階級，甚至是性別都不可能永不改變。在這種新環境中，社會和個人的「調和美」（這才是衣妝的根基）應該如何重新架構，針對這部分，花森在論文後半苦心嘗試找尋解答。不過，這份「草稿」自始至終言之有理，只是尚未尋得突破線索。

在〈關於我〉一文中，花森自己說道，「現在回想當時所寫，深感汗顏；但是當時可是得意洋洋，覺得自己寫出全世界第一篇衣裳美學的相關文獻。」

想必他在撰寫草稿之後的第二稿、第三稿時，逐漸尋得線索。扇谷所記得的長袍、裙子長度等相關文獻尚未出現，筆者衷心希望能夠拜讀論文完稿，然而似乎無望，至感遺憾。

1 平塚雷鳥：一八八六～一九七一。日本思想家。以倡導女性參政和女性平權等的女性解放運動家著稱。

2 奧古斯特．倍倍爾：一八四〇～一九一三。德國社會民主黨創黨領袖。

3 在一九五〇年之前，根據「高等學校令」設置的高等教育機構，授課內容相當於現在大學的通識課程。

4 杉山平一：一九一四～二〇一二。福島縣出生。

5 面對明治維新提倡西化高尚而產生的反骨精神。國高中學生在學生服外，披上披風，足履二齒木屐，衣衫襤褸，稱為「蔽衣破帽」，表示專心追求真理，無暇顧及裝扮，並認為是實踐武士道精神。

6 田宮虎彥：一九一一～一九八八。出生於東京，成長於神戶。作品多以父母的故鄉土佐（現在的高知）為題材，飄盪著身為人類的絕望感，例如《足摺岬》、《落城》是描寫明治維新時期藩鎮戰爭的歷史小說。

7 淀川長治：一九〇九～一九九八。著名影評人。曾為朝日電視台「週日西洋電影劇場」擔任解說，長達三十二年，節目尾聲的「莎喲娜拉」（再見）為著名特色。生前和電影導演黑澤明為至交好友。

8 足立卷一：一九一三～一九八五。小說家、詩人。代表作《八街》，描寫江戶時代後期的盲眼國學家本居春庭。

9 稻垣足穗：一九〇〇～一九七七。小說家。作品主題多樣，抽象、飛行、天體、情色、機械等。代表作《一千一秒物語》，收錄星星、月亮、煙霧頻繁登場的七十篇幻想風格故事。

10 竹中郁：一九〇四～一九八二。詩人。受到現代主義的影響，呈現都市抒情的詩風；也為多首校歌作詞，並致力培育發展兒童詩。《黃蜂和花粉》為首本詩集。

11 富士正晴：一九一三～一九八七。小說家、詩人。創刊同人誌《VIKING》，致力提攜培育後輩作家，和司馬遼太郎等多位著名文人往來深交。作品《蒲公英之歌》曾改編為電影《豪姬》（宮澤理惠主演）。

12 橫光利一：一八九八～一九四七。小說家。作品《機械》享有日本現代文學巔峰之美譽。一九二四年，參與創刊《文藝時代》，推動新感覺派文學。

13 川端康成：一八九九～一九七二。小說家。日本首位獲得諾貝爾文學獎的作家。代表作有《雪國》、《伊豆的舞孃》等。

14 龍膽寺雄：一九〇一～一九九二。作家、仙人掌研究專家。代表作《公寓的女人和我》曾獲得谷崎潤一郎盛讚。

15 吉行榮助：一九〇六～一九四〇。達達主義詩人、作家。參與創刊《虛無思想》，成為新興藝術派的旗手。代表作有《大阪萬花鏡》、《職業婦人氣質》等。

16 久野豐彥：一八九六～一九七一。小說家、經濟學者。代表作品《人生特急 時局經濟小說》、《血、鐵、武器、利潤、武器、情報、間諜》等。

17 小倉織是江戶時代豐前小倉藩（位於福岡縣北九州市）的紡織棉布，特徵是直條紋，堅韌平滑，常製作成武士 褲、和服腰帶。明治時期以後，成為製作男學生制服的布料。

18 海涅：一七九七～一八五六。德國浪漫主義詩人、作家。

19 福本和夫：一八九四～一九八三。經濟學者、思想史家。東京帝大法學部畢業之後，一九二二年前往英德法留學。一九二六年，擔任幹部，試圖重建日本共產黨。他撰寫的修辭抽象難解式系列文章，其中理論稱為「福本主義」，獲得知識分子和學生的歡迎，深深影響共產黨員和相關人士。因三一五事件獲罪入獄十四年。

20 大日本帝國政府鎮壓共產主義人士的事件。在二月第一次普選之後，有感於社會主義政黨的存在可能危及政府，以違反治安維持法，逮捕日本共產黨、農民勞動黨等約一千六百名可疑人士。

21 日本政府繼三一五事件之後，再次依照治安維持法，逮捕日本共產黨人士約四千九百名。

22 細田吉藏：一九一二～二〇〇七。松江市出身的政治家、眾議員。

23 山中貞雄：一九〇九～一九三八。電影導演。一九二三年，執導處女作《磯之源太 抱寢的長脇差》廣獲好評，獲稱「天才青年導演」，並入選當年十大電影。但在二十八歲時，徵召前往中國戰區時，染疾早逝。

24 我們等待自由：法國電影，一九三一出品，由有「詩意現實主義導演」之稱的勒內．克萊爾（René Clair）執導。

25 摩洛哥：美國電影，一九三〇年出品，約瑟夫．馮．史坦伯格（Josef von Sternberg）導演，賈利．古柏（Gary Cooper）、瑪琳．黛德麗（Marlene Dietrich）主演。劇中，瑪琳．黛德麗身穿男性燕尾服親吻女性的畫面，造成軒然大波。

26 杉浦明平：一九一三～二〇〇一。小說家、評論家。大學畢業之後，鑽研義大利文藝復興；戰後撰寫多部記錄文學作品，作品涉及範圍廣泛。

27 立原道造：一九一四～一九三九。詩人、建築家。雖然英年早逝，溫柔雅致的詩風廣受歡迎，詩作現仍刊行。

28 青山光二：一九一三～二〇〇八。小說家。一九三五年，東京帝大在學中即和織田作之助創刊同人誌《海風》。高齡九十歲時，以《哀吾妹子》獲得川端康成文學獎。

29 織田作之助：一九一三～一九四七。小說家。戰時發表的短篇作品《世相》描寫當時世俗百態，和太宰治等人同為「無賴派」作家。

30 野間宏：一九一五～一九九七。詩人、小說家。作品多為批判社會結構的長篇小說，《青年之環》獲得谷崎潤一郎獎。代表作有《黑暗繪畫》、《真空地帶》等。

31 位於青森縣，現為弘前大學。

32 太宰治：一九〇九～一九四八。小說家。描寫貴族女性故事的《斜陽》為暢銷作品，並有多部代表作品《女生徒》、《斜陽》、《人間失格》、《御伽草紙》等。

33 石上玄一郎：一九一〇～二〇〇九。小說家。作品受到現象學、佛教思想的影響，呈現出存在主義風格。代表作有《黃金分割》、《蓮花照應》等。

34 史全德雜誌：或譯河濱、海濱雜誌。一八九一年創刊。後來因為戰爭配給不足等導致製作成本高漲、資金調度不足，一九五〇年停止發行。

35 笨拙：一八四一年創刊的英國諷刺漫畫週刊。

36 紐約客：一九二五年創刊的美國藝文雜誌。

37 森下雨村：一八九〇～一九六五。小說家、編輯。任職《新青年》總編輯時，將江戶川亂步介紹給世人。橫溝正史認為他可說是催生日本偵探小說之父。

38 村山知義：一九〇一～一九七七。小說家、畫家、設計師、建築家。

39 愛森斯坦：一八九八～一九四八。為蒙太奇電影理論奠基的蘇聯導演，除了相關著作之外，電影代表作有《波坦金戰艦》（*Battleship Potemkin*，一九二五）、《伊凡雷帝》（*Iwan Groźny*，一九四四）等。

40 原弘：一九〇三～一九八六。平面設計師。書籍裝幀設計曾獲讚為「書籍設計界的天皇」，作品有《昭和文學全集》（角川書店），東京奧運的邀請函、獎狀、入場券等。

41 高見順：一九〇七～一九六五。詩人、小說家。和表哥永井荷風有日記作家之稱，《昭和文學盛衰史》為回憶錄。

42 小雜誌：日文為外來語 Little Magazine。

43 北園克衛：一九〇二～一九七八。詩人、攝影家、畫家。正職是大學圖書館員，詩畫為其興趣創作。

44 上田敏雄：一九〇〇～一九八二。詩人、文學家。昭和初期，超現實主義運動的旗手。代表作有《薔薇物語》、《現代詩的軌跡》。

45 富士原清一：一九〇八～一九四四。詩人。日本戰前超現實主義詩派代表之一。

46 春山行夫：一九〇二～一九九四。詩人、散文作家。

47 北川冬彥：一九〇〇～一九九〇。詩人、影評人。首部詩集《三半規管喪失》。

48 亞騎保：一九一五～？。本名月井奈都夫。詩人。

49 王者：一九二四～一九五七年之間發行的大眾娛樂雜誌。講談社在戰前的代表刊物，日本出版史上第一本銷售超過百萬本的雜誌。

50 松平不昧：一七五一～一八一八。松平治鄉，號不昧。出雲松江藩第七代藩主，江戶時代著名的茶人。

51 松江市隸屬島根縣。

52 菲諾羅薩：一八五三～一九〇八。西裔美籍的東洋美術史學家、哲學家。明治時代、一八七八年受雇前往日本，在東京帝大授課，岡倉天心、坪內逍遙等人曾是聽講學生。他來日之後才對日本美術產生興趣，在當時崇洋風潮之下，仍和岡倉天心全力籌設東京美術學校。

53 庫伯：一八四八～一九二三。德裔俄籍哲學家。一八九三年赴日，以康德的德國哲學為主，在東京帝大講授西洋古典學。東京帝大第一位講授美術史學的教授，夏目漱石曾是聽講學生，並曾撰文〈庫伯老師〉。

54 大塚保治：一八六九～一九三一。美學學者，東京帝大第一位開設美學講座的教授。據說夏目漱石《我是貓》書中人物——美學學者迷亭的靈感是取自於他。

55 井伏鱒二：一八九八～一九九三。小說家。作品《約翰萬次郎漂流記》獲得直木獎。其他代表作品有《山椒魚》、《黑雨》等。

56 辰野隆：一八八八～一九六四。法國文學家、散文作家。東京帝大教授期間，培育出多位文學人才。

57 深田康算：一八七八～一九二八。美學學者。開拓日本研究美學的先驅者。

58 岡倉古志郎：一九一二～二〇〇一。國際政治學者、經濟學者。

59 河合榮治郎：一八九一～一九四四。社會思想家、經濟學者。一九三八年，他撰文〈批判二二六事件〉批判法西斯陣營，引起右派、軍方、法西斯勢力攻訐他是「赤化教授」，封殺罷免教職，並將他的著作《法西斯主義批判》、《社會政策原理》等四冊列為禁書。

60 美濃部達吉：一八七三～一九四八。法學家。根據憲法，主張「天皇機關說」，被批判身為議員，卻對天皇不敬，遭到法院調查，判處緩刑，禁止傳授「天皇機關說」。翌年，遭到心懷不滿的右翼人士槍擊重傷。

61 費希特：一七六二～一八一四。德國觀念論的哲學家。拿破崙佔領柏林時，發表〈對德意志民族的演講〉。

62 天皇機關說：主張在大日本帝國憲法體制之下，統治權歸屬於國家，天皇只是最高統治機關。

63 國體明徵：日本軍方和右派推行的運動。明示天皇是統治權的主體，日本是天皇統治的國家。

64 久富達夫：一八九八～一九六八。媒體工作者。曾任東京日日新聞的政治部長、內閣情報局次長、大政翼贊會宣傳部長。

65 東大睦鄰之家：透過駐進當地，提供醫療、法律、教育等諮詢活動，協助貧困和勞動階級改善生活的社福設施。始於十九世紀英國牛津、劍橋等大學生的志工活動。

66 小林多喜二：一九〇三～一九三三。作家、小說家。在無產階級雜誌《戰旗》發表《一九二八年三月十五日》文中，揭發日本秘密警察拷問的實情；作品《蟹工船》暗喻帝國軍人和財閥勾結。一九三三年，因違反治安維持法，遭到逮捕，當天就被拷問致死。二〇一五年，普羅文學研究者伊藤純在其父貴司山治的遺物中發現十幾片攝影用的玻璃乾板；經檢視，為小林多喜二死後遺體送回家裡，其母等親友圍在遺體旁邊的照片。

67 瀧川幸辰：一八九一～一九六二。法學家。一九三三年，內務省針對著作《刑法講義》、《刑法讀本》所提通姦罪、內亂罪的見解，列為禁書；文化大臣鳩山一郎要求校方罷免教職，遭到拒絕，於是依照法令強行停職，引起京都帝大其他三十一名教授聯合提出辭呈，以示抗議，是為「瀧川事件」。

68 李頓調查團：一九三一年，國聯指派英國李頓伯爵組團，調查中國和日本在滿洲的爭端，以及九一八事件。

69 武田麟太郎：一九〇四～一九四六。無產階級小說家。一九三三年，和川端康成等人創刊《文學界》；一九三六年創刊《人民文庫》。代表作有《日本三文錢歌劇》、《銀座八丁》等。

70 柳瀨正夢：一九〇〇～一九四五。畫家、舞台設計師。推動無產階級美術運動。

HANAMORI YASUJI

日本の暮しをかえた男

改變日本生活的男人

花森安治伝

第二部

伊東胡蝶園（後來的 Papilio）時期的花森安治。

第四章——以化妝品改變世界

The Man Who Changed Japan's Lifestyle
●○●●
The Autobiography of Hanamori Yasuji

伊東胡蝶園和佐野繁次郎

花森讀東京大學時，完成三件事情，一是參與帝國大學的編輯工作，二是戀愛和結婚，三是在化妝品公司「伊東胡蝶園」兼差化妝品的宣傳工作。世田谷文學館編纂《花森安治和生活手帖展》圖錄中的年譜，一九三五年（昭和十年）的項目，引用如下。

身為編輯部成員，花森必須委請畫家描繪插畫和圖稿，因而認識佐野繁次郎，獲得賞識。佐野負責伊東胡蝶園（後來的Papilio公司）的廣告宣傳，他雇用還是學生身分的花森，協助製作廣告和公關雜誌，月薪五十五日圓。

這時候，花森二十四歲，大學三年級。

然而，關於這段記述，有兩種不同的說法。

第一種來自酒井寬《花森安治的工作》。書中記錄花森第一次造訪佐野的年份和前述相同，身分也仍是大學新聞的編輯成員。經過一段時間之後，「佐野是個有趣的大叔，所以我毛遂自薦，請他雇用我，他問什麼時候可以開始上班，我回答明天，然後事情就談定了。他再問想要多少月薪，雖然我想提六十五日圓，不過覺得不能太囂張，所以回答五十五日圓。工作就這麼談成了。」

在酒井說法中，這次造訪之後，花森開始在伊東胡蝶園工作，但不是大三時，而是大四。因為，花森曾經告訴《生活手帖》的編輯成員：「畢業的時候，我就已經有跟班了。」如果這個說法正確，花森是在延畢一年的大四、一九三六年（昭和十一年）春天時，第一次造訪佐野，而不是一九三五年。

另一種說法來自田所太郎的著作《出版的先驅者》，書中指出花森造訪佐野既不是一九三五年，也不是三六年，而是花森畢業的一九三七年（昭和十二年）年初。當時，花森夫婦從神樂坂搬到牛込附近，在簞笥町的小巷內租借一間小屋。田所記述「昭和十二年，大學畢業。當時縱使是大學畢業，也是一職難求」。

「友人來訪，向花森提議，既然佐野繁次郎在Papilio公司任職，不如直接請他賞口飯吃。花森二話不說，當天就出門前往麻布四之橋，來到Papilio總公司，他第一次見到佐野，就開口說想在宣傳部門工作，佐野什麼都沒問，只回答可以。」回到簞笥町租屋的花森，緊張到臉色發白，向在家等待的友人說道：「喂！事情談成了！」然後接著說道：「走！今晚去神樂坂喝一杯。」

整段敘述非常具有臨場感，而且像是熟人口吻。敘述方式是第三人稱，不過文中的友人很可能就是田所本人。

兩種說法各有所據，酒井的說法是根據花森本人的談話。田所的《出版的先驅者》在一九六九年出版，當時花森還在世，他不可能胡謅亂寫。如此說來，花森開始在佐野麾下工作，正確時間究竟是大三時（年譜），還是大四時（酒井說法），或是畢業之後（田所說法）呢？

判斷各種說法的關鍵是結婚。一九三五年十月，花森和山內桃代舉行結婚儀式，拖延了一年多，一九三六年十二月，才前往區公所登記。翌年春天，長女出生，應該正是手忙腳亂的時期。所以，大四時，也就是一九三六年的春夏時節，建立家庭的花森，必須設法確保穩定的收入。

因此，他聽從田所的建議，前往伊東胡蝶園拜訪佐野繁次郎，然而這不是花森「第一次」見到佐野，是田所的記憶有誤，其中緣由就不多做說明。此外，當場決定錄用花森的佐野，並非隨便不負責任的人物，而是他敏銳看出這位青年具有十足的潛力，就像武田麟太郎感受到花森絕非普通學生，而是個「不容小覷」的人物。

根據週刊朝日編纂的《價錢史年表·明治大正昭和》，一九三七年（昭和十二年），公務員的起薪是七十五日圓。伊東胡蝶園的薪資是五十五日圓，加上帝大新聞社的薪水十五日圓，差不多等於公務員的起薪，一家三口至少可以溫飽了，這位「不容小覷」的男人終於落下心中大石。

今晚的確值得去神樂坂喝一杯。

以化妝品改變世界

一九二〇年代後半到三〇年代，在花森這群二十多歲的年輕人眼中，佐野繁次郎是個什麼樣的人物呢？

一九〇〇年（明治三十三年），佐野在大阪出生，老家在大阪碼頭附近，是間富裕的筆墨商行。他比花森年長十一歲。少年時期，在大阪認識年長兩歲的佐伯祐三[1]，決心要當一名西畫家。後來，佐伯進入東京美術學校（現為東京藝術大學），佐野卻不同，他從未接受過正規的美術教育。佐野認為花森如果進入美術大學，肯定能成為名畫家，或許也是感歎自己有才，卻沒能成為大畫家吧。

二十～三十歲之間，佐野往返大阪和東京。此處借助林哲夫[2]製作的〈年譜〉（收錄於《佐野繁次郎裝幀集成》），約略列舉。

○認識橫光利一（一九二五年），持續負責繪製他的小說插畫和裝幀。
○陸續發表戲曲和小說，主要刊載於季刊《三田文學》。
○佐伯祐三客死異鄉巴黎（一九二八年），有所感觸，開始參加二科展。
○在築地小劇場一起和東鄉青兒[3]、古賀春江[4]負責「蝙蝠座」的舞台公演裝置。
○成為活躍一線的裝幀家，雜誌《作品》、《文學時代》的封面，《地獄一季》（蘭波著，小林秀雄[5]譯），《聖甲蟲殺人事件》（范達因著），岸田國士[6]《戲曲集．淺間山》。
○成為伊東胡蝶園的廣告和包裝設計的主管（一九三五年）。

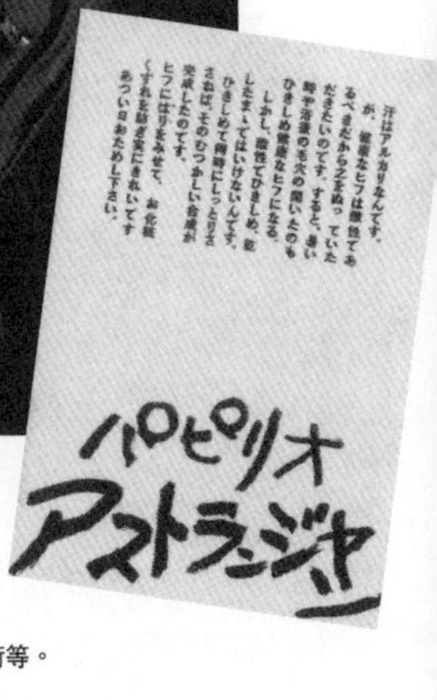

佐野繁次郎（1900～1987，新潮社拍攝）。
活躍在諸多領域，西畫、裝幀、廣告、設計、撰寫小說和戲曲、舞台美術等。
一九三五年負責伊東胡蝶園的宣傳工作，最為人所熟知。
「Papilio」最初是商品名稱，後來成為公司名稱，隨著佐野獨特的手繪文字，風靡一時。
下方為刊載在《婦人畫報》一九五〇年九月號的廣告。

佐野繁次郎從事裝幀和插畫的工作，和一九三〇年（昭和五年）成立的團體「新興藝術派俱樂部」相關，這是現代文學派的人士，為了對抗當時正值全盛時期的無產階級運動。說到現代文學派人士，淺原六朗[7]、井伏鱒二、小林秀雄、川端康成、岸田國士等人都算是其中一員。根據林哲夫的說法，佐野是透過犬養健[8]的介紹，認識新感覺派的核心作家橫光利一。舟橋聖一[9]、今日出海[10]、中村正常[11]等人的劇團蝙蝠座也是屬於這個派別，佐野是劇團團員之一。

說是「無產階級文學」對抗「現代文學」，或許過於泛政治化。在關東大地震之後，東京和京阪神等大都市出現全新文化，面對這些嶄新文化，能否迅速適應；現代男女形成的消費社會風俗或是流行感覺，能否迅速捕捉汲取，才是區分關鍵，而非意識形態。

借用扇谷正造的區分法——「人生派」（窮困鄉巴佬）和「藝術派」（習慣消費文化的都市人），或許更容易了解。從小生長在大阪碼頭的商家，佐野繁次郎當然屬於後者。

出版社希望為書籍商品打造出走在時代尖端、時髦漂亮的外型，藉此增加附加價值。佐野筆觸活潑輕快的線條，以及明亮的色彩，正好符合出版社的需求。在那些憧憬摩登都會風情的年輕男女之間，他深受歡迎。花森也喜愛他的風格。少年時，無論在神戶或松江，他向來喜愛閱讀新感覺派、新興藝術派的作品，並且模仿學習。花森當然知道佐野的大名，因為他所閱讀的書籍或雜誌，許多設計都是出自佐野之手。

一九三四年（昭和九年），伊東胡蝶園第三代社長伊東榮緣於從前交情，邀請這位人氣設計師兼插畫家，擔任公司的廣告部門主管。那一年，日本禁止製造傳統含鉛白粉，於是無鉛白粉的競爭日趨激烈，伊東胡蝶園在這波影響之下，招牌商品「御園白粉」（無鉛白粉的始祖）的銷售一落千丈。他延攬佐野進入公司，想必是為了處理這場危機。

翌年，一九三五年，在佐野的策畫下，取代原有的「御園白粉」，推出新產品「Papilio」。時髦的商標，搭配淡彩的效果，立刻成為人氣商品。依照前述的推測，一九三六年，花森投入佐野的麾下效力，正逢Papilio上市發售一年。新品牌成功問世，工作量與日俱增，佐野正需要得力助手，這時花森剛好自投羅網，前來求職。

花森為什麼在這個時期選擇踏入化妝品業界呢？

除了前述的友人建議，以及結婚生子，需要穩定生活基礎之外，應該另有理由。關東大地震之後，隨著都市化的腳步快速，社會大眾更為關心嶄新文化，諸多領域都紛紛提倡「改變日本人的生活——首先改變女性的生活方式」。在這股潮流的影響之下，化妝品業界試圖催生「讓化妝品成為女性意識改革的象徵」。以往都被閉鎖在家中的女性，藉由全然不同的化妝品和化妝法，變得更有活力朝氣，從而走出家門，走上大街，走進公司。希望藉由女性的改變，進而改革社會。

首先推出的業者是資生堂「花椿化妝品」。在關東大地震之前，一九一六年（大正五年），創業者的第二代福原信三[12]（後來是社長）自美返國，成立設計部門（廣告宣傳部門），邀請畫家川島理一郎[13]、小村雪岱[14]、設計師兼插畫家山名文夫[15]等人，集思廣益，設計海報、報紙廣告、包裝、店面等，將一八七二年（明治五年）創立、資生堂的古舊形象，徹底改頭換面，換上現代風貌。

福原還提出「讓商品自己說話」的口號，首先將化妝品視為「個別」商品，然後訂立「三科」戰略──美容科、美髮科、童裝科；創刊親子雜誌《太陽公公》，並在銀座成立文化沙龍──資生堂會客室。為了將理想的生活遠景，拓展到生活的所有相關領域，在軟體和硬體上做出各項創舉。

花森安治的畢業論文結合「衣裳」和「化妝」，創造出奇特的新詞「衣妝」。這個結合衣服和化妝的方式，類似資生堂的「三科」想法。由此可知並非花森青年的想法奇特，而是時代趨勢的影響。

說到奇特，銷售「花王肥皂」的長瀨商會也非常奇特。

一九二七年（昭和二年），第三代社長長瀨富郎，在海老名彈正[16]的本鄉教會，認識了年輕編輯太田英茂[17]，兩人意氣相投，於是延攬他進入公司，全權負責廣告文案，著手進行公司改革和花王肥皂新包裝宣傳活動。後來，攝影家木村伊兵衛[18]、製作人岡田桑三[19]，以及在新產品包裝設計競稿中，獲選的年輕設計師原弘，陸續加入團隊。

在多川精一所撰的太田英茂傳記《廣告非我終生職業》當中，記述長瀨太田這對搭檔認為花王肥皂是「由大眾所催生的大眾肥皂」，希望透過這塊肥皂來改變世界。對他們而言，「受洗皈依基督教、公司改革、或是銷售新產品，這些事情都是為了世界、為了大眾的社會改革運動。」

然而周圍人士無法理解這種邏輯理論，筆者也不懂。可能因為如此，他們發起的運動只維持了一年，就宣告結束。太田離開公司，成為製作人和藝術總監，展開實質的活動，以「廣告之神」、「太田學校」著稱。太平洋戰爭期間，陸軍參謀本部籌設東方社，他成為事務總長，參與製作對外宣傳用、現已成為傳奇的俱樂部雜誌《FRONT》。

在這股潮流中，銷售「俱樂部化妝品」的中山太陽堂也是一例。一九〇三年（明治三十六年），公司在神戶成立，不久之後，轉移到大阪，為了宣傳化妝品和出版

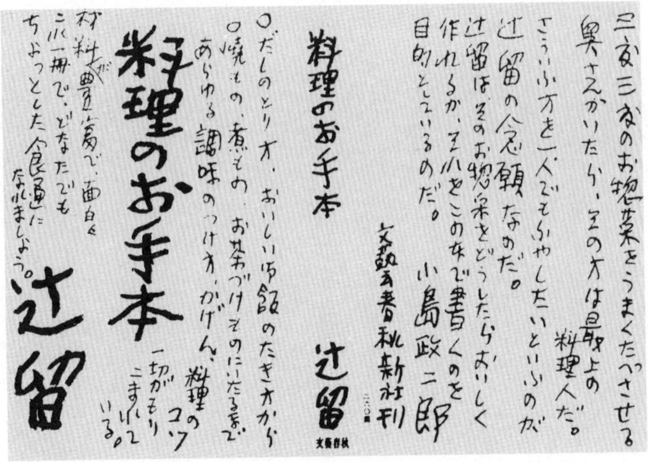

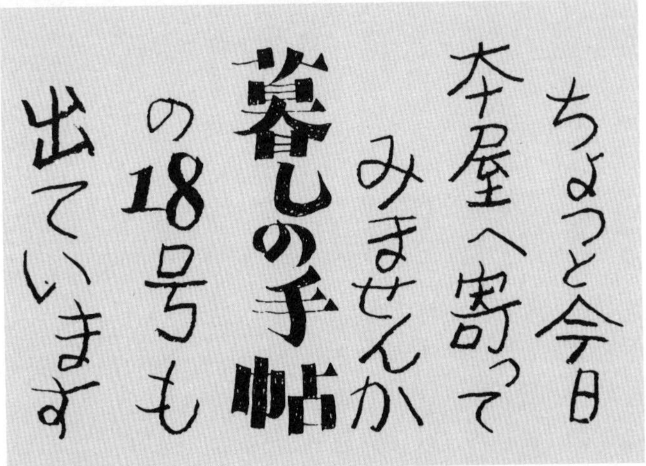

上方為佐野繁次郎的裝幀。

辻嘉一《料理示範》文藝春秋新社，一九五八年六月。

下方是生活手帖二世紀十八號（一九七二年六月）的電車車廂廣告。

監製和手繪文字都是出自花森。

文字的不受束縛感、巧妙的配置，能夠感受到兩人之間的傳承。

刊物，成立子公司「品牌社」。關東大地震時，川口松太郎[20]、直木三十五[21]、岩田專太郎[22]等人，從東京逃難到大阪，齊聚出版社，刊行《女性》、《苦樂》等人氣雜誌，成為阪神地區的現代主義據點。資生堂的山名文夫初次參與的設計工作，就在品牌社。

運用白粉、化妝水、肥皂等化妝商品，直接連結到女性的意識改革，或是新文化活動。所以連老字號的伊東胡蝶園都期待透過新品牌「Papilio 化妝品」，刷新形象。這項任務交給佐野繁次郎，又正好吸引到年輕的花森。

進入公司的那一年，花森非常認真工作。花森特色的手繪文字，明顯和佐野酷似，可知他深受佐野的影響；不過佐野不擅長的宣傳文章、排版等作業，旋即交給新人花森負責。酒井寬寫下五所正吉的證詞，他當時是伊東胡蝶園總務部長，掌管廣告相關業務。

「我不清楚花森進入廣告部的時間。佐野擅長繪畫，所以報紙廣告的文案都是年輕花森的手筆。花森的文案特徵，在於不使用艱澀難懂的詞彙，所以非常簡潔

易懂，無論是文案的組合方式、文字的排列，無人能敵，根本就是花森的一人天下。」（《花森安治的工作》）

年輕的花森鋒芒難掩，周圍人士都覺得假以時日，他必定能夠成為代表日本的廣告大師。

可是，現實總是不從人願，一年之後，一九三七年的夏秋之際，接連發生兩件和花森相關的大事。一件是佐野留學巴黎；另一件是花森成為士兵，被迫前往位於蘇聯國境附近的北滿洲戰場。

根據林哲夫編輯的年譜，佐野在一九三七年八月前往法國，就讀兩間美術學校，師事他崇敬已久的馬諦斯。他會毅然決然地負笈他鄉，一是不想只當個成功的廣告美術家，二是為了憑弔九年前客死巴黎的佐伯祐三，繼續他未完成的夢想。他認為反正還有年輕有才的花森，交給他就萬事妥當。

沒想到在那之後，花森接到召集令。佐野和花森在Papilio廣告部門的從屬關係，僅僅一年就宣告結束。

第五章——出征北滿洲

只值一錢五厘的人民

一九三七年（昭和十二年）七月七日，在北京附近的盧溝橋，日本關東軍和中國國民黨軍發生衝突，開啟日中戰爭的戰端。

這一年，花森接受徵兵檢查，符合徵兵合格基準的甲種體位。翌年，一九三八年（昭和十三年）一月十日，編入篠山步兵七十連隊（篠山是兵庫縣中部的丹波篠山地區，根據馬場真人的調查，這裡是「花森祖父的故鄉」），派往黑龍江最大支流的松花江北岸、蘇聯和滿洲之間的國境地帶。

根據筆者所知，在這片嚴寒地帶上的士兵經歷，戰後，花森並未公開任何相關文章，只有少數極為簡短的短文或發言，散見於各種刊物，在此僅挑選幾篇介紹。首先是〈一張紅紙〉，刊載在《文藝春秋》一九五六年四月號，是約兩百字的照片說明文，照片中的人物身穿厚重毛皮的防寒服。

現在地名不知道是否有變，部隊當時在北滿洲的小鎮依蘭。昭和十三年，我是甲種合格體位、大學剛畢業的上等兵。剿匪戰鬥使得大夥兒筋疲力盡，這時就會聊起以前嚐過的食物，連枝微末節都說得起勁。但是說乏了，就談起逃回內地的路徑，雖然只能竊聲輕談，但是討論十分熱烈。可是，討論到朝鮮海峽時，大夥兒就嘆口氣，然後就是一片沉默，繼續拖著疲憊不堪的身子前進。真想回家。

依蘭是現在黑龍江省哈爾濱市依蘭縣，花森當時可能正朝著附近的「小鎮」前進。另外一篇是比較為人熟悉、自由詩風的散文〈看呀！我們的一戔五厘旗幟〉，刊載在《生活手帖》一九七〇年十月號，節錄其中一段。

一星二等兵時，教育官中士突然怒吼，你們這些死老百姓，只要一戔五厘，就立刻有下一個替死鬼，但是軍馬可沒這麼多備用。乍聽之下，腦袋頓時一片空白。不一會兒，怒火逐漸上升。當時的明信片郵資是一戔五厘。言下之意，只要一戔五厘的明信片郵資，就能夠徵召到數以萬計的人（略）。可是憤怒卻無以改變任何事情。原來如此，我們只值一戔五厘。原來如此。

閱讀兩篇短文，可發現接到徵召時，花森是最低階的二等兵，沒過多久，跳過一等兵，直升上等兵。當時的「匪賊」是指反日游擊分子，可知他是參與剿滅游擊隊的戰鬥。不過，花森的文章過於簡潔，筆者無法進行更多推測。軍曹的粗暴言論

一九三八年(昭和十三年)。
駐軍在中國東北部的花森(左)。
他寫給友人的書信中，述說「北滿洲的寒冷是用眼睛感受」。

「你們這些死老百姓，只要一戔五厘，就立刻有下一個替死鬼」。其實不只是花森，許多曾當過一等兵的人士，都會借助各種場合，寫下這類故事。《中央公論》一九五二年十一月號中，花森和池島信平、扇谷正造，進行三巨頭對談〈前一等兵的再軍備觀〉。後來LLP BOOKEND發行《花森安治集（戰爭・廚房・祭典篇）》，重新收錄，筆者才有幸在二〇一三年春天讀到這篇對談，並更深入了解。

花森：在前線時，我只知道兩種職業軍人。一是大尉，一是中尉，我只知道這兩種人。雖然還有更高軍階的軍官，也會見到面，但是對士兵而言，他們是神，是偶像，不是一般平常人。大尉是我們連隊的中隊長，我個人很欣賞他。後來換成陸軍士官學校出身、二十多歲的中尉。我簡直恨他入骨了，如果現在遇到他，我仍然想找機會狠狠教訓他。（笑）

大尉是軍隊出身，老家在鄉下地方，在家中排行次男或三男，為了生活選擇從軍。後來覺得回老家也找不到出路，於是志願當士官，慢慢升為下士、中士、士官長，由於表現優異，所以又轉任將校，終於升到大尉，是一個約五十歲的大叔。像我這種軟腳蝦，哪有可能一次就通過選拔考試，成為上等兵。（笑）

（略）話說回來，我會成為甲種合格體位，根本就是一場悲劇。細節不多說，結論就是公所負責召集的辦事員，謊報我沒念完小學（笑）。那時像我這種體格、大學畢業的人，多半都是乙種，但我卻是甲種，而且入隊之後，我才知道是怎麼一回事，真是哭笑不得。多虧這位軍隊出身、五十多歲的中隊長非常照顧我，讓我當上中隊事務室勤務兵。

扇谷：中隊事務室勤務兵得處理事務，需要動腦筋，必須是優秀人才，才能夠勝任。

如果學生時代，花森能夠認真選修每週一堂的軍訓課，他就有儲備幹部的資格，入隊之後，只要提出申請，就能夠自動升為士官，不過，看來花森當時別無選擇。那些菁英階級的職業軍人，向來不知人間疾苦，但是軍隊出身的老大尉則不同。

花森表示，無論在軍營中，或在戰場上，第一年的新兵很難有機會看書。連岩波文庫的《比肩[23]》都無法獲准，也讀不到戰地版《文藝春秋》。可是，這位老大尉卻說，「若有想看的書籍，我幫你蓋章許可。」入隊之後，我非常想讀岩波文庫出版、亨廷頓（Ellsworth Huntington）[24]著的《氣候和文明》，託他的福，才能夠請家人幫我寄來。

從軍記事本

不過，接任老大尉的年輕中尉，出身陸軍士官學校，卻給花森吃了不少苦頭。

慶應大學預備科的留級生安岡章太郎[25]（比花森小九歲），比花森晚幾年，一九四三年（昭和十八年），徵兵檢查體位甲種合格之後，成為近衛步兵第三連隊的一員，派往孫吳鎮（現為黑龍江省黑河市），也是位在蘇聯和滿洲之間的國境附近，順著黑龍江沿岸，比花森所在的依蘭更為北邊。根據他的著作《我的昭和史I》中，二等兵安岡常遭軍靴摑臉，或是被罰站在冷冽寒風中一個小時。

同樣的待遇可能也曾發生在花森身上吧。然而，不同於安岡，花森並未具體描述「恨之入骨」的實情。

某日，筆者忍不住向土井藍生小姐抱怨花森未寫下任何記錄。結果藍生小姐答道「差點就忘記了」，然後借給筆者三本老舊的記事本，列記如下。

ⓐ陸軍恤兵部發送的「從軍記事本」。一九三九年（昭和十四年），在戰地發現罹患肺結核，送往和歌山陸軍醫院，在路上所寫。

ⓑ日本評論家協會的「記事本」。大概是一九四四年（昭和十九年），從大政翼贊會宣傳部移調到文化動員部，在不久之後所寫。

ⓒ富士電機製造股份公司的職員記事本。封面寫著「2605」。皇紀[26]二六〇五

年。大政翼贊會解散，即將戰敗的一九四五年上半年所寫。

三本記事本，都是以鉛筆隨意寫下的潦草筆記或俳句，找不到日記之類的完整記述。

ⓑ和ⓒ容後再述。從酒井寬的書中，筆者早已得知ⓐ「從軍記事本」的存在。「記事本附有昭和十三年和十四年的月曆，應該是在醫船上所寫。塗塗抹抹地寫了詩、短歌、俳句、住院患者的心得筆記等。還有寫著戰鬥的情形，以及感嘆冰凍的松花江、槍聲、向右發射、向左發射、敵人倒下、撒野的馬、爆破等短歌。」（《花森安治的工作》）

多虧藍生小姐，筆者才能夠親眼見到這本記事本。長一百三十五公厘，寬八十公厘，整本是空白式頁面，黑皮裝，非常普通的小記事本。卷頭附有滿洲國地圖、關東軍參謀長板垣征四郎上將揮毫寫下的「恤兵　征四郎」、國定假日和紀念日、國旗的知識、度量衡表、昭和十三和十四年的月曆，以及陸軍恤兵部的官文。

「本記事本是在國民熱誠捐助之下，由恤兵部印製而成，發送給所有從軍人員。

昭和十三年九月　陸軍恤兵部」

根據漢字辭典，「恤」字有「捐贈錢財物品，慰勞前線戰士」之意。帝國陸軍設有專門執行相關作業的部門，例如發送慰問袋。

根據唐納德．基恩（Donald Keene）[27]的說法，當時，美軍為了避免情報洩敵，嚴禁書寫日記。在唐納德．基恩的大作《百代的過客》中，則敘述日本軍方根本沒有禁止，而且「過年時，特地發送日記本，（略）並命令一定要寫日記」。唐納德．基恩所說的「日記本」，就是「從軍記事本」。不過，「一定要寫日記」的命令，往往是為了粉飾太平。一九五四年，花森在《週刊讀賣》連載的專欄，認為世間根本就是以謊言堆砌而成的，並且敘述如下：

這種架構最明顯的例子就是軍隊。第一年入伍時，上級命令寫日記，而且必須毫無隱瞞，誠實書寫。我聽話寫下「今天的演習，又冷又辛苦」。結果，上級氣得火冒三丈，將我痛打一頓。我嚇壞了，所以第二天，我寫「演

習時間如果可以更長更久該有多好」，歸還的日記本上畫了紅圈，評語寫著「保持這種志氣，繼續加油」。（〈別再說謊了〉）

雖然故事情節讀來有些譁眾取寵之嫌，但是肯定曾經發生類似情形。不過，如果是「第一年入伍」的話，應該是在花森抵達依蘭之後發生的事情，和花森恨之入骨的高傲軍官，應該是不同的人物。

令人擔心的是，其實將從軍記事本當做日記本使用的人少之又少，許多士兵寫日記，都使用筆記本或市售日記本。小津安二郎、井上靖、久生十蘭[28]等人，在戰後公開的戰場日記，都是使用這類本子。由此推測，花森可能也有另一本日記用的本子。但是，一九六六年，花森家失火，大量的藏書和資料都化成灰燼，即使真有另一冊日記本，恐怕已不存在，還能留有三本記事本，已是奇蹟。

翻開這本記事本，首頁寫著數行字，飄盪著文藝青年為賦新辭強說愁的氛圍。

上方為花森任職大政翼贊會最後一年一九四五年（昭和二十年）的記事本。
下方是從軍記事本，推測是一九三九～四〇（昭和十四～十五），在陸軍醫院療養中所寫。
（上下皆為世田谷美術館所藏）

只要你活著
我也會繼續活下去
凍結的松花江上
烏鴉成群

二月十六日住進依蘭陸軍醫院
二月十七日轉送佳木斯陸軍醫院

在依蘭附近，花森參與幾次小型戰鬥，過年之後，一九三九年（昭和十四年）二月，他突然罹患肺結核，導致肺浸潤而病倒，從北方渡過松花江，送到南岸都市佳木斯的陸軍醫院。「在醫船上所寫」是酒井寬的推測。從日期來看，可能在這時，花森判斷到了這個地步，軍方已不會檢查私人物品，所以願意使用年初領到的從軍記事本。

他的字體大而圓，都用鉛筆書寫。最初兩行所寫的「只要你活著，我也會繼續活下去」，後來也出現好幾次。可能是他自己的沉痛感受，或是在妻子的家書當中，他特別印象深刻的句子。

記事本中多半是既不像短歌、也不像俳句的零落詩句，以及輾轉移動各地的備忘錄。

肺浸潤（一五）三月二十日判定

三月六日　牡丹江

三月九日　鐵嶺↓十一日抵達

三月二十五日　大連↓二十七日抵達

二十八日　下午三點大連出航

二十九日　上午十一點抵達青島
三十日　上午十一點青島出發
濃霧。蒼白的霧。上甲板。霧波流動。
藍染。酵母錠。體重。轉送和歌山。新青年增刊。

於是
我活下來了
初秋
心情舒暢，無垠晴空

從依蘭、佳木斯、牡丹江、鐵嶺一路南下，在遼東半島南端的大連搭上醫船，經過山東半島東岸的青島，向東橫渡黃海，抵達博多港，轉送和歌山的陸軍醫院，這時大約是四月初。馬場真人的《花森安治的青春》找到了這間醫院，就是和歌山縣西牟婁郡白濱町的傷痍軍人白濱溫泉療養所。在「於是，我活下來了」的感慨之後，寫著「初秋」，推測應該是在經過了幾個月之後才寫上的。意想不到的境遇發展，自己才能橫渡那片難以跨越的大海，獲得解放。

陸軍醫院

然而，讀著「從軍記事本」，感覺到花森「心情舒暢」的解放感，其實存在兩個混濁點。一是從依蘭到和歌山，他一路都對自己離開戰場，「心存愧疚。」（酒井寬也在書中指出這點。）

「雖說臥床非士兵之恥
仍無以慰藉我心」

「緩步月台的警衛兵　瞥見戰友」

「山陰地區　凍土連天　荷槍前進的戰友　閉口不語」

「皚皚白雪　先鋒勒馬掉頭右轉　高聲吶喊」

「五時爆破　匍匐在地　電線掉落肩上」

「瞄準敵手　雙眼對望　扣下扳機　輕微聲響　敵人倒下」

「逐漸靠近戰友　呼吸聲越重」

這裡所言的「戰友」多半是指貧窮農村或山村出身，到了軍隊才生平第一次嚐到豬排的士兵。在前述三巨頭對談〈前一等兵的再軍備觀〉中，花森表示當兵之後，發現不少驚訝之事。

慰問袋[29]送來北滿洲，不是從內地送來，而是從恤兵部送來官製品。恤兵部設有專責軍隊捆包慰問袋的內容物，運送至各國。那時，我記得一等兵軍餉是八日圓八十錢，第一個月儲蓄八日圓五十錢，所以那個月有三十錢的零用錢。然而，下一個月就可存到九日圓四十錢，等於沒花半毛錢。後來在醫院中，隔壁病床的上等兵，老家在秋田還是山形吧，家裡是燒製木炭。我和他聊了很多。他說在家鄉一天只有幾錢可花用，相較之下，軍隊真是幫助很大。我想軍隊中肯定有許多這樣的士兵。

花森稱呼這些人為「職業士兵」，以便區別「職業軍人」。陸軍士官學校出身的中尉是虛有其表的「職業軍人」，然而同樣是中隊長，從士兵升任的老大尉則截然不同。他不會拘泥固守軍規，具有人情味。所以他不想使用「職業軍人」一詞，這種區別用法對他而言似乎非常重要。後來，他在小兒科醫院和評論家松田道雄[30]的對談中，也都是這個態度。

現在談到軍隊，多半都是說將校，或是學生上戰場；總之只要升到見習士官或少尉，就算是將校。（略）多半會說是軍人或士兵。可是，提到軍隊時，我無法容忍將校和士兵混為一談，這點絕對沒得商量。（略）將校是菁英特權階級。（略）終究，我們這些士兵是微不足道的存在。（略）如果我看起來像在反抗權威，都只是停留在理論階段，並非實際行動；我只是在感情上無法原諒，所以進行反抗。（〈醫生和士兵和戰爭和保險〉）

花森對於老大尉這群「職業士兵」，抱持著好感。對於「職業軍人」、或是後來學生上戰場的見習士官，甚至當時和自己同樣是「大學畢業的士兵」，他似乎都抱持反感。因為，同樣是士兵，這群人算是預備幹部，「他們汲汲營營，深諳迎合權力（也就是職業軍人）的訣竅。」（〈前一等兵的再軍備觀〉）

可是，換成是他自己的話，又會是如何呢？

他的確不算是預備幹部，不過他如果利用帝大生的履歷，能夠立刻獲得拔擢成為上等兵，取得中隊事務官的閒差事。花森應該知道自己深諳行事謹慎精準的處世哲學。然而他現在遠離前線，獨自在內地的醫院安穩度日。再加上他不需要仰賴戰時薪資，伊東胡蝶園每個月也仍發薪給他的家人。所以，對於那些現在仍在冰天雪地的北滿洲默默奮戰的「戰友」，他更是「心存愧疚」。

不只如此，他的解放感中還有另一個混濁點。對於即將從非日常的前線回歸日常，他日漸感到不安。根據「從軍記事本」，這股不安似乎來自他和妻子之間不穩定的關係。

我的心
在獲知驚喜的夜晚
獨自閉門焚香

難過重複讀著妻子的責怪
我的愛，令她難受

玩笑寫著愛或不愛
難撫我心

這段婚姻，一方是窮困沒落的神戶貿易商家，學識豐富但有點流氓氣的長男，一方是松江大店、個性好強的「千金小姐」。婚後，一職難求，未來前途多舛。接著長女出世，每天過著慌亂不穩定的生活。這對年輕夫婦還未能相互調適時，丈夫又突然被送到蘇聯滿洲國境。即使未來平安歸國，究竟應該如何建立一家三口的生活，惶恐和不安，都毫無保留地顯露在詩歌當中。

所幸除了「從軍記事本」之外，還發現其他資料，能夠了解花森這個時期的心境。除了前述的「玩笑寫著愛或不愛，難撫我心」之外，在花森寫的書信中，一九四〇和四四年各有一封，據說桃代夫人生前視為寶貝，現在留給女兒土井藍生。其中一封，郵戳日期是昭和十五年（一九四〇年）二月一日，筆者取得藍生小姐的許可，分享給各位讀者。

摯愛的小內　先獻上親吻

1　我的精神很好，沒有發燒。想到再過幾天，就能再和你一起生活，覺得滿心雀躍。

2　因為寢台車票賣完，我的出發日期將比預定晚一天。如果可以的話，請在三日晚上出發。

3　我擔心當天車票賣完，所以一起寄上大阪到東京的特急車票。

4　你的車票是四日早上七時十五分抵達大阪。特急是大阪上午八點〇四分發車（註記寫著「信封內車票是這一班車」），應該會在四點四十分抵達東京（註記寫著「特急車不停品川站，需在東京站下車，我會到東京車站迎接」）。

5　請一定發封電報，我才能放心。

6　今天早上，行李幾乎和我同時抵達。你的旅途更為顛簸奔波，請用大方巾包好行李。

7

別嫌我囉嗦，再次叮嚀，別累壞自己，
別傷風感冒，好好保重自己，咱們品川站見。
我真的很好，請別擔心。

小安筆

獻給我最愛的小內　無數的吻

我要出發前往東京了，字跡潦草，請多諒解。
木炭應該需要四布袋。
這裡是都市，到處都見到白帽蠢動。

根據這封書信，一九四〇年（昭和十五年）初，花森從和歌山陸軍醫院出院。
先前提及的安岡章太郎，一九四四年八月，他也是發高燒，從孫吳送回內地；翌年一九四五年七月，在敗戰一個月之前，從金澤陸軍醫院出院。當時沖繩已被攻陷，最高戰爭指導會議確定「決戰本土」。根據《我的昭和史I》，出院當天：

護士通知我前往醫務室。（略）到了醫務室，護士長交給我一張紙質粗糙的命令書。

陸軍二等兵安岡章太郎

右者罹患左胸濕性胸膜炎，免除現役，命令出院。

七月一日　金澤第一陸軍醫院院長

想必花森也是收到同樣的「免除現役」命令書。前段所述信封上的收件人「松江市天神町十三　山內家　花森桃代女士收」，背面寄件人「神戶市須磨區平田町五丁目四　花森安治」。看來出院之後，花森先前往神戶，與妻子取得聯絡，然後才前往東京。因為丈夫出征，桃代夫人帶著幼女回到松江娘家。信中，他特別註記特急車不停品川站，自己將前往東京站迎接。其後又寫道，咱們品川站見，想必因為兩年不見，花森的心情相當激動所致。

對於仍在前線「戰友」的「愧疚」，以及對即將恢復的日常生活，是否能夠順利，感到不安。再加上曾經身為一名士兵，體驗到真實的戰場，回到大後方之後可能產生的違和感。不僅是花森，小津安二郎的日記也呈現出同樣的感受。大多數從戰場歸國的士兵，都面臨到另一種文化衝擊。

這時，花森二十八歲，桃代二十六歲。

當時，兩人互相暱稱「小安」和「小內」，還有「我最愛的」、「小內」、「無數的吻」等這類字句。雖然筆者說花森都「毫無保留」地寫下自己的感受，但是沒想到竟然如此露骨。

第六章——奢侈是大敵

The Man
Who Changed
Japan's Lifestyle
●○●●
The Autobiography of
Hanamori Yasuji

奢侈是大敵

一九四〇年（昭和十五年）二月，花森安治回到東京，依照原定計畫，重返伊東胡蝶園。據說重返工作崗位時，花森頂著士兵的光頭髮型，身上穿著的西裝是自己改造國民服而成，雙眼炯炯有神，銳氣逼人。

前一年夏天，主管佐野繁次郎已經從巴黎輾轉經過紐約回國。這一年九月，納粹德國入侵波蘭，英法對德宣戰。大概是歐洲情勢日趨緊張，佐野不得不束裝返國。回國之後，除了Papilio廣告部的工作之外，也參與製作橫光利一的《旅愁》、林芙美子[31]的《魚介》、織田作之助的《二十歲》等書籍的裝幀，好整以暇地重新展開以前的生活。

繼佐野之後，花森重返職場。可是，往日的榮景已不復見，日中開戰將近三年，花森被迫入伍當兵，這段期間，日本社會陷入沉重陰鬱的氣氛，早已無法容許化妝品這類不切實際的商品存在。

更別談想要「以化妝品改變世界」。

這一年七月七日，奢侈品製造銷售限制規則正式執行，俗稱「七七禁令」，耳環、戒指、半襟[32]、和服腰繩、腰帶綁繩、梳子等物品，都視為奢侈品，嚴格管制製作銷售。化妝品類中，只有香水禁止銷售。然而不管是否有法規限制，這時，化妝品不可或缺的香料，完全無法進口，乳霜、白粉、口紅等，只能仰賴品質低劣的國產代用品。

在這樣的情勢之下，當然不可能大肆宣傳，而且也已無必要。這個時期，花森參與了兩項工作。一項是根據「七七禁令」製作的國策標語「奢侈是大敵！」。另一項則是在成立不久的出版社「生活社」，和佐野合作發行生活改善叢書《婦人的生活》。

首先關於第一項，戰後不久，傳言「惡名昭彰的『奢侈是大敵！』原始作者好像是花森安治」，流傳在同好友人之間；也有人作證在戰時，親眼見到花森大玩文字遊戲，改成「奢侈是素敵[33]」；甚至還有人說作者的確是花森無誤，不過，花森是取「素敵」（美好）的「敵」，為稱頌之意。然而花森自己從未解釋，任憑這些傳說四處流竄。

事實究竟是如何呢？

「七七禁令」是為了贏得這場戰爭，集結前線或大後方的全國國民勞動力和物資，是一種納粹德國方式的全力戰思想。

為了贏得戰爭，一九三七年（昭和十二年），第一次近衛文麿[34]內閣會議決定國民精神總動員實施要項，旋即成立國民精神總動員中央聯盟；翌年一九三八年，正式制訂國家總動員法。一九四〇年七月，花森返國五個月之後，米內光政[35]內閣和陸軍不睦，短命而終，近衛文麿二度接掌內閣。此時，國民精神總動員中央聯盟成立「全面廢除奢侈委員會」，制訂「徹底抑制使用奢侈品方策」。井上壽一[36]在《一大堆理想的戰時日本》記述如下：

「消滅奢侈運動將六大都市（東京、京都、大阪、橫濱、神戶、名古屋）設為重點都市，加強宣傳。在六大都市的主要目的是『徹底要求上層富裕階級自我約束，不得奢侈』。國民精神總動員中央聯盟組成街頭推進隊，在婦人團體的協助之下，街頭推進隊站在市內的重要場所，發送『自我約束卡』，卡上寫著『避免穿著華麗服裝，趁著現在丟掉戒指』。

除了『自我約束卡』之外，還有立牌。東京市內擺放一千五百個立牌，寫著『奢侈是大敵！真正的日本人是不奢侈的！』」

立牌的斗大標語「奢侈是大敵！」，在戰後，成為象徵痛苦時代的一行字句，烙印在每個人的腦海。無論原始作者是否是花森，傳聞是否正確，其實在在顯示出這個標語的強大震撼力，難以從記憶當中抹滅。在馬場真人的《花森安治的青春》

中，記述這個標語是Papilio廣告部門接受精神作興同盟（有可能是國民精神總動員中央聯盟的外部組織）的委託，經由花森創作。筆者沒有自信斷言作者就是花森，然而花森接受國民精神總動員中央聯盟的委託，為消滅奢侈運動寫下這個標語，獲得青睞，如果這些都是事實，也並不令人意外。

雖然缺乏直接證據，卻有幾項間接證據。

首先，花森在《一戔五厘的旗幟》中是個堅決的反戰派，然而在這個時期，他尚未明顯表態。戰爭結束許久之後，花森才出現反戰態度。即使戰時的他感受沉重，但是既然已經開戰，就不能認輸。身為一名日本國民，這種想法理所當然。一九七五年（昭和五十年），在花森過世前三年，他接受讀賣新聞大阪社會部的訪問，從他的回答當中，可以看出端倪。

我接受國家的教育栽培，必須保護自己的國家。戰爭既然開打，就必須贏得勝利。大家都努力奮戰，縱使現在知道有錯，但是那時就是認為必須努力衛國，現在才見風轉舵，高嚷應該要收斂，根本就是事後諸葛嘛，這種跟風附和的事，我做不來。為了贏得勝利，我全心全力協助戰爭。因此，我感到無比的失落沮喪。為了贖罪，我絕對不再為戰爭貢獻己力。請各位確實注意我接下來的表現。（〈我們究竟在做些什麼〉）

花森的話中，顯示自己雖然受到時下新文化藝術的影響，但是自孩提時期開始，從學校、報紙、廣播接受的愛國教育，在當下仍然覺得「必須保護自己的國家」。這不是為自己辯護，而是花森青年真實不虛偽的想法。此外，花森因病而能夠返國，對於那些仍留在戰場上的戰友，「心存愧疚」，更增加他想設法彌補的心情。

許多人曾表示，說話操著關西腔調的花森，深具說服力。筆者當然未曾親耳聽過，但是閱讀這篇訪談，多少能夠感受到那種氛圍。主訪人應該是讀賣新聞大阪總社社會部（俗稱黑田軍團）的黑田清[37]。他深具反骨精神，後來離開讀賣新聞。他和花森都是關西出身，想必花森用家鄉話受訪，更能開懷暢談。

然而，還是沒有任何直接證據，能夠證明花森是經過公司或其他管道接受委託，打造出這個標語。所以，必須檢證同時期花森參與的另一項工作——生活改善叢書《婦人的生活》。

叢書《婦人的生活》

雖然標記「叢書」，事實上《婦人的生活》是在第一冊的後記中，預告將一年發行四次，是總計十冊的雜誌形式總名稱。然而這個預告未能實現，一年只發行一、兩次，總計發行四冊就告中斷。四冊列舉如下：

第一冊《婦人的生活》（B5版）一九四〇年十二月刊行
第二冊《裝扮讀本》（B5版）一九四一年四月刊行
第三冊《住居和衣服》（A5版）一九四二年一月刊行

第四冊《生活的巧思》（A5版）一九四二年六月刊行

另外還有一冊，是從另一間出版社築地書店刊行，是內容架構和排版都相同的單行本，應該是叢書的續集，將其列為第五冊。

第五冊《切的巧思》（B6版）一九四四年三月刊行

三年總計出版五冊，可看出戰況逐漸惡化，紙張供應不足，版型越來越小。第一冊的版權頁上，「編輯兼發行人　鐵村大二」，第二冊是「今田謹吾」，第三冊和第四冊「編集人　今田謹吾／發行人　鐵村大二」，第五冊換成「編者　小山勝太郎／發行人　大澤慶壽」。今田和小山是生活文化研究家，屬於「東京婦人生活研究會」的成員，協助叢書規畫在衣食住的生活提案。鐵村將再後述。每冊的目次背頁，都斗大地印著「裝幀　佐野繁次郎」，然而卻找不到花森安治的名字。

因為沒有掛名，通常容易認為叢書的核心人物是佐野，花森只是一名助理。可是，編輯、排版等整體風格，和後來的《生活手帖》非常相似。所以不少人推斷花森剽竊佐野製作《婦人的生活》的手法，運用在《生活手帖》中。酒井寬就指出在伊東胡蝶園時代，「碼頭出身的佐野，精準老練的色彩品味和生意頭腦，花森全部學到手。」因此筆者也做出同樣推測。

Papilio的商標，佐野設計的關鍵在於看似豪放雜亂的手繪文字。花森的手繪文字風格，的確酷似佐野的風格。以此推論，他不僅模仿字體，甚至連佐野的雜誌製作方式，都偷偷地仿效。

然而，這種推測是錯誤的。

首先，還在學藝的人寫出的字體，和內心尊崇的師長相同，其實並不為奇。佐野崇敬欽佩的學長佐伯祐三，他描繪的巴黎風景中，獨特的手繪文字也深深影響佐野。只能說在昭和時期的日本設計中，有支流派是「佐伯↓佐野↓花森」的手繪文字。只因為過於類似，就認定編輯技術也是剽竊，過於偏頗。酒井寬在前述的引用

みだしなみとくほん
婦人の生活
くらしの工夫

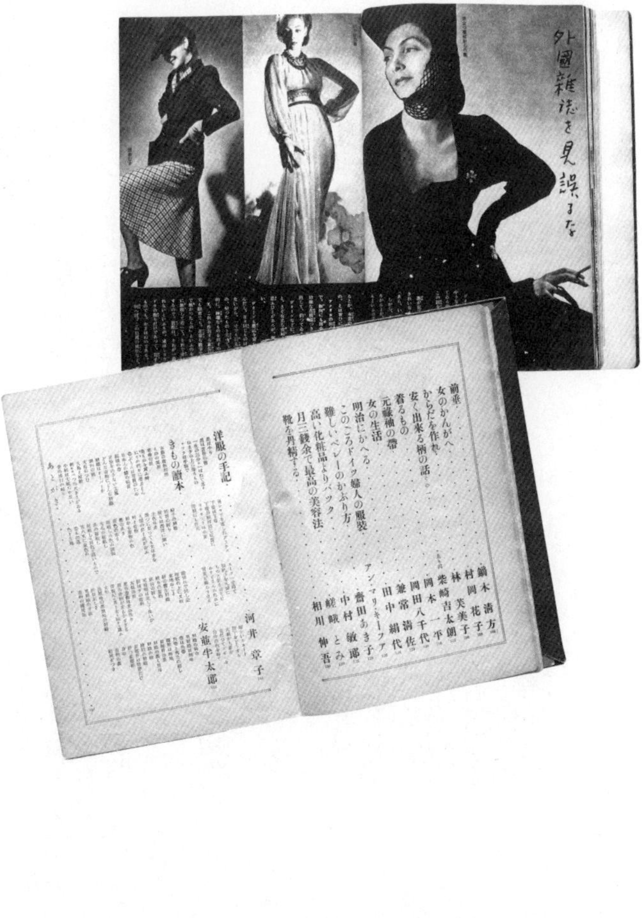

一九四〇～四四年刊行的五册（生活社發行，只有第五册是築地書店發行），版型大小各有不同，不過架構和執筆者都具有連貫性，應該是系列作品。所有的裝幀都是佐野繁次郎，也刊載安並半太郎（花森）的連載〈和服讀本〉。

段落之後，介紹伊東胡蝶園總務部長五所正吉的談話，在此再次引用，做為佐證。

「佐野擅長繪畫，所以報紙廣告的文案，都是年輕花森的手筆。花森的文案特徵，在於不使用艱澀難懂的詞彙，所以非常簡潔易懂，無論是文案的組合方式、文字的排列，無人能敵，根本就是花森的一人天下。」

總而言之，佐野看到《帝國大學新聞》，發現花森具有自己缺乏的文案和排版才華，所以才任用他來 Papilio 廣告部。《婦人的生活》叢書也是如此，甚至可以此推斷佐野的「裝幀」只限封面設計或是裝訂，其他都是交給「年輕花森」包辦。

近年來，古書店「海月書林」店主市川慎子，以及「daily-sumus」網站林哲夫進行調查，在叢書的卷末連載長篇散文〈和服讀本〉，作者「安並半太郎」其實就是花森安治。筆者最近也發現他才是幕後總編輯，統籌一切。各冊的「序」和「後記」，從文體判斷安並就是花森。換言之，《婦人的生活》叢書和《生活手帖》的總編輯都是同一人物，所以兩份刊物當然會相似。

話說回來，為什麼花森願意投入製作《婦人的生活》叢書呢？

關東大地震之後，化妝品業界掀起一陣熱潮，希望藉由化妝品，促進女性的意識改革。在這股熱潮當中，花森正打算放手一搏時，卻被逐漸擴大的戰事阻擾，因而夢碎。《婦人的生活》想必是在他歸國之後，面對現實環境，體悟到時局緊迫，只能抱持著退一步想、海闊天空的心態，因此才默默地投入製作。

此外，發行這部叢書的生活社，社長「鐵村大二」也是一因。筆者閱讀已經停刊雜誌《彷書月刊》河內紀的文章，以及「daily-sumus」網站林哲夫、「神保町系慌亂日記」的 jyunku、「出版讀書筆記」的小田光雄等人陸續的調查，這位神秘人物的樣貌才逐漸浮現。

鐵村比花森年長四歲，一九〇七年（明治四十年）出生。早稻田大學德文科畢業之後，任職過幾家出版社，一九三七年成立生活社。在這之前，他在婦人畫報社工作時，曾派駐中國；所以生活社發行的刊物中，有不少中國等亞洲相關的刊物，例如《東亞叢書》、《亞洲內陸叢刊》、《中國文學叢書》。他和柳田國男[38]有所往來，也有不少民俗學、人類學、生活文化等相關書籍。

除此之外，根據國立國會圖書館的藏書目錄，生活社不僅發行一般書籍，例如飯島正[39]《東洋之心》、三宅周太郎[40]《戲劇》、谷川徹三[41]《不畏雨淋》、中谷宇吉郎[42]《科學的萌芽》、T. S.艾略特（Thomas Stearns Eliot）[43]《拜異教之神[44]》、岡田真吉[45]《電影和國家》、岩田豐雄[46]《法國的戲劇》等，也出版時局書籍，由參與成立大政翼贊會的成員製作，例如長島又男《國家總動員法和國民生活》（一九三八）、昭和研究會《新日本的思想原理》（一九三九）、住谷悅治《大東亞共榮圈殖民論》（一九四二）、報導技術研究會《宣傳技術》（一九四三）、平出英夫[47]《海軍的生活》（一九四三）等。

其中，一九三六年（昭和十一年）二二六事件發生之後，在近衛文麿的掌權之下，為了「重整」政局，成立智庫「昭和研究會」。發起人是後藤隆之助[48]、蠟山政道[49]、河合榮治郎、有馬賴寧[50]等人；委員和常任委員則是三木清[51]、笠信太郎[52]、尾崎秀實[53]、小場瀨卓三[54]等左派和自由主義派的知識分子。四年後成立的大政翼贊會正是承襲自這個研究會。

在同盟通信（後來的共同通信社）中，長島又男是松本重治[55]的下屬，是國際派記者；住谷悅治是經濟學者，兩人都是偏左的自由主義派，積極參與昭和研究會，以及後來的大政翼贊會。

報導技術研究會成立於一九四一年，山名文夫、新井靜一郎[56]等第一線的廣告人，有鑑於商品宣傳的廣告需求減少，必須設法將廣告技術拓展到其他領域，因而成立這個組織。後來逐漸成為內閣情報局推動戰爭的文宣活動負責單位。從這時開始，任職大政翼贊會的花森安治和這些人士漸有往來。

其中，平出英夫和其他人的定位不太相同。他是大本營海軍部的報導課長，透過廣播大聲呼籲「全體進軍，殲滅敵人」，是著名的狂熱煽動者。

昭和研究會的《新日本的思想原理》，以及報導技術研究會的《宣傳技術》，都是各組織重要的運動綱領。由此可知，鐵村的生活社相當接近大政翼贊會的核心，潛藏著不為人知的一面，引人好奇。關於這點，未來社的公關雜誌《未來》，在一九六九年二月號刊登的訪談報導中，中國文學家竹內好[57]談道：

「生活社也名列戰犯名單，這個出版社支持東亞共同體論（津野註：由三木清等人構思，是昭和研究會的政治理論），社長鐵村大二，不僅協助出版，他和軍方的關係深厚。（略）總之，鐵村是個厲害人物，他有辦法巧立名目，從軍方撈錢，所以佔領軍才會盯上他。」（〈中國和我〉）

竹內好和武田泰淳[58]、增田涉[59]、岡崎俊夫[60]等年輕中國文學家，發行《中國文學》（前身是《中國文學月報》），一九四〇年～四三年，由生活社承接發行。竹內翻譯劉半農的《賽金花》，由生活社出版。根據「神保町系慌亂日記」，戰後，盟軍最高司令部的確將生活社列為戰犯出版社，然而，關於軍資等的傳言仍舊真假不明。竹內表示，鐵村將所有責任都推到前總編輯前田廣紀[61]身上，害前田險遭革除公職。

具有這些性格面向的生活社，是如何和佐野繁次郎、花森安治搭上關係的呢？《婦人的生活》第一冊在一九四〇年十二月發行，這時花森才剛返國不久，所以兩者可能早已認識。根據馬場真人的《花森安治的青春》，「《婦人的生活》最初是

Papilio的宣傳雜誌。（略），後來靠著佐野和生活社的關係，才總算能夠出刊。」兩者或許是因此而結識。

雖然資金問題不明，但是可從出版的清單加以推測。一九四〇年，生活社追隨剛成立的大政翼贊會，算是半官方的國策出版社。在叢書發行前兩個月的十月二十日，大政翼贊會成立，意味著花森編輯的《婦人的生活》，和大政翼贊會的「新體制」運動是具有密切關係的媒體。所以再讀安並半太郎連載〈和服讀本〉第一回結論的其中一節時，會產生不同以往的感受。

> 其實，新體制不會比以往有更多限制；也不會比以往更自由自在。
>
> 對日本人而言，新體制是能夠真正穩定人心的優良制度。
>
> 那些錯誤百出、以為是最新流行卻荒唐怪誕的和服文樣，可以恢復到日本原本合理合宜、典雅漂亮的文樣和色彩。
>
> 以前，金銀只用於刺繡，不做他用。（略）

必須搭乘公車、長途跋涉去購物，身上卻穿著和服，就像是得一路拉高裙襬行走的公主，實在是滑稽可笑至極。

從這篇文章可得知幾個重點。

第一個重點，戰時的日本，在公開場合發表自己的言論時，必須參雜力挺戰爭的語句。可是，這篇文章卻看不出有任何矯飾偽裝，看來花森當時確實抱持著這種想法。

第二個重點是這些主張和文體，延續到戰後，當花森成為服裝評論家、風俗評論家時，他仍然是同樣的主張和文體。

第三，這些主張完全符合「奢侈是大敵！」的口號。這個時期的撲滅奢侈運動，目標只限於「上層富人、戰時繳納獲利稅之人、榮景產業、享樂機構相關人員」（〈徹底抑制使用奢侈品方策〉）所擁有的「奢侈品」或「華服」，必須加以「抑制和撲滅」，一般老百姓的「小小奢侈」並不是直接目標。讀著花森以安並之名撰寫的這篇文章，除了「敵」一字不像是晚年花森的風格之外，運用平假名表示「奢侈」一字，以及「奢侈是大敵！」口號本身，應該都是花森真心的想法。

日本和服是奢侈嗎？

對照花森安治的戰後主張（例如徹底的反戰思想），這個時期，他的言行有諸多令人不解之處；但是再從這時對照後來，又會覺得戰後的花森言行怪異。

可是，相較於溯及既往的方式，如果能像筆者藉由傳記形式，依照時間先後順序，記錄一個人的言行時，就會產生不同觀點。那些外界的批判和辯護，以及他自己的後悔和沉默，都是事後結果。以現行觀點回顧過往時，雖然會令人意外，但是一九四〇年代，花森的意志如此堅定，其實一點也不奇怪，全是因為當時大環境的各種情況使然，其中的情況之一，就是花森結識剛成立的大政翼贊會。

提到花森安治，筆者年代的人會立刻聯想到戰後發行量百萬的雜誌，是一位無人能敵、堅強能幹的總編輯。

可是，初次和大政翼贊會打交道的花森卻非如此。請各位回想從軍記事本中所寫的戀曲，還有寫給妻子的書信中親暱的稱呼，花森沒有半點能耐稱得上「無人能敵」。充其量他就是一個才華洋溢、出眾不凡的大學生，畢業之後，任職化妝品公司廣告部門，沒過多久，就被迫上戰場，因病被遣送回國，二十八歲，沒有任何社會地位，只是一個需要養家的青年。

回到國內，花森青年眼中的日本社會，未來前途茫然，軍方的勢力日漸強大，軍國化之路勢在必行，再也無力回天。賴以為生的Papilio一職，可能某一天就突然化為烏有，屆時自己要如何養家維生。在這種令人窒息的氛圍中，正好遇見剛要起步的大政翼贊會「新體制」構想。

各位必須注意，在這個時候，並非只有日本走投無路。

二十世紀初期，第一次世界大戰和俄國革命的影響之下，傳統的世界秩序崩潰瓦解，繼之而來的是世界陷入經濟大恐慌，一九三〇年代，德意志（希特勒的納粹）、義大利（墨索里尼的法西斯）、蘇聯（史達林）、法國（安德烈・萊昂・布魯姆（André Léon Blum）[62]的人民陣線內閣）、美國（羅斯福新政）等許多國家都進行「舉國上下一心」的國家改造計畫，算是廣義的極權主義潮流。換言之，這個時期，全世界各地都陷入困境，高喊著「改變！」。

在這股全球吶喊的推動之下，日本以（看似）形象革新的「高挑青年公爵」近衛文麿為核心象徵，瓦解既有的財閥、政黨、官僚組織，在「天皇」之下設立強而有力的國民組織，清算腐敗的政黨政治，財富平均化、健全雇用關係、實現豐盛厚實的社會福利，以便打造「新體制」。一九四〇年七月，第二次近衛內閣成立，歷經新體制準備會，十月，大政翼贊會正式啟動。

文化部長是著名的劇作家岸田國士，他的名作《紙風車》、《提洛之秋》廣為人知，他的就任成為街頭巷尾的話題。由此可知，剛成立的翼贊會，能夠壓制勢力漸漲的軍方，阻止急速強化的言論管制，具有阻擋軍力擴張的作用。所以，不只是岸田，山本有三[63]、三木清、中島健藏[64]、清水幾太郎[65]等左派或自由主義派作家、知識分子，都覺得「新體制」似乎值得「希望和期待」（安田武66〈大政翼贊會文化部長的寶座〉），紛紛表態參加，更增新體制運動的清新形象。

花森安治參與編輯《婦人的生活》第一冊，正好就在這個時期。以下引述「第一冊」匿名「後記」的其中一節。文章略顯粗糙，可能並非花森所寫，而是出自掛名總編輯的鐵村大二之手。大概是在創刊號的校對完畢時，剛好遇上大政翼贊會成立，文章是在慌亂匆忙中潦草寫下。

新任的文化部長岸田先生也高喊：

「呼籲知識分子階層要首先站出來！」

更呼籲：

「必須加入以往政治所缺乏的文化素養。」

岸田部長的小說家友人和畫家同好，自動發起「不能眼睜睜地任憑岸田送死」運動。

本書的目標是聰明有智慧的女性。

最近前往丸之內的帝國劇場或東京會館時，帝國劇場已經成為內閣情報部，東京會館則有新體制的總舵主大政翼贊會，可以感受到日本大步向前、煥然一新的氛圍。每個人談話都元氣十足，令人不禁想高聲吶喊：

「年輕的知識分子，挺身而出吧！」

我們將「確實向前邁進」，「不惜竭盡全力」，繼續出版第二冊、第三冊。

新體制的英文是「New Deal」。可是，新體制終究是以天皇為首，右派、左派等各路人馬，勢力爭鬥，難分難解。「不能眼睜睜地任憑岸田送死」運動的興起，是因為在大政翼贊會的內部和周邊，將岸田國士視為容共、反軍的自由主義派代表，對他採取敵視態度。即使是岸田身邊的人士，擔憂、批判、冷笑以對的人士也不在少數，認為他只是被拱上檯面，當個漂亮的花瓶，被人利用而已。

閱讀這篇「後記」，能夠了解在這股對立混亂當中，花森等人的《婦人的生活》團體積極支持文化部長。年輕花森認為，雖然無法推斷大政翼贊會未來的走向，但是，「我們這些年輕知識分子」只要「挺身而出」，就可能協助運動邁向更美好的方向。所以願意和岸田一起火中取栗，冒險犯難。

而且，花森內心早有企畫，打算在叢書當中進行嘗試。這項企畫和一九四〇年十一月一日公布施行的法令「國民服令」相關，正好是在「第一冊」刊行一個月之前。「在總動員體制下，大後方的國民所穿著的服裝，必須和軍人、士兵的軍服一樣，能夠忍受任何嚴酷生活，必須是樸素耐穿、規格一致的服裝。」

根據井上雅人所著的《洋服和日本人：國民服模式》一書中，敘述為了具體執行國民服令，在陸軍省和厚生省的後援之下，東京日日新聞公開徵選設計，然後決定一號到四號等四種類。不過，「國民服」只限男性穿著，女性另外設計「婦人標準服」。可是，除了部分女性穿著之外（例如黑澤明電影《最美》中登場的女子挺身隊[67]），這款標準服始終未能普及。

井上指出，標準服未能普及在於雖有法令，但是「並不強制」。在一九四四年以後，空襲越來越頻繁，男性用的國民服才終於普及；即使如此，女性選擇的並非標準服，而是「勞動褲裝」。勞動褲裝的上衣或布料，女性能夠自由搭配調整；在躲避空襲時，女性「充分感受到勞動褲裝的實用性」。

國民服有軍服做為設計典範，可是婦人標準服沒有，所以能夠靈活設計。花森安治注意到這點模糊地帶，認為無需先入為主地斷定和服就是奢侈品，才能夠在傳統和服中，找到反奢侈的轉機。他以安並半太郎為名寫下〈和服讀本〉，就是著眼在這點上，所以《婦人的生活》第一冊核心主題，才會挑明表示「和服的奢侈」。

「針對婦人標準服（女性用國民服）的形式，重新思考『和服的奢侈』。」

森田玉[68]、小堀杏奴[69]、田村秋子[70]、佐野繁次郎、長谷川時雨[71]、村岡花子[72]、今和次郎[73]、鏑木清方[74]等人，針對這個主題，暢所欲言；其中，林芙美子還表示應該學習電影《奧林匹亞「人民的節日」[75]》德國女選手的「集團美感」。在隨筆欄的開頭，刊載著音樂美學奇人兼常清佐[76]的意見，特別引人矚目。

「最近政府實行禁止奢侈的法令，真是令人拍案叫絕。如此一來，就會出現一群師出有名、自告奮勇討伐國賊的愛國女性。」

文中的「一群女性」是指愛國婦人會成員，她們在勞動褲裝外，斜斜披上寫著「奢侈是大敵！」的布條，站在銀座街頭，糾舉燙著捲髮、身穿華麗和服的女性。報紙大肆報導這項行動，據說花森嘆息說道，沒想到標語竟然使用在這些方面。兼常清佐拐彎抹角地揶揄這群愛國婦人，繼續說道：

「我高舉雙手贊成禁止奢侈，也贊成消滅日本人合理合宜的風情。明治維新時，奪走了宿著武士魂的大小刀，砍掉武士髻。日本就是需要如此一步步向前邁進。（略）大家所說的日本風情，都是過去的日本風情，我們必須共同攜手，斬斷過往的一切。這就是我對和服奢侈的想法。」

在「婦人的生活」系列的最初四冊，兼常清佐從不缺席，運用精準俐落的字句，貼切陳述大膽的意見。年輕花森的文筆造詣尚未達到這種境界。兼常的合理主義思考法，以及他戲謔風格的文體，深深影響花森在戰後的工作方式。花森在撰寫畢業論文時，就已經注意到這位比自己年長二十六歲的美學家，所以才會在編輯叢書時，邀請他擔任叢書的核心執筆人，代為自己發聲。

進入大政翼贊會

一九四一年（昭和十六年）春天，花森安治辭去伊東胡蝶園一職，轉任到剛成立不久的大政翼贊會宣傳部。據說是久富達夫力邀他跳槽。久富達夫是帝國大學新聞的「大哥」，從東京日日新聞轉任翼贊會宣傳部長。

花森結婚、孩子逐漸長大，在前一年秋末時，從長久居住的白金三光町，搬遷到川崎市井田。

家計花費增加，需要穩定的收入。因此，大政翼贊會是不錯的選擇，畢竟是正式的國家機關，東京帝大畢業的學歷相當管用。杉森久英[77]，他和花森同年從國文學科畢業，經歷中央公論社編輯部門，再進入翼贊會，擔任興亞局企畫部成員，後來獲得直木獎。根據他的說法，翼贊會的薪水遠遠高於中央公論社。（起薪是一百七十日圓，然後就加薪到兩百日圓以上。）

「手無縛雞之力、文藝青年的待遇『等同於官廳的高官』，只因為『我從國立大學畢業，薪俸基準依照畢業的昭和年份』。」（《大政翼贊會前後》）

同是國立大學畢業的花森，想必也獲得同樣待遇。不過，他換工作的理由並非基於薪資的多寡。

前面曾解釋過，現在提到大政翼贊會，腦海中浮現的印象，會是在一國一黨的納粹型極權主義國家下，所出現的強權統領管制機關，是一種負面形象。可是，再次強調，翼贊會成立之初，並不是這種形象。一九三六年的二二六事件，翌年一九三七年的盧溝橋事件，許多日本人處於看不見未來的晦暗閉塞氣氛中，第二次近衛內閣的登場，大政翼贊會高舉實現「新體制」的旗幟，其實獲得熱烈的支持。

花森安治也不例外。在媒體一片鼓吹稱頌「清新」、「灑脫」的風潮中，在他的心中，慢慢產生一種期待，認為自己只要進入翼贊會，就能夠在最核心地帶體驗時代的先端潮流。在他的心底，始終抱持著一顆保家衛國的愛國心，唯有近衛公爵率領帶動的「新體制」運動，改變軍部、政黨、官廳等既有體制，才能保衛國家。

不過，花森的思考方向卻和其他人大為不同。

「我們必須自己設法保衛國家。」

這個想法和其他人無異，但是接下來則否。

「我們所必須保衛的國家是什麼呢？首先是我們的生活，日本人的日常生活。我們必須竭盡全力守護我們的生活，以及值得守護的事物。」

「值得守護的生活」，也就是「美麗生活」，就是生活社發行「婦人的生活」系列的中心思想。借用第二冊《裝扮讀本》中兼常清佐的文章，解釋「值得守護的生活」。

「日本現在的確處於非常時期。但是我們不能因此敷衍苟且。非常時期，所以不能思考設計和服的圖案，這是敗者的想法。這種時期也可以存在合宜又漂亮的和服圖案。穿著這種和服上街，展現女性風貌，享受青春活力的氣氛。這是戰勝憂愁陰鬱的積極想法。」

在一九五七年（昭和三十二年）離開人世之前，兼常清佐以揶揄的口吻批判日本文化的過度神秘，以及潛藏其中的非合理事物。從文章可看出他的想法和花森極為相似，甚至和翼贊會文化部長岸田國士的信念相通。

「相較於國家千萬年的生命，非常時局只是一瞬之間。在這個時期養成的國民文化特質，不能成為後世的禍害。（略）國民無需在這個領域屈就忍耐。放開心胸，抱持愉悅之心，盡情展示，盡情收穫，才能展現國民的志氣和強大力量。」（〈世界文化的母胎〉）。

《婦人的生活》第二冊「後記」中，匿名作者引用座談會中「有馬先生」的發言，感同身受地認為女性的「國民服」必須慎重設計，否則會導致對「顏色和圖案感覺」的遲鈍，「擔心導致日本文化退步」。「有馬先生」就是近衛的心腹——翼贊會事務局長有馬賴寧伯爵，「新體制」一詞正是他的發明，並由他推動普及。

這些說法的相似或一致，並非偶然。再次強調，「婦人的生活」系列主題，花森和兼常清佐的文化論或生活談，絕非孤軍奮戰，而是根據有馬、岸田所代表的大政翼贊會，在成立時所形成的底蘊文化方針。然而在核心底部，如同評論家安田武在論述岸田國士的〈大政翼贊會文化部長的寶座〉一文中所示，翼贊會的運動構想「軍民一體」具有阻擋軍部獨裁的含意，但卻憂心最後恐怕是將所有國民化為軍人，反而更貼近「軍部懷抱的理想」。

這份擔憂果然立刻成真。完成組閣之後，近衛突然態度一轉，如同安田所言「他變心脫隊」，閉口不談「新體制」，結果大政翼贊會落入日漸壯大的軍部，以及以內務省為核心的各官廳手中。五個月後，一九四一年（昭和十六年）四月，在改組運動當中，高喊必須將盤據在大政翼贊會內的共產主義者，剷除驅逐，後來進而延燒到議會，連昭和研究會時代的核心成員有馬、組織局長後藤隆之助都辭職下台，最後首相還從近衛文麿換成東條英機。

十二月八日，日本海軍機動部隊發動珍珠港攻擊，對英美宣戰，點燃太平洋戰爭的戰端。

一九四二年六月第二次改組時，撐過前一年改組運動的岸田國士也離開「文化部長的寶座」。當初力邀花森的「大哥」久富達夫也離開了。不過花森仍留在會內，或許他認為「戰爭既然開打，就必須打贏勝仗」，也或許他需要這份高薪，理由詳情並不清楚。當月「婦人的生活」系列第四冊《生活的巧思》出版，然後就此中斷。同時，他和生活社的合作也告終，這種種變化可能都和改組的糾紛有關聯。

這個時期，身為翼贊會宣傳部門成員，花森是位打造一連串激發戰鬥意志口號的人物，例如「射倒那面旗幟！」、「不打勝，不購物」、「不夠，不夠，根本是你努力不夠！」。也因此有人稱他是萬能廣告人，能夠宣傳化妝品，也能夠宣傳戰爭；或說他是個高竿文案作家，只是不知道是否懷有中心思想等。即使到現在，他仍有這些刻板印象。受到這些反諷傳聞的影響，花森的形象不知不覺地被定型，例如「那位燙著一頭捲髮的反戰分子，其實在戰時根本不是這麼一回事」。

事實上，如同酒井寬在《花森安治的工作》中明白指出，「射倒那面旗幟！」是一九四二年，身為翼贊會宣傳部門成員的花森，委託廣告人團體「報導技術研究會」製作。「不打勝，不購物」則是同一年，翼贊會等組織舉辦「國民決心標語徵選比賽」，一名男子使用小學女兒的名字投稿獲選的作品。這兩個都不是花森安治想出的文案。

此外，書中提及報導技術研究會核心人物——新井靜一郎，他認為同樣都是激發戰鬥意識，花森偏好的並非「命令型、吶喊型」，而是「不夠，不夠，根本是你努力不夠！」這類型的口號，才是更近似花森風格的作品。然而，「不夠，不夠，根本是你努力不夠！」也是標語徵選比賽的十件入選作品之一。

如果這些真的都不是花森的作品，為什麼他在戰後從未出面澄清呢？

雖然無法斷定理由為何，不過應該是無論是否為自己的作品，當時自己身為翼贊會宣傳部門的一分子，積極參與製作這些標語，這個事實是無法改變的。既然事實無法抹滅，顯示「自己」曾經積極「協助」這場戰爭，也就無需多做辯解，任憑他人批評，自己保持沉默。筆者認為花森除了沉默一途，應有其他方式；然而，無論好壞，這是花森在戰後選擇的生存方式。

第七章——「聖戰」最後的日子

二度召集

一九四三年（昭和十八年）春天，一股巨浪再度襲向花森。一戔五厘的召集令二度寄到他的手中，他又成為一名士兵，被送往戰場最前線。

不同於第一次，雖然入伍，但是在前往南方戰線之前，召集突然取消，他返回日常的生活。突然取消召集的理由不明，筆者推測可能是翼贊會的要求，除此之外，也有其他不同的推測，然而都不正確。二〇一三年初，土井藍生整理舊資料時，又找到一本破舊的從軍日記，當中以小字密密麻麻地寫滿了接到二度徵召、到解除召集之間的二十三天，多達十八頁。

翻開閱讀，第一頁詳細記載防毒面具和佩刀編號、部隊長和大中小隊長姓名等資訊，然後是「三月三十日 在寶塚」、「出征，望著寶塚櫻花大道，想著再無可能踏上這片土地」。

花森為什麼不是從川崎市井田的住家出征，而是從寶塚「出征」呢？

原來花森以大政翼贊會宣傳部門的名義，為寶塚歌劇團撰寫腳本，在前一年十一月，由雪組在寶塚大劇場演出兒童劇《開心的城鎮 強大的城鎮》。這部腳本的抄錄，二〇〇四年，首度刊載在《生活手帖保存版Ⅲ 花森安治》。發現這部腳本的酒井寬敘述，故事是「小矮人運用智慧，促使『鎮長』、『懶惰鬼』、奢侈浪費的『千金小姐』，一起攜手合作打造出歡樂有活力的城鎮」（《花森安治的工作》）。翌年一月，花森收到二度召集令之前，這齣戲劇在東京寶塚劇場演出。報導技術研究會的大島七郎，前往欣賞演出，他表示，「花森說他不來看劇，所以我和宣傳部的成員

一同前往欣賞。戲劇內容記不清了，只記得類似小飛俠彼得潘，在那種時節，那是一齣逗人開懷的戲劇。」（《花森安治的工作》）

後來，在日本各地，這齣兒童劇和簡潔版以各種形式上演，所以可能需要進行討論，花森才會在入伍之前，倉促繞道來到寶塚。在孩提時期，花森父親曾經帶著他和妹妹，每個月前往寶塚大劇場看戲。他在內心藏下這段回憶，踏上出征之途，想著自己可能再也無緣欣賞這片櫻花花海。

記事本中缺少三十一日的記載，推測這天他可能搭乘火車，前往鳥取的中部軍管地區司令部，並和前來送行的妻子會合。四月一日，花森編入第四七部隊第二大隊第二機關槍隊。四月三日，誓師大會。四月四日──

到了嗎？還沒到嗎？到了也要中午了吧。結果桃代和藍生在十點前就抵達。一日早上，每每回頭，只見二人站在觀光飯店前揮手的身影，深深烙印在眼底。才經過三天，就覺得已經許久未見，感到心情沉重。那天大雨，桃代僅有的外套已經縮水了，換做平常，她肯定大聲嚷嚷，然而她卻隻字未提，只說應該幫忙準備香菸，又笑說比起其他士兵，你看起來不堪一擊。看著來來往往的會面來客，發現自己的話不多。桃代臉上掛著微笑，不斷說著多看看爸爸喔，會有一陣子見不到爸爸喔。離別時，我問她是否有掛心之事，她回答什麼都不擔心。桃代啊，你怎麼能夠如此堅強。

四月六日，從鳥取搭乘列車前往關金(鳥取縣倉吉市)。營地距離車站約一公里，扛著馬鞍、馬糧、備用鐵炮，在深夜之前，往返了四趟。「疲累不堪，根本比不過二十六、七歲的年輕士兵。」不同於上次，那時花森二十六歲，現在已經是三十一歲的軟弱「老兵」了。

八日是大詔奉戴日78。九日，連日以來，行軍演習、小隊戰鬥訓練、射擊預備演習、夜間演習等密集訓練。結果，有時發燒，有時中暑昏倒，必須注射樟腦，狀況頻頻，花森不禁哀怨感嘆「身體無法適應，在行軍的最後一里倒地不起」、「我的身體怎麼如此無用啊」。

十三日黃昏，接到明天早上緊急出動的命令，班隊頓時陷入緊張氣氛。「兄弟們都說這次沒法活著回來了。不是嘴上說說而已，大家真的覺得自己無法生還。」

然而十四日清晨四點起床時，長官命令花森等三名士兵留下，離隊搭乘卡車前往倉吉。

「患者搭乘卡車　穿梭在出征部隊之間　超越部隊　內心沉重」

「晨霧中　告別戰友　多多珍重　千萬別死」

「裁決留隊　等待替代兵　倉吉城鎮　櫻花凋零」

過了中午，替代兵抵達，除了軍衣褲、穿繩軍靴之外，「連襯衫等官給品都全部交換，」替代兵是「二十五、六歲的年輕士兵」。「他們無意張揚炫耀，只是滿心興奮能夠前往南方。」花森老兵覺得「和自己交換實在不值得」。

十四日晚上十一點，抵達鳥取。體溫三十七度二，脈搏八十四。疲倦無力。

十五日，隊長不放心，為我申請診斷，住進「休養室」。室內已經有兩位病友，一位是補充一等兵，原本是在鳥取縣米子擔任巡警；另一位則是補充二等兵，原本是大阪的鐵業商人。

去年十二月入隊的鐵業商人，會面日當天，正妻撞見兩個外遇小妾，鬧騰地沸沸揚揚，惹得隊長大怒。不過，他真不愧是大阪人，仍然語不驚人死不休地說著，「我幫小妾支付贖身費，一人四千日圓，一人五千日圓，聽到這裡，巡警簡直難以置信，開始嘟囔說著，東加西加，我一個月最多也只領到八十日圓……」花森似乎覺得這段對話你來我往，十分逗趣，再加上逃過「出戰」，不必再擔憂，所以詳加記錄。

……在巡警面前，賣鐵郎大剌剌地談起黑市交易，巡警每每「哇！哇！」地發出驚嘆聲，聽到一百五十日圓打造一雙馬臀皮鞋，他就開始細說自己一個月九十錢的鞋錢都湊不出來，只好鞋底一半塑膠一半皮，修修補補了十幾次，直到穿破沒法修為止。（略）聊到賄賂，巡警壓低聲音，談起曾有經濟犯將錢塞在自己坐墊底下。我沒聽清楚是五日圓還是十日圓。他的老婆似乎是生病了，所以再也顧不得規矩，於是先讓錢掉在玄關處，然後再撿起來，當做是自己撿到錢，運用這筆錢幫老婆治病。雖然如此，畢竟得人錢財，與人消災，只好對那名經濟犯男子睜一隻眼閉一隻眼。於是賣鐵郎安慰他，犯罪的是人，治罪的也是人，這種事稀鬆平常啦。然後話鋒一轉，談起借錢的哲學，在大阪想要借錢，住家要裝潢漂亮，人要穿著華麗，不然沒有說服力，沒有信用，借不到錢。我聽著聽著就開始打盹了。

＊今天是藍生的生日。衷心祈求上天保佑她幸福快樂。

花森操著一口關西腔，演講風趣逗人，非常具有群眾魅力。然而，他不只能說善道，也喜歡傾聽市井小民的故事。對於日常世俗細節，他充滿好奇心。《生活手帖》的報導專欄〈某位日本人的生活〉，想法可能在這個時候已經萌芽。

十六日，休養室住進六名新患者。

十七日，昨日住院的三十多歲補充二等兵，飯盒吃得一粒不剩，吃完之後，還從盒裡取出手紙，仔細擦拭；喝完湯的盒蓋都擦得乾乾淨淨。覺得「真是少見。但是看到了一種賞心悅目的行為」。

十八日，大阪的賣鐵郎收到解除召集命令。負責的醫官是昭和十二年（一九三七年）從東大畢業，他告知花森將不會歸回原部隊，可能會繼續住院。「深深感受到同樣命運不斷糾纏著自己。」

十九日，早上驗痰。整日下雨。

二十日，黃昏，衛生兵告知召集解除的內部命令已發。「已在韮山原[79]房舍中，裹著同樣毛毯的戰友，大約會在今晚出港吧。一方是士氣高昂、為國出征，我則是拖著病體，也無法回到妻子身邊。感慨萬千，難以成眠。」

二十一日，明天，召集解除令將可底定。「米子的巡警」也接到命令，聲音聽起來有精神多了。

二十二日——

十一點之前走出營門。陽光燦爛，心情舒暢。經過觀光飯店時，徵召當天早上的情景，雖然未滿一個月，卻彷彿已成久遠的記憶。搭乘十一點五十九分津山方向的車次。原已覺悟這次將命喪戰場，所以開始記錄從軍日記，結果，虎頭蛇尾，只持續了二十二天。明天早上即可抵達橫濱。桃代的臉孔，藍生的臉孔。

然後是連續十首短歌，大概是在長途搭車之間寫下的，在此介紹兩首。

「雖然必須返家　不得不返家　報國之心　熊熊燃起」

「寄出返家通知的電報　想著妻子閱讀電報是何種心情」

相較於之前的從軍記事本，這本感覺更為普通。不過，相較於前次的短歌和日記當中，有幾點不同。

女兒出世之後，花森和妻子的關係似乎趨於穩定，不再像年輕新婚時那種興奮浮動的心情。對於赴死的戰友，花森更是心存愧疚，更恐懼逐漸逼近的死亡。語句之間，增加不少反映時局的用詞，例如「赴死」、「為國出征」、「覺悟一死」、「報國」等。

空襲

於是，花森再次活著回到家中。可是，他面對的現況是廣告需求幾乎為零，他只好將精力投注在重新刊行「婦人的生活」。

一九四四年三月，算是「婦人的生活」系列第五冊《切的巧思》，由築地書店出版，而非生活社。版型雖然縮小，然而卻精緻美觀，完全感受不到是戰爭末期的出版品。書中約一半的內容是安並半太郎所寫的「和服」論。

這個時期，想要製作海報，既沒有紙也沒有墨；想要前往地方演講，買不到火車票；在物資樣樣缺乏的情形下，想必是花森不服輸的個性，才能夠打造出這樣水準的書籍。

四個月之後，七月，東條內閣解散，大政翼贊會的總裁換成新首相小磯國昭，因此進行第三次改組，花森升任文化動員部副部長，下屬有杉森久英、清水達夫[80]，以及後來創設平凡出版（現為Magazine House）的岩堀喜之助。

這個時期，花森使用的記事本曾在〈出征北滿洲〉章節中介紹，分別是日本評論家協會記事本，以及富士電機製造公司記事本。

日本評論家協會記事本中，沒有版權頁等附加資料，記載頁數也非常少（合計十頁），所以無法正確得知使用期間。然而，根據「福島縣飯坂溫泉花水館」、「福井縣蘆原溫泉紅屋」、「新潟縣古町大野屋別館」等記錄，花森似乎經常到各地出差。所以，應該是從翼贊會宣傳部調任至文化動員部之後，開始使用這本筆記本。

此外，除了火車的發車和到站時間、差旅費的計算、各地會議記錄之外，隨處還寫著「工作場所的女性很親切」、「動用女傭進行無償勞動……」、「必須強調連美國女性都得工作」、「衝破心中的關卡」，以及如下的詩。

我們為何而生
我們不是上天特別挑中的人選
我們是一個國民，如果無法感動一個國民
哪能感動成千上億的國民
這是宣傳人員的信念

相信，則需朝著所信之途而努力
必勝的信念，則需朝著必勝而努力

迷惑大眾，只靠本能行動
這是外國的宣傳
將萬人視為勤皇護國的烈士
這是日本的宣傳之道

只有第一行像是《生活手帖》的溫和語調，接著的「必勝信念」、「勤皇護國的烈士」、「日本的宣傳之道」等，則像是在呼籲那些在歐美、蘇聯的最新廣告、政治宣傳的影響之下，茁壯成長的日本廣告宣傳人員，必須進行自我改變（要動員國民，必須改變「自己」）。不過，這些字句究竟是個人明志，還是抄寫官方文章草案，則無法得知。

不過，在深究之前，先來看看這個時期的情況。當時東京和近郊受到美軍逐漸激烈的空襲攻擊。

一九四四年十一月，美軍展開群體絕滅式（大量殺戮）的無差別炸彈攻擊，在八月戰爭結束之前，日本全國長期遭到多次攻擊。花森一家三人居住的川崎市井田周邊也無法倖免。一九四五年四月十五日，遭到B29投下的炸彈和數以萬計的燃燒彈（小型凝固汽油彈）攻擊。

井田的住家，搭乘連結澀谷和櫻木町的東橫線（現為東急東橫線），在元住吉站下車，步行約十五分鐘，即可抵達。住家位於農地當中，附近還有農田、河川和小型牧場。從澀谷算起，車站前一站是武藏小杉，下一站是日吉。一九三四年（昭和九年），日吉車站的高地（日吉高地）上，蓋起慶應義塾大學的新校舍，預科班（通識課程）遷移到這裡。六年後，約在花森搬到這裡時，聯合艦隊司令部遷移到校舍內的地下防空洞。另一側的森林當中，建造高射炮陣地。井田花森家和綱島街道（現為東京都道・神奈川縣道）之間，在東側的鹿島田地區，則蓋起三菱重工的最新軍需工廠（現為三菱扶桑卡客車・川崎製作所）。

如此特殊的地帶，自然成為美軍空襲的絕佳目標。搬到這裡四年半，一九四五年四月十三日第二次東京大轟炸，兩天之後，四月十五日晚上十點多，美軍對川崎市和附近地區進行大規模的空投轟炸。女兒藍生一年前才剛就讀的住吉國民學校（現為住吉小學），也被燃燒彈擊中，在講堂旁防空洞中避難的附近居民，有數名不幸死亡。

筆者曾經猶豫是否應該敘述下列事情，最後決定還是寫下。筆者也在元住吉親身體驗到這次的川崎大轟炸，當時筆者剛滿七歲，剛上小學，同樣就讀住吉國民學校，比藍生小姐晚一年入學。

家父在大學畢業之後，任職三菱重工，這時期的勤務地點剛好在鹿島田的新工廠。十棟員工宿舍就在工廠附近，佔地相當廣闊，筆者就住在其中一角。四月十五日晚上，空襲警報響起，全家避難到宿舍用地內的其中一座防空洞。耳邊響起咻咻咻的恐怖聲音，聽起來炸彈似乎投中宿舍某處，然後就聽到有人在防空洞入口大吼「快逃」！

我們趕緊衝出去，在數以萬計的燃燒彈潑灑而出的果凍狀汽油下，附近已是一片火海。家母背著剛出生的妹妹，牽著我和小兩歲的弟弟，跑過宿舍外的大片農地，逃往綱島街道方向。在地面探照燈的照射之下，數十架B29轟炸機悠然飛過，地面上則是逃往同方向的人群。左側的日吉高地是高射炮陣地，後方是軍需工廠，想要活命，只能逃往這個方向。

家母不斷出聲催促快跑，逃到綱島街道附近時，火勢從日吉方向沿著柏油緩坡道路蔓延，彷彿是一條熊熊烈火長河直撲而來，筆者的記憶在此中斷，只記得第二天十六日清晨一點多，空襲警報終於解除。返回時，只見遍野焦原，筆者的家（兩層樓建築）孤零零地立在遠方。那天的光景，現在仍然深深映在腦海當中，員工宿舍陷入烈焰火海時，周圍應該就像是白天一樣明亮吧。後來得知在這次的空襲當中，十六位住宿員工來不及逃出，命喪火海。

花森家居住的井田地區，位在和街道並行的東橫線鐵道另一側。當天晚上，花森一家也經歷了相同的空襲。然而根據藍生小姐的記憶，她居住的附近地區，損害並不嚴重，她隱約記得當時自己坐在簷廊上，遠望著空襲景象。可能損害情形不同，在空襲不久之後，筆者一家就疏散到長野親戚家中，花森家則在庭院挖掘防空洞，直到四個月後敗戰時，仍繼續留在元住吉家中。

順帶一提，同樣是一九四五年四月，從哈佛大學畢業、搭乘日美交換船歸國的鶴見俊輔[81]，寄宿在日吉，在慶應大學校內的聯合艦隊司令部中，擔任軍中文職。他的工作是收聽記錄英美等敵國的短波廣播，蒐集情報。所以，如果他是在四月十五日以前到職，當時才二十二歲的鶴見就在日吉體驗到這場空襲。

嗯，當時才七歲的筆者，和花森安治、鶴見俊輔都同處在那片赤紅的天空之下啊。

戰爭會串連起很多不可思議的事情。

最後的日子

這個時期，花森使用富士電機製造公司的員工記事本。封面寫著數字「2605」。皇紀二六〇五年，西元一九四五年，昭和二十年。記事本只使用了前半年，因為在敗戰前兩個月，六月，大政翼贊會臨時宣布解散。在大政翼贊會即將垮台、兵荒馬亂之際，花森記下這段時期。

內容和另一本相同，多半是前往各地出差時的相關筆記，以及鹽、藥品不足、找尋替代品的相關資料。不過，後來出現看似情勢不平靜的記述，例如「解散　5・

13內閣會議／防衛隊、警防團」、「奮鬥到最後一刻」。這些可能是他記錄在部會會議中，所宣布的翼贊會現況分析和行動方針。

1 戰局的不利
2 空襲的日趨激烈
3 生活日漸窮困緊迫
4 欠缺對戰爭本質的認識
5 敵方謀略
6 德意志投降的影響
7 指導層的態度
← 對戰局的不安、焦躁
厭戰、反戰、和平心情

無能為力的旁觀態度
仗著僥倖心態
國內分裂、……(不明)

1　對敵觀念的變化
從一般抽象對敵觀念，到個人具體觀念——誘發憎惡心
2　刺激國民的自負和矜持
入侵蹂躪皇土者，打擊國民的矜持，誘發憤怒
3　培養決戰本土的自信
作戰的優勢，地域優勢，人的優勢，加強生產
4　與敗戰命運的各項連結
5　相較於軍官，更易流露戰友愛

戰線節節敗退，國民生活陷入絕望。戰爭末期，走投無路的大政翼贊會方針，設法將這種不自覺湧上的敗戰心情，轉變成對「蹂躪者」英美敵國的「憎惡心」、「憤怒」。這本記事本中，還有這類的檄詩。

戰雲低沉，紛亂飛舞
怒聲粉碎汪洋
揮動鬼畜旗幟
敵方驕兵節節逼近

三千年歷史不會就此終結
喔，想想歷代祖先
揮灑熱血，保家衛國
為了天皇

今年秋天正是獻死的時刻
你誓死守護農田
我投身工廠火海，隨風而逝（後略）

前述的情勢分析和行動方針，直接化為這首煽動意味濃厚的詩。很難想像花森激動朗誦這首詩的模樣，為什麼他在記事本中寫下這首詩呢？

筆者當然可以推測詩非花森所寫，而是他抄寫其他詩人的作品。但是他為什麼要刻意抄寫在自己的記事本上呢？實在令人費解。

或許這是花森利用記事本的一種障眼法。記事本的扉頁上清楚寫著姓名和聯絡地址「東京都麴町區霞關　大政翼贊會　花森安治」。想必是他擔心萬一丟失記事本，被陌生人、甚至是警察撿到翻閱時，被檢舉記載內容不符合大政翼贊會成員身分，所以刻意寫下刻板的時局用語，掩飾真正的想法。若想要像永井荷風[82]或渡邊一夫[83]在自己的日記上，清楚如實地寫下現況批判，需要非常大的覺悟和準備，所以花森會如此慎重行事，並不為奇。

花森極為追求完美主義，即使是戰爭宣傳工作，他也毫不妥協，連記事本都必須做到理念一致。翼贊會時期的同事、報導技術研究會的山名文夫、文化動員部的下屬岩堀喜之助等人，似乎都有這種感受。筆者將花森在戰時的心理狀態，對照前述的各種看法，多少能夠理解他的做法。

可是，在撰寫本書時，接觸到兩本從軍日記、記事本、信件之後，筆者產生另一種想法。如果歸結為障眼法，似乎顯得花森過於大費周章。同樣是宣傳工作，花森並非傻瓜，當然了解化妝品和戰爭國策的宣傳，是兩種截然不同的世界。無論花森在內心抱持哪種想法，身為國策組織大政翼贊會的一員，他負有責任，必須選擇相信，所以在記事本上寫下這些悲切文字，設法說服自己。

距離戰爭結束只剩數月。根據杉森久英的回憶〈花森安治的青春和戰爭〉，當時戰敗情勢已經底定，翼贊會揭示的標語「完成聖戰」、「一億總崛起」，再無說服力。「軍部仍舊高喊最後勝利，七世報國，但是國民早已不再相信了。」

當時在職大政翼贊會的花森。

尤其是美國軍機持續的無差別轟炸，徹底擊垮人心。曾任東京文理大學（現為筑波大學）英文科教授福原麟太郎，對於三月十日的第一次東京大轟炸，他的日記記述如下：

「受災房屋二十五萬或三十萬戶。受災者百萬。十条（這裡原是學生宿舍，徵用為赤羽衣廠）收容許多災民，然而配給不足，有暴動的徵兆，相關單位正在密切注意。議會的演說、報紙論調都高喊著要安定國民生活，如果還要國民為國玉碎，恐怕無人願意了。」（《那些年月》）

連泰山崩於前也面不改色的福原，都在日記上寫下「有暴動徵兆」，可見社會呈現出動盪不安的情勢。

「如果還要國民為國玉碎，恐怕無人願意了。」面對這些狀況，政府、議會、報社束手無策，如同杉森所說，大政翼贊會也一籌莫展。其實，隨著不斷的改組，翼贊會早已欲振乏力，成員都是老官僚、報社老記者、左翼逃兵、來路不明的右翼大叔、地方的文化大老等，變成一個「「金玉其外，敗絮其中」的組織。

可是，花森身為新任的文化動員部副部長，他仍不放棄，繼續努力。花森解釋「因為每個人都這麼拚命努力」。

每個人都無以溫飽，疲憊不堪。自己也還不清楚究竟發生什麼事時，就被派到滿洲，然後遵從命令，東奔西走，面對槍林彈雨，鑽過烈焰火海，逃生保命。然後又回來宣傳要大家去鄉下增產，去炭坑挖礦。」（〈我們究竟在做些什麼〉）

根據他的下屬回憶，這時候的花森的確「拚命努力」。

例如岩堀喜之助。一九一〇年（明治四十三年）出生，比花森年長一歲。一九三八年（昭和十三年），辭去時事新報社的工作，擔任宣揚輔導工作員，前往中國。一九四三年歸國，進入翼贊會宣傳部門，主要負責宣慰藝工隊的相關工作。後來，在文化動員部和花森一起工作，他立刻覺得「這個男人真是不簡單」。「總之，只有花森在工作。而且是從早到晚，拚命工作。我已經放棄了，覺得徒勞無功，但是覺得這個男人的確真材實料，有他的一套。」（鹽澤幸登《「平凡」物語》）。

還有杉森久英，從宣傳部門時代開始，他就一直負責讀書普及運動。一九四五年，空襲越來越頻繁，交通和通訊網都遭到破壞，出勤上班也無事可做。煤炭和木炭都停止配給，只好將舊報紙、破椅子碎片等塞進舊式煤爐中，同事大夥兒圍著爐邊閒聊。即使在這種時候，「花森天生勤勞，他仍然坐在自己的辦公桌前辦公。」（〈花森安治的青春和戰爭〉）

由此可看出身處任何環境，花森都不輕言放棄，而且只要動手開始進行，就絕不隨便交差，就像是一位精益求精的工匠。

不過，花森的內心似乎並非如此。

從記事本中零散的記載，可以得知他的確拚命工作。即使到了戰爭末期，他身穿的古怪防空洞裝扮，是裁剪祖母留下的手織木棉舊衣，腳上穿著破鞋，即使鐵路

女兒藍生三歲時。
在川崎市住家附近。（花森安治拍攝）

網已斷，他仍然設法轉乘，前往福島、福井、新潟等地方，繼續呼籲大家「增產報國」、「努力挖礦」。雖然他努力不懈，然而已經成為「疲弱不振事務官廳」的大政翼贊會，缺乏任何說服力。花森當然心知肚明，畢竟自己和家人都難以溫飽，還得隨時恐懼躲避空襲。

筆者身為傳記作家，實在不應該事後諸葛，但是還是忍不住想對花森說道：「當第一次改組（一九四一年）時，你的『改變』就已夢碎；第二次改組（四二年）岸田國士離去，甚至在接到二次徵召、解除徵召，在一九四四年三月發行《切的巧思》時，你就應該毅然決然地辭職離去啊。」

不過，根據日本當時的狀況，花森如果辭去翼贊會，根本不可能找到能夠養家餬口的職業，所以，他才無法任性求去。

迷惘猶豫之間，他錯失辭職的良機，在第二次改組之後，能人賢士離去，他獲得拔擢擔任翼贊會的中間管理階層。既然接下這個職位，沒有岩堀或杉森的「翹班」「偷懶」能力，花森只能勉勵自己「拚命工作」。可是，在那樣的大環境下，他的努力已經沒有任何意義，雖然鼓勵告訴自己是和赴死戰友一起奮戰，卻也逐漸感到空虛無力。在同事眼中，「像個工匠精益求精，努力不懈」的花森，其實厭惡自己，感到混亂沮喪。

而且，大環境更增他對死亡的恐懼。

經歷一番煎熬，總算免除第二次徵召；但是戰況惡化至此，說不定還會三度接到徵召。躲避空襲時，自己和家人也可能共赴黃泉。花森拚命對抗「如果這時接到紅紙徵召令，幾乎等於送死」的恐懼，同時做著無謂的掙扎努力，設法說服自己繼續效忠國家。看來，這就是花森在翼贊會最後時期的每天生活。

六月十三日，大政翼贊會解散，失業在家的花森耕田種地，下午則前往新成立的組織戰災援護會，賺取微薄的收入，維持生活。距離敗戰，還有兩個月……。

1 佐伯祐三：一八九八～一九二八。西畫家。畫家生涯不到六年，多半在巴黎度過，畫風受到野獸派的影響。後來罹患肺結核，精神不穩，拒食衰弱而死。

2 林哲夫：一九五五～。畫家、散文作家。大量蒐集佐野繁次郎的裝幀作品。

3 東鄉青兒：一八九七～一九七六。西畫家。以昭和的美人畫家著稱，作品特色為夢幻的女性像。

4 古賀春江：一八九五～一九三三。超現實主義畫家。

5 小林秀雄：一九〇二～一九八三。小說家、文藝評論家。確立日本近代的文學評論。

6 岸田國士：一八九五～一九七七。小說家。

7 淺原六朗：一八九〇～一九五四。劇作家、小說家、評論家、導演。

8 犬養健：一八九六～一九六〇。小說家、政治家。曾任法務大臣。

9 舟橋聖一：一九〇四～一九七六。小說家。

10 今日出海：一九〇三～一九八四。小說家、評論家、舞台導演。第一任文化廳廳長。

11 中村正常：一九〇一～一九八一。劇作家、小說家。

12 福原信三：一八八三～一九四八。日本企業家。資生堂公司的第一代社長。

13 川島理一郎：一八八六～一九七一。西畫家。

14 小村雪岱：一八八七～一九四〇。日本畫家、版畫家、插畫家、裝幀家。為明治昭和時期小說家泉鏡花裝幀多部作品。

15 山名文夫：一八九七～一九八〇。插畫家、平面設計師。日本平面設計初期的先驅者之一。進入資生堂之前，曾任職化妝品公司「中山太陽堂」設立的出版社「品牌社」。

16 海老名彈正：一八五六～一九三七。思想家、教育者、基督教傳教士、牧師。

17 太田英茂：一八九二～一九八二。藝術總監。培育出原弘、龜倉雄策等多位年輕設計師。

18 木村伊兵衛：一九〇一～一九七四。攝影家。和土門拳並稱攝影界現實主義雙璧。木村伊兵衛獎以他為名，獎勵攝影新人，有「攝影界芥川獎」之稱。

19 岡田桑三：一九〇三～一九八三。電影製作人、影星。

20 川口松太郎：一八九九～一九八五。小說家、劇作家。

21 直木三十五：一八九一～一九三四。小說家、編劇、電影導演。文學獎「直木獎」是以他為名。

22 岩田專太郎：一九〇一～一九七四。畫家、插畫家。昭和時代插畫第一人。

23 比肩：明治時代作家樋口一葉的短篇小說。故事主角是青梅竹馬的少女美登利和少年信如，以兩人之間的淡淡戀情為核心，描寫東京青少年的生活風貌。

24 亨廷頓：一八七六～一九四七。美國經濟學者、地理學者。

25 安岡章太郎：一九二〇～二〇一三。小說家。曾獲芥川龍之介獎、川端康成文學獎等。

26 皇紀：從第一代天皇神武天皇開始的紀年方式。皇紀元年為西元前六六〇年。

27 唐納德．基恩：一九二二～。美籍日本文學家、文藝評論家。二〇一一年，三一一東北大地震之後，辭去哥倫比亞大學的教職，歸化入籍，定居日本。

28 久生十蘭：一九〇二～一九五七。小說家。作品領域廣涉推理、幽默、歷史、紀實等領域，而有「小說的魔術師」之稱。

29 慰問袋：為了鼓舞前線士氣，通常是民間家庭捐贈，內裝慰勞信件、藥物、生活用品、食品、護身符等。

30 松田道雄：一九〇八～一九九八。醫師、育兒評論家、歷史家。

31 林芙美子：一九〇三～一九五一。小說家。作品多半描寫社會底層的庶民生活。

32 半襟：和服內搭襯衣的可換式領口，長度是普通領口的一半。後來逐漸成為奢華的裝飾品。

33 素敵：日文「素敵」意為美好、美妙。

34 近衛文麿：一八九一～一九四五。日本政治家。鎌倉時代藤原氏嫡傳的五大貴族家族之一。二戰核心人物之一，戰後服毒自殺。

35 米內光政：一八八〇～一九四八。日本海軍一級上將。總理任職期間，反對陸軍提出和德義同盟的要求，遭到杯葛而倒閣。

36 井上壽一：一九五六～。政治學家、歷史學家。

37 黑田清：一九三一～二〇〇〇。記者。一九七六年就任大阪讀賣新聞社會部長，開創並領導出嶄新的報導手法，因而有「黑田軍團」之稱。後來，因為理念和報社宗旨相悖而辭職。

38 柳田國男：一八七五～一九六二。民俗學家。代表著作《遠野物語》。

39 飯島正：一九〇二～一九九六。影評家、詩人。

40 三宅周太郎：一八九二～一九六七。劇評家。

41 谷川徹三：一八九五～一九八九。哲學家。

42 中谷宇吉郎：一九〇〇～一九六二。物理學家。

43 T.S.艾略特：一八八八～一九六五。英國詩人、劇作家、藝文評論家。一九四八年獲得諾貝爾文學獎。

44 拜異教之神：After strange gods: a primer of modern heresy

45 岡田真吉：一九〇三～一九六四。影評家、法文翻譯家。

46 岩田豐雄：一八九三～一九六九。小說家、劇場導演。筆名獅子文六。

47 平出英夫：一八九六～一九四八。海軍少將。

48 後藤隆之助：一八八八～一九八四。政治家。有「近衛文麿的軍師」之稱。

49 蠟山政道：一八九五～一九八〇。政治學者、政治家。

50 有馬賴寧：一八八四～一九五七。政治家、農政研究家。曾任農林大臣。

51 三木清：一八九七～一九四五。哲學家。

52 笠信太郎：一九〇〇～一九六七。新聞工作者。

53 尾崎秀實：一九〇一～一九四四。評論家、共產主義者。參與蘇聯諜報組織遭到逮捕，判刑處死。

54 小場瀨卓三：一九〇六～一九七七。法國文學家。

55 松本重治：一八九九～一九八九。新聞工作者。

56 新井靜一郎：一九〇七～一九九〇。長年任職電通廣告公司，並擔任日本廣告技術協議會會長。

57 竹內好：一九一〇～一九七七。翻譯並研究魯迅的作品，並發表多篇日中文化研究的文章。

58 武田泰淳：一九一二～一九七六。小說家。

59 增田涉：一九〇三～一九七七。中國文學家。曾在上海師事晚年的魯迅。

60 岡崎俊夫：一九〇九～一九五九。中國文學家。

61 前田廣紀：一九〇五～？。擔任村長等公職，並曾擔任生活社總編輯，負責發行《中國文學》。

62 安德烈．萊昂．布魯姆：一八七二～一九五〇。法國第一位社會黨籍的猶太裔總理。

63 山本有三：一八八七～一九七四。小說家、劇作家、政治家（本名山本勇造）。

64 中島健藏：一九〇三～一九七九。法國文學家、文藝評論家。為日本民眾翻譯介紹波特萊爾等法國作家，並聚焦在當時還沒沒無名的宮澤賢治，也是著名的中國郵票收藏家。

65 清水幾太郎：一九〇七～一九八八。社會學家、評論家。

66 安田武：一九二二～一九八六。評論家。

67 女子挺身隊：第二次世界大戰時，根據國家總動員法創設的女性勞力奉獻團體，規定未婚女性前往工廠等場所工作服勤。

68 森田玉：一八九四～一九七〇。隨筆散文家。曾任參議員。

69 小堀杏奴：一九〇九～一九九八。隨筆散文家。森鷗外之女。

70 田村秋子：一九〇五～一九八三。新劇女演員。

71 長谷川時雨：一八七九～一九四一。劇作家、小說家。

72 村岡花子：一八九三～一九六八。翻譯家、兒童文學家。

73 今和次郎：一八八八～一九七三。民俗學研究者。

74 鏑木清方：一八七八～一九七二。明治昭和時期的浮世繪畫師，日本畫畫家。

75 奧林匹亞「人民的節日」：一九三八年上映，一九三六年德國柏林奧運紀錄片。分為兩部「人民的節日」、「美的節日」。

76 兼常清佐：一八八五～一九五七。樂評家、藝評家。

77 杉森久英：一九一二～一九九七。小說家。

78 大詔奉戴日：一九四一年十二月八日，天皇敕令太平洋戰爭開戰，為了提高國民的戰爭意識，在一九四二年一月之後，每個月八日訂為特別紀念日。

79 韮山原：位在靜岡縣東部。

80 清水達夫：一九一三～一九九二。Magazine House 創辦人。

81 鶴見俊輔：一九二二～二〇一五。哲學家、評論家、政治運動家、大眾文化研究者。

82 永井荷風：一八七九～一九五九。小說家。

83 渡邊一夫：一九〇一～一九七五。法國文學家。

HANAMORI
YASUJI

日本の暮しをかえた男

改變日本生活的男人

花森安治伝

第三部

第八章　どん底からの再出発

第九章　女裝伝説

第十章　逆コースにさからって

一九四六年（昭和二十一年）春天，在銀座成立衣裳研究所。
衣裳研究所也舉辦服飾設計講座，照片左側立者是花森，右側是鎮子。
同年《造型書 一九四六年夏天》出版，
花森設計「直線剪裁」，描繪造型圖，大橋姐妹擔任模特兒示範。

第八章——從谷底再出發

The Man
Who Changed
Japan's Lifestyle
●●○●
The Autobiography of
Hanamori Yasuji

在銀座焦野

一九四五年（昭和二十年）八月十五日……。

關於敗戰這天，一九七五年（昭和五十年），花森在長篇訪談〈八月十五日對我們是為何意〉當中，毫無保留地暢所欲言。根據這篇訪談，得知他從廣播聽到「天皇玉音」宣讀「終戰詔書」時，當下立刻衝出家門，跑向皇居。

「抵達皇居時，發現那裡簡直就像是靖國神社舉行的重大祭典，人山人海，我嚇呆了。」

花森覺得此地不宜久留，所以穿過皇居前廣場，跨過空襲時燒黑的數寄屋橋，朝著銀座大道方向走去。學生時期，他很喜歡這個地區。尾張町（銀座四丁目）十字路口的服部鐘錶店（現為和光）並未遭到祝融肆虐，值得慶幸；然而對街的三越則是燒得只剩外殼。十字路口西側（靠近新橋方向）的三愛、鳩居堂、獅王啤酒屋都燒得不見蹤跡。花森坐在鳩居堂廢墟的混凝土碎塊上，嚼著炒豆充當午餐，望著「混凝土塊和泥濘」的十字路口情景。

這時，花森的打扮是修修補補多次的運動背心和白襯衫，以及看似是國民服的褲子和綁腿，腳上穿著腳跟處磨破的襪子和舊滑雪靴（因為只剩這雙鞋子）。頭上戴著戰鬥帽，肩背著自製的布袋。布袋中裝著半滿的炒豆罐、記事本、小素描簿、鉛筆、當做手紙使用的舊報紙⋯⋯。

悶熱的夏日午後，花森起身，從京橋經過日本橋，走到淺草，空襲燒毀一切，視野變得異常遼闊，他漫步走在瓦礫四散的街道上。最後他來到上野，廣小路也幾乎全毀，不過，山上的西鄉隆盛銅像，卻依然矗立未倒。

我又坐在銅像面前，天色逐漸暗下。（略）約一年前，到了晚上，街道都黑漆漆的。為了防範空襲，大家都掛上黑布，燈罩也套上黑布。我站起身，朝著上野山、鶯谷、日暮里的方向望去，看來還有些劫後餘生的建築，點點燈光，彷彿金砂拋撒在空中。仔細一想，才意識到住家已經所剩無幾，燈光也只是微亮，但是這片漆黑暗夜實在是太長太久了，稀疏燈光也令人覺得目眩神迷。（略）

以往經歷各種開心和快樂的事物，但是唯有這次在上野的山上，沒有任何鬱悶、自我反省或愧疚的情緒，而是真的打從心底湧上喜悅。

字裡行間仍飄盪著悵然若失之感，但是花森卻否認，他解釋「只感覺再也不用上戰場打仗了，再也不用擔心死亡了」。

他當然會「自我反省」，也「心存愧疚」，但是還要過一段時間，才會真正自覺。在那個當下，一個曾經不斷被迫面對死亡的人，只覺得終於獲得解脫，「再也不用擔心死亡」，「就像是曾被判處死刑之人，獲判無罪」。

雖然不必再擔憂受到徵召，也不必恐懼本土決戰。可是接下來一家要如何過活。戰後的日本，不只是花森家，東京等大都市的各個家庭，首先面臨的問題，幾乎都是「一餐難求」。

> 敗戰之後，直到年底，日本國內的物資狀況，悲慘至極，無論吃穿，都比戰時還要匱乏。（略）曾經有段時間，一把米糠和豆餅，一家三口得設法吃上十幾天。終戰之後，我的左腋下長出大膿包，擠出一碗多的膿，嚴重營養失調。（〈八月十五日對我們是為何意〉）

花森在庭院種菜養雞，至少有雞蛋可食，但是終究無法飽腹。想要購買黑市物資，需要錢財，卻無賺錢管道。據說，花森曾打算在有樂町朝日新聞社的後方開咖啡廳，不過無法確知是否成真。

這一年的十二月，野間宏立志成為作家，將妻子留在大阪，獨自一人上京。他回想說道，

「……我曾經待過大學出版社。社長是櫻井恒次[1]，編輯成員只有花森安治和我二人。我對書籍編輯一竅不通，原稿的規畫、活字指定等所有技巧，都是一邊工作，一邊請教花森安治。他非常親切，總是不厭其煩地教我，從不藏私。看到我不安時，還會安慰我無需慌張，編輯工作絕對不能慌亂，而是慢工才能出細活。」（《座談會 我的文學 我的昭和史》）

一九四六年，野間宏在雜誌《黃蜂》連載出道作品《暗畫》，所以這段故事發生在他出道之前。從大學出版社的名稱推測，可能是靠著《帝國大學新聞》的人脈而設立的。有工作狂之稱的花森，居然會勸說「工作無需慌張」，實在耐人尋味。不過，這間出版社沒過多久就宣告解散，野間表示「好像沒有出版任何書籍。不過我

確實有領到薪水」。

東找找西試試，到頭來，最踏實的還是書籍和雜誌的裝幀工作，以及描繪插圖。一九四六年四月，花森接下不少工作委託，例如新生社創刊的B5版雜誌《女性》封面，以及田宮虎彥編輯、文明社的《文藝叢書》的裝幀。於是，他的主要收入來源暫時仰賴設計和插圖的工作。

藍生小姐憶起某一天的事情。

「父親以水彩畫完委託的封面畫，擺在榻榻米上乾燥。我剛好經過，不小心絆到筆洗，回神發現，畫都被水潑溼了。當時雖然還只是個孩子，但知道自己闖了大禍，免不了要遭到一頓斥責，趕緊道歉。可能過於驚嚇，接下來的事情都不記得了。後來母親才告訴我，我突然發高燒昏睡，父親也無力發脾氣，只告誡母親別再責怪我，他覺得我已經知錯了。在我昏睡之間，父親重新畫好封面。當時不知如何是好的心情，直到現在還記憶深刻。」（〈一些回憶．父親花森安治〉）

這一年（一九四五年）的秋天，花森滿三十四歲。沒有固定職業，面對戰後的生活，只能埋頭在家努力工作。花森在家中是個為所欲為的暴君，從來就不是個慈祥的父親，然而有時也有體貼的一面。

好友田所太郎擔任日本讀書新聞編輯部的總編輯，就是在這個時期，他邀請花森為每期刊物描繪插圖和書寫標題文字。

誠如序文所述，敗戰不久之後，在這間報社，花森結識活潑開朗的女編輯大橋鎮子，她開口請花森協助家族出版社。幾天之後，花森回覆她，在這場戰爭中，女性的遭遇悲慘，責任都在我，所以我願意提供協助。想必在接到大橋的邀請之後，那幾天當中，他考慮再三，並明確意識到自己在大政翼贊會的所作所為，必須有所承擔。

根據馬場真人的《花森安治的青春》，當時花森和大政翼贊會時期的同事橫山啟一（日本宣傳技術家協會，後來進入生活手帖社）、大橋正[2]（報導技術研究會）、伊藤憲治[3]（報導技術研究會）等人，商量成立新廣告公司。如果考量家計生活，廣告公司更有保障，然而花森卻思量再三，最後捨棄廣告人之路，決定加入大橋一家的家族出版社。一九七一年，花森在雜誌《週刊朝日》，談到這項抉擇的內心想法。

在這場戰爭中，我的確有罪。如果要為自己辯白，我只能說當時什麼都不知道，我被騙了。可是，我不認為這樣就能免除罪責。今後，我再不會被騙，還要增加不受騙的人。對於過去的罪行，在這股決心和使命感之下，我暫且能夠獲判緩刑。

一句「我被騙了」，讓他從原本是頂著翼贊會宣傳部的頭銜，搖著戰爭大旗，瞬間轉換陣營，變成揮舞「一戔五厘的旗幟」，為庶民發聲。世間豈能容忍這種投機取巧的方式，果然批評聲四起。但是在一片批判中，秋田縣橫手市小型週報《火炬》的武野武治，他評論說道，

「我和花森先生同是一九一〇年代出生，花森先生的破旗是雙重罪責。一面是欺

騙大眾的錦旗，一面是自己被騙的旗幟，他都插在自己的身上。」

武野武治一九一五年（大正四年）出生，比花森小四歲。戰時，他是朝日新聞的亞洲特派員，敗戰之後，他認為自己身為記者，必須對戰爭負責，於是辭職回鄉，一九四八年，創刊《火炬》。所以，他也和花森一樣，自覺是「獲判緩刑的戰犯」，對花森堅毅果決的承擔方式，心有戚戚焉。

「戰爭時，雖然非我所願，我揮舞著守護日本人生活的旗幟『一億一心』，從事動員國民參與戰爭的作業。說穿了，我就是在『國難當頭』的危機之下，一個缺乏批判能力、麻痺不仁的知識分子。我的確被騙了，因為我的無知，因為我的眼光短小。我不能逃避這項事實。現在，我是一名『獲判緩刑的戰犯』。」

敗戰時，體驗到無比的解脫感……。

然後自覺有錯……。

看似矛盾的兩種心情，讓花森大大轉變，判若他人。原本滿腔熱血的年輕花森，因敗戰而消失，取而代之的是筆者所熟悉的戰後花森——執拗頑固的成熟大人。

為什麼是「衣裳研究所」

一九四五年秋天，大橋鎮子前來求助；翌年春天，在新橋的土橋附近，銀座八丁目的日吉大廈三樓，衣裳研究所成立。然而，為什麼不是「衣裳出版社」，而是「衣裳研究所」呢？

剛下筆撰寫本書時，筆者尚未能理解，現在了解他們希望以「衣裳」為核心，具體「研究」日本人的生活，再將研究成果以雜誌形式發表。一年前，花森以安並半太郎為名，參與《婦人的生活》企畫。因此這時，他認為可以結合年輕大橋的希望，以及曾經半途中斷的企畫。

「以前，我曾經將自己的夢想『改變日本人生活』，嘗試透過大政翼贊會的官方國民運動加以實現。可是，看來是個徹頭徹尾的錯誤。今後，我再也不參與任何政黨、政府機關、大企業、大學等任何人創立的組織，也不尋求協助支援。我只靠自己，以及幾位夥伴。」

因此，這次的夥伴不是政客、官員、企業家，也不是學者，而是真正支持日本人生活的女性。當然男性也可以參與，但是核心是女性。他希望能夠打造一個環境，思考職業婦女、主婦、學生等一般女性在日常當中，自己和家人之間的生活；而且，不只是用腦思考，而是設定主題，運用和專業學者不同的方式，進行研究。如果這個想法得以實現，就能夠打倒那個在戰時不分黑白、只知一味報效民族的自己。

花森總是不畏憂愁，積極樂觀，他立刻想出具體企畫，然後打算全力實現。這是花森的過人之處。

例如，當時金錢物資匱乏，國民想要衣服時，不是去購買，而是自己動手縫製。可是，布料不易到手，也不是人人都會縫製。所以，不如直接使用既有材料，設計出人人皆可上手的縫製方法，就不必特地去學洋裁。

花森想到「直線剪裁」，這是一種裁剪傳統和服的方法。不同於複雜結構的洋裝，日本和服是組合矩形布塊製成。於是，拆開這些逃過戰火的和服，運用大小不同的矩形布塊，縫製成洋裝。製作之前，只需準備設計圖和紙版，再加上基本裁縫技術，每個人都能夠輕鬆做好一件洋裝。

這個想法並非天外飛來，學生時期，他運用浴巾，當場做成長袍。自此之後，他一直認為「衣服的基本就是能夠符合各種身形的長袍。而不是將完成的版型套在人類身上的訂製西服」。他的畢業論文主題也是來自這個想法，主張「日本的和服，本來應該更能夠自由運用」。「婦人的生活」系列也是同樣想法，雖然都未曾引起任何反響；但是，現在，他相信自己的主張一定能夠獲得認可。

根據大橋鎮子的訪談（〈雜誌是反映時代的鏡子〉），一九四六年五月，「花森構想的直線剪裁服裝書《造型書》出版。」

《造型書　一九四六年夏天》是衣裳研究所發行的第一本刊物。雖說是書，但是當時到處鬧紙荒，所以是B5版，只有十八頁。大橋三姐妹和母親挑戰直線剪裁，製作完成之後，自己穿上當模特兒拍照，花森再描繪成造型畫。書籍模仿美國時尚雜誌。造型畫還附加說明，由花森負責封面和紙版。

這本自己手工製作的造型書，居然掀起搶購熱潮。

即使沒有全新布料，你也能夠美麗動人
造型書　定價十二日圓　郵資五十錢
印製數量不多，請先支付訂金
東京銀座西八之五日吉大廈　衣裳研究所

這則小廣告，刊登在只有正反兩面一張的朝日新聞等報紙上。結果發售當天，日吉大廈前大排長龍，從東京等地寄來購書的郵政匯票，如雪片般飛來，一袋袋的郵袋陸續送達。大橋等人前往附近的京橋郵局匯兌現金時，數量多到郵局職員抱怨人手不夠，無法應付，請他們到其他銀行匯兌。在二〇一〇年生活手帖社出版的大橋自傳《生活手帖與我》中，她表示「我們的工作獲得社會的接納」。

「《造型書》在該年的九月和十一月、以及翌年一九四七年各發行一冊，總計三冊。於是在東京的銀座，有本《造型書》是由女性出版、廣受好評的消息，不脛而走，類似的雜誌大概出現三、四十種吧。」

花森的創意和衣服哲學，大橋母親擅長日式衣服的裁縫，妹妹晴子籌措資金，再加上鎮子，大家通力合作，締造成功。

在書籍熱賣之後，「首飾」、「衣妝」等不熟悉的新詞或外來語，廣為流行。工作量已經超過家族可負擔的範圍。於是，團隊加入兩名女性，其中一人是鎮子在府立第六女高的同學，她的丈夫戰死沙場。

可是，雖然迴響熱烈，受到五花八門、各式各樣「造型書仿本」的影響，系列書籍的銷售逐漸下滑。為了解決這種情況，一九四七年（昭和二十二年）十月，出版第五本《職業婦女造型書》，封面印上文案「職業婦女有權讓自己更漂亮」，設法力挽狂瀾。結果，根據大橋自傳所述「花森先生和我都更用心製作，不過銷售仍然不佳」。

為了減少赤字，鎮子的友人在目黑的柿木坂有幢洋房，不過尚未從疏散地返家，所以商借用來舉辦「花森安治・服飾設計講座」，並巡迴須賀川、福島、山形、宇都宮、松山等地，進行宣傳。

「花森先生強調穿著非常重要，其他動物什麼也沒穿，這是人類的特徵。然後敘述穿著的原點，其實非常簡單，例如拆下和服袖子，縮短長度，繫條腰帶，就是一件漂亮的衣服。他還會穿插服飾的美學等觀點，從各種角度教導大家。會場四周則展示《造型書》中的直線剪裁實品。

然後，中野家子[4]當場利用和服布料，迅速縫製完成直線剪裁的衣服，我和妹妹芳子擔任模特兒示範，大家都非常喜愛。」（《生活手帖與我》）

可是，舉辦這麼多活動，銷售卻不見起色。既然如此，不如重整旗鼓再出發，「尚未用盡全力就認輸，我不甘心。」（大輪盛登《巷說出版界》）於是，社名從「衣裳研究所」改為「生活手帖社」，翌年一九四八年，B5版大小的新雜誌《美麗生活手帖》創刊。封面內頁的發刊辭寫著：

這是屬於你的手帖。
內容包羅萬象。
希望其中能有一、兩項立刻派上用場，
即使有一、兩項看似無用，
期許能夠留存在記憶之中，
未來逐漸改變你的生活。
這本生活手帖是屬於你的。

在這篇發刊辭中，花森文體正式登場，他盡量選擇使用平假名，漢字部分則無艱澀難懂的字眼，運用平易近人的語調，向讀者訴說。花森清楚展現出不同的一面，不僅是衣服，他還要以個人的獨特方式，設法改變日本的生活。

他拋棄美式風格的「造型書」系列設計，新雜誌的設計反而酷似戰時的「婦人的生活」叢書。創刊號卷頭是八頁的黑白照片，其間穿插十六頁彩頁；然後是二十九篇散文隨筆，每篇長度約七張四百字稿紙。最後是花森的連載〈服飾讀本〉。整本的架構非常單純。

超過雜誌內容半本以上的散文隨筆，都是三段文字方塊，四周框線採用文武欄線（一粗一細的雙線框線），排版呈現出「婦人的生活」一貫的和式風格。

雖然才第一期，隨筆的作者除了田宮虎彥、田所太郎、扇谷正造、池島信平、戶板康二[5]、藤城清治[6]等友人之外，還有志賀直哉[7]、室生犀星[8]、小倉遊龜[9]、天野貞祐[10]、長谷川如是閑[11]、川端康成、澀澤秀雄[12]、中谷宇吉郎等名人雲集。大橋表示，花森偏好「一流的大名家」，終其一生都沒有改變。排版使用文武欄等格式，顯露出他沉穩保守的風格。

有趣的是，他也展現出批判權威傳統的前衛派性格。例如他穿著女裝，凡事親力親為，自己設法打造舒適環境等。這些特色可能來自他的興趣，而非想要奉行任何主義。

不是「過日子」，而是「過生活」

如果現代人單純閱讀這篇發刊辭的話，就會想到這是消費社會發展過度，出現樂活、慢活等「打造永續社會」的潮流；或以為這是六〇年代的嬉皮運動。

這種解讀方式也無不妥，不過，在一九四八年（昭和二十三年）的日本，花森寫下「逐漸改變你的生活」，這個「生活」是指戰後墜入貧苦深淵，食衣住樣樣缺乏，一籌莫展的日子。

發刊辭的下一句「未來逐漸改變你的生活」也是相同情形。日本人想要從廢墟中重生，首先必須排除狂熱的精神主義，大膽地為個人的生活引進明確的合理性；仿效在同樣時期，英美的DIY自己動手做風潮，花森希望透過「改變」一詞，從老祖宗的樸實生活技術中，找尋傑出的範本。

此外，田所太郎在《戰後出版的系譜》中指出，在花森安治的雜誌名稱「美麗生活手帖」影響之下，經過二十年，一般用詞終於不再是「過日子」，而是「過生活」。

雜誌名稱原本預定是「生活手帖」，但是代銷公司卻認為「聽起來死氣沉沉，肯定賣不出去」，只好再加上形容詞「美麗」。

現在使用「生活」一詞，具有都會風情、優雅的感受，以前卻非如此，而是會聯想到從前貧困的百姓生活，具有庸俗鬱悶的印象。所以，田所認為是花森徹底改變這種印象。

花森覺得當前的處境的確處於谷底，但是接下來將會不同，否則將令人擔憂。他將「生活」結合時髦詞彙「手帖」（莫非他是取自朱利安・杜維威爾（Julien Duvivier）[13]的電影名作《舞會的手帖[14]》（*Un carnet de bal*）?），後來再加上「美麗」，成功顛覆「生活」一詞的灰暗印象。

創刊號發行量為一萬本。可是，代銷公司只願意鋪貨七千本。根據雜誌第十期的後記（署名S，代表是大橋鎮子[15]，實際上應該是花森所寫），五個女員工只好扛著剛印好的雜誌，搭乘電車，每站下車，送貨到書店，最西到三島、沼津，最北到宇都宮、水戶。後續的第二期和第三期也都是赤字虧損。

在這種狀況之下，大橋鎮子發揮天生的行動力，取得昭和天皇的第一皇女東久邇成子的特別撰稿〈家計記錄〉，刊登在第五期上，獲得好評之後；第六期締造四萬七千本的銷售成績，雜誌總算逐漸步上軌道。

值得注意的是雜誌主要目標對象是二十～三十歲的女性，卻有不少男性讀者。其中一位是大阪市立大學理工學部的助教授梅棹忠夫[16]。

「梅棹將學問融入生活當中。他從地板開始改變住家的結構。他在家中備有木匠工具，自己一步步地慢慢改造住家。一九五〇年代，梅棹就有這種想法，他保留每一期的《生活手帖》。」（鶴見俊輔和森毅[17]的對談，收錄在《人生不無聊的智慧》）

敗戰幾年之後，人民總算脫離衣食匱乏的絕望狀態，日趨穩定，轉而關注住居環境。於是雜誌刊載許多住居相關的報導，例如小住宅建造法、三帖或四帖半的房間改造等，並刊載實例，例如有人從斷垣殘壁中撿拾磚瓦，搭建西洋風格的暖爐；也有人貼上鋁箔紙製作冰箱；還有夫婦利用三十七個蘋果箱，打造出睡床、櫥櫃、桌子和書櫃。除此之外，還出版別冊《住居手帖》，分為「正」「續」兩冊。

廢物利用的音響架、英國風的寫字檯等大型作業，都是由無止境追求完美的花森自己執行。花森原本就喜歡、也擅長手工藝，藍生小姐開心表示，「戰後物資匱乏的時候，父親自己動手幫我打造木屐呢。」聽說是還在神戶的少年時期，花森蹲在路旁觀察木屐師傅作業，看了一整天學到的技術。

梅棹從年輕時就認識的好友鶴見，談起梅棹忠夫認真鑽研自己動手做，非常熱中改造房間和製作書櫃。所以，他才會從雜誌報導中感受到同好的存在，立刻成為忠實讀者。梅棹出生於京都，比花森小十歲，他不喜歡一昧鑽研學問，喜歡親臨現場，自己動腦動手。看來兩人都具有講求實用的關西人特質。

最初憑藉一股志氣發行雜誌，逐漸獲得成功，並獲得意想不到的讀者群，雜誌的調性也越來越明確。

第九章——女裝傳說

The Man Who Changed Japan's Lifestyle ●●○● The Autobiography of Hanamori Yasuji

女裝怪人上街

敗戰之後五年，花森倒不是以雜誌總編輯著稱，而是一位令人意外的服飾評論家、社會風俗評論家。「令人意外」的部分就是眾所周知的女裝打扮，花森的嚴肅面孔，卻燙著一頭小捲髮，穿著裙子。綜合性雜誌《改造》一九五一年五月號的不具名專欄〈人物速寫〉中寫道：

「新宿車站附近的人行道上，一位奇異裝扮的行人，俄國風格的上衣，衣緣貼著紅色膠帶，前額蓋著瀏海、後面燙著捲髮的造型，令人難辨雌雄。難道是報紙爭相報導的上野山男妓，因為不景氣，只好下山尋找出路嗎？然而這位人士的身旁，是一位年約二十五、六歲、身穿漂亮洋裝的女士，她默默地走在怪人的身後，一起進入銀座的一棟小建築。入口的其中一個招牌寫著『衣裳研究所』。」

花森何時開始女裝打扮，無法得知，由這篇報導看來，應該在戰後不久就已經開始。不過，花森的穿著是否為女裝打扮，各有說法。

長年的工作夥伴大橋鎮子（也就是不具名專欄中所稱「身穿漂亮洋裝的女士」），曾經清楚表示花森的確留長髮，也燙捲髮，但是穿裙一事則是以訛傳訛。撰寫《花森安治的工作》的酒井寬也表示，那並不是裙子，而是寬褲管的褲裙，或說是常見蘇格蘭士兵所穿著的蘇格蘭裙。不過，大橋甚至否定褲裙說法，表示因為花森的身形肥胖，所以夏天穿的短褲管很寬，才會看起來像是褲裙。」（《生活手帖》和半世紀》）

即使身邊的人作證，可是不少人都認為花森的奇裝異服是女裝，連一些好友都深信不疑；再加上花森從不嚴詞否認，甚至還刻意利用這個形象。根據朝日新聞社扇谷正造的下屬——大田信男的回憶：

「昭和二十五、六年的某一天，扇谷先生提議出門走走，結果來到新橋土橋旁的一幢小建築物裡，那裡是《生活手帖》編輯部。（略）他的確燙著一頭捲髮，穿著褲裙，長相奇特。」（〈媒體報導的戰友〉）

特別是《文藝春秋》總編輯池島信平的證詞，最為人津津樂道。花森、池島和《週刊朝日》總編輯扇谷，三人共同在NHK主持三巨頭對談的廣播節目「旁觀者清」。有一次，為了NHK所舉辦的演講活動，花森和池島前往仙台。演講開始之前，尚有空檔，所以兩人先在旅社享受按摩服務。

「那天天氣微寒，兩人並列躺在墊被上，蓋上被單，只露出雙肩。紙門拉開，視力正常的按摩師走進來。

她望著我們，看似有些困惑，然後說：

『我先幫太太按摩。』

我嚇得趕緊從棉被跳出澄清。

花森不喜歡談起這件事情，總是制止我。不過我真的太驚訝了，所以也顧不得他的感受了。」（〈我的人物評〉）

池島描述地如此生動，肯定不假。其他還有花森住院時，病房名牌寫著「花森安子」；或是搭飛機時，空姐指引他前往女廁，他也毫不介意地順從指示，解決內急。總之諸多真假不明的傳聞。一九五三年，因為每日新聞的對談專欄〈老狐狸問答〉，花森和社會黨女議員大石芳惠[18]會面，當時情形著實令人發噱。

現身會面席上的花森，一頭捲髮，穿著左衽藍色外套和胭脂色袖口的毛衣。女議員對他說：

大石：你的聲音真像是個堂堂的男子漢，不錯不錯。（她以為花森是女性）

花森：（苦笑）謝謝……。

最後，大石期許花森一起成為議員，共同奮鬥，然後說道：

大石：對了（想了一下），老實告訴我，你有丈夫嗎？（笑聲）

花森：（苦笑，自言自語地說道，看來騙到你了）

大石：不過，這是你的個人私事，我就不追根究柢了……。

這段對話充分娛樂讀者大眾。大石芳惠綽號「女猩猩」，是一位鬥士型人物，行事作風像個男子漢，所以這段滑稽的對話，一時蔚為笑談（後來大石尋求連任失敗）。更令人驚訝的是，經過了十年，甚至在筆者從大學畢業之後，這個傳說依然繼續流傳。當時，週刊或電視尚未全面掌控大眾，所以傳聞不會立刻被淹沒消逝。

另一個例子是法國文學家河盛好藏[19]所說，他也為《生活手帖》執筆撰稿。他在《週刊讀賣》創刊號中說道：「總而言之，他無人不知，無人不曉。我們前往地方演講時，經常借用他的名號，聽眾只要聽到花森的名字，就會哄堂大笑，非常管

用，可見得他多麼受到歡迎。」（〈「女裝」知識分子〉）

大眾都已經熟悉花森的女裝打扮，所以才會發笑。現在或許已無笑果，然而當時社會大眾對花森的印象，就是這種逗笑的奇特打扮。

為什麼女裝打扮呢？

花森的長相一點也不秀氣。在自己的團隊中，他像個發號施令的大家長、完全主義的獨裁者，令人想到黑澤明。長相個性都嚴肅剛毅的花森，為什麼在戰後開始女裝打扮呢？

有人認為是虛張聲勢。

「看起來像是江湖術士。」

學習院大學法學部教授河合秀和[20]，他和古谷綱正[21]在對談時，透露出這樣的感想。這個時代，有幾位手段高明的文化名人，例如勅使河原蒼風[22]、岡本太郎[23]，花森也算是其中一位。有人認為廣告出身的花森，為了促使大眾注意到雜誌，所以乾脆自己當個移動廣告塔。

也有人說他覺得愧對女性，才會有這種怪誕表現。酒井寬在自傳中借用大政翼贊會同事的發言：「花森在戰敗之後，開始留髮穿裙，大概是一種花森內心感到挫折的表現吧。」

前述的大田信男似乎也是同樣想法：「花森先生或許想要揮別戰前的事物吧。」「靠著大政翼贊會，他得以溫飽，穿著國民服，剃著光頭，仍然不減風光。所以他其實是在苦行修練。」

每種說法都有其道理。花森承認自己從中學開始就愛出風頭，現在成立衣裳研究所，也要設法維持雜誌經營，自己有責任廣為宣傳。再加上他可能深覺慚愧，因為資金調度，辛苦轉車搭車、沿途推銷雜誌的工作，都是女性負責承擔，所以他才採取這種行動。

戰爭宣傳單、提倡勞動褲裝，甚至撰寫激發戰鬥意志的寶塚劇團腳本，他執行了許多對女性「不利」的工作，所以花森可能有贖罪的心態。這些說法雖然無誤，卻過於單純。筆者認為這些理由，不足以讓花森做出女裝打扮，應該以更長期時間進行觀察分析，而非視為是戰後短暫的風俗現象。

根據個人見解，首先是在第一次世界大戰之後，日本剛好遭遇關東大地震，東京、關西等各城市受到新文化藝術的影響，少年花森迷上結構主義、未來派等當時歐洲的前衛藝術運動。

花森本來就不排斥女裝等打破傳統形式的時尚。所以，大學時代自製長袍，或是將高中制服畫上誇張華麗的裝飾，大剌剌地走在松江的街上，都在在顯示他的想法，並可看出他對國內外前衛藝術家將奇裝異服做為藝術表現，有所憧憬，也想與之抗衡。關東大地震之後，東京出現不少奇裝異服的前衛藝術家，村山知義就是其中代表。另有一種奇裝異服，具有不同的動機和方向，例如花森的老友今和次郎，一年四季都穿著夾克，平常生活、學校講課，連婚喪喜慶也都是夾克裝扮。

女性髮型亦同理可證。村山知義、藤田嗣治[24]等人在當時也是以妹妹頭著稱，人氣作家武田麟太郎的長髮，也算是女性髮型。換言之，第二次世界大戰（第二次戰後派）之後，花森的女裝行徑其實並不算是特立獨行；或應該說是延續並重現第一次世界大戰（第一次戰後派）的新風俗，是一種已有歷史軌跡可循的打扮。

日常生活當中，花森喜歡自己動手縫紉、烹飪和清掃，而且相當擅長。

在和歌山陸軍醫院住院療養時，他無所事事，學會製作一個羅紗刺繡的零錢包，現在還留在藍生小姐的手邊。薄麻布上繡有圖案，縫布對折之後，在開口邊緣縫上拉鍊，做工精緻，專家也得甘拜下風。藍生小姐表示：「父親以紅線、羽毛繡法繡上母親名字的第一個大寫字母M。母親捨不得用，所以錢包內部都還像新的一樣。」（《文藝別冊 花森安治》收錄的訪談）

不只是針線活，花森也懂得烹飪。桃代夫人是富家千金，連白飯都不曾煮過，所以新婚初期，據說飯菜都不太可口。筆者詢問藍生小姐當時如何解決這個難題，她答道：

「後來，母親曾去烹飪教室上課。不過聽說剛開始都是父親教她的。」

不只是自己的妻子，傳說大學時代，友人剛結婚，他親自前往友人的公寓家中，教導不會做菜的新婚妻子料理家常菜。所以花森並非「君子遠庖廚」，而是很早就踏入女性勞動的領域，習得簡單的家事要領。不僅是烹飪，他也喜歡學習和傳授日常生活的小妙招。戰前少有這種類型的男性知識分子，恐怕打著燈籠也不易尋得，特別為人所知的大概只有幸田露伴[25]，他教導女兒幸田文做家事。

花森本身就喜歡做家事和手工藝，再經過畢業論文的研究、《婦人的生活》在戰後的匱乏生活當中，轉化成專為女性製作的生活雜誌。換言之，這是將興趣化為思想。所以花森的女裝打扮，並不是奇裝異服，而是歷經一連串思考之後的選擇。

批判西裝是一種制服

花森的女裝還有另外一項動機。同一時期，在時尚評論或社會時事論述中，花森不斷表明反對西裝文化。

中央公論社的女性雜誌《婦人公論》是具有悠久歷史的硬派雜誌，算是第一本邀請花森登上新聞論壇的雜誌。一九四六年春天，進入中央公論社的三枝佐枝子[26]（後來成為《婦人公論》總編輯）說道：

「當時，我所屬的雜誌《婦人公論》，雖然說是女性雜誌，卻幾乎沒有任何時尚或令人開心的生活報導。有一天，一位東大畢業的男性編輯，提出一項企畫，打算邀請同是東大美學科的同學，撰寫時尚專欄。這位同學成立衣裳研究所。這是昭和二十一年（一九四六年）十二月號時的事情。

這時，我才知道有花森安治這號人物。他所提出的直線剪裁洋裝，充滿前所未有的嶄新魅力。」（《生活手帖》改變生活方式〉）

日本經濟新聞的記者藤原房子[27]，在某次座談會上表示自己剛認識花森安治時，並不知道他是《生活手帖》總編輯，以為他是時裝設計師。「戰爭結束之後，大家都將床單、窗簾或舊和服，修改縫製衣服。花森先生的直線剪裁衣服，連我這種女學生都會做。（笑）」（〈花森流生活學四十年〉）

從這些女性的談話當中，可得知花森提出的直線剪裁，首先引起年輕女性的興趣；他切中要害、辛辣老練地批判過時想法，促使他不只獲得時尚評論的工作，甚至拓展到社會和風俗的評論。

從五〇年代中期開始，約有十年的時間，除了雜誌編輯之外，花森還跨足報章雜誌、廣播、演講，成為廣受歡迎的時事評論家。其中獲得許多人關注的話題，就是前述的「反西裝」主張。

沒有任何人規定，沒有任何人命令，可是這些上班族幾乎都穿著西裝，而且沒有一個人覺得不妥。（〈上班族的制服〉）

西裝，做為工作服裝，實在不是令人讚賞的剪裁。（略）當各位在工作上想要放手一搏、全力一拚時，男性多半會脫掉外套，只穿著毛衣、或是西裝背心。除非室內寒冷，才會穿著整套西裝工作。但是，通常在回到家時，容易感到疲累，肩膀痠痛。」（〈只有一套服裝的麻雀男人〉）

花森不只反對西裝，他厭惡學生服、軍服、國民服等，認為這些根本不是人類穿著的衣服，只是將人類嵌進制服鑄模當中。

可是，在戰時，花森也不得不對士兵服、國民服妥協，雖然曾以《婦人的生活》叢書，或是自製防空洞服，試圖頑強抵抗，卻未能如願，只能妥協再妥協。或許是這種不甘心，戰後，花森將反制服、反西裝的主張，當成個人的使命，打算徹底推行。

戰爭結束，日本的社會雖然陷入貧乏，卻引進自由的風潮。然而，男性居然走回頭路，穿上整齊劃一的西裝。戰爭開始之前，大正到昭和初期，西裝儼然已成為上班族的制服。一九一六年（大正五年），第一次訪問日本的印度詩人哲學家泰戈爾曾說道：

「日本拋棄固有服裝，偏好穿著辦公服。今天，辦公服王國征服全世界。然而，這種服裝無法闡述表現任何國家或人民，只能闡述表現起源於歐洲的辦公室王國。」（《泰戈爾著作集10》〈日本紀行〉摘要）

泰戈爾和岡倉天心的交情匪淺。岡倉天心在泰戈爾訪日的前三年、一九一三年過世。岡倉天心生前認為印度、中國、朝鮮、日本等亞洲的傳統服飾是長袍，所以自己設計一種像是中國道袍的和服。因此，泰戈爾以為日本人日常仍然穿著和服，結果抵達日本時，發現人人穿著拘束的訂製西服，而非舒適的長袍，甚至還彷彿是自古以來就穿著習慣的服飾，令他既驚訝又感嘆。

花森厭惡制服，偏好長袍式服裝，看來是汲取了岡倉天心、泰戈爾的「反西裝」主義。一九五二年，創元社出版艾瑞克・吉爾（Eric Gill）[28]的《衣裳論》翻譯本，邀請花森寫序，他挑釁地寫道，「男性改穿裙子，比女性改穿褲子更為合理。」

此外，花森的反制服、反西裝的主張，來自於他反對日本社會普遍存在的權威主義。他表示男性將拘束的西裝做為「工作服」，來自於西裝是社會特權的象徵。

小學畢業的人士，通常不稱為上班族。以前只有從專門學校或大學畢業、領取月薪的人，才稱為上班族。（略）除了能夠領取月俸之外，還帶有知識

花森常將又長又捲的頭髮盤在頭頂高處。
攝於銀座的生活手帖社。

分子的含意。（略）從知識教養的觀點而言，算是社會中上階級的人士。（略）所以不管西裝是否適合生活需求，是否符合自己的體型，只是一心想讓自己看起來像個有教養的人，像個知識分子，所以就穿上西裝。（〈上班族的制服〉）

關於東京帝大學生的制服和學生帽，他也表示：

回想學生時期，為了避免和私立大學混淆，所以刻意加上帝大生的徽章。在這種情形下，不知不覺地培養出帝大生的特權意識。（略）三兩好友碰面聚會，立刻聊起這類話題，我也是同樣學校畢業，但是總令我感到忿忿不平，而且覺得背脊發涼。（略）這就是一種自以為是的特權意識，視一般國民為草芥，認為自己高人一等。（〈大學生的徽章〉）

所以，花森提倡並實踐以「便宜耐穿的棉布」（他根本領先六〇年代的牛仔褲文化！）自製「夾克般舒適輕鬆的上衣」，取代「工作服」西裝。

今和次郎是夾克主義的前輩，比花森年長二十三歲。他是早稻田大學建築學科的教授，東京大地震之後，他創造全新的學術領域「考現學」。終其一生，他拒絕穿著訂製西服，如同前述，任何場合，無論是在大學校內，或是擔任會長，出席日本建築學會的公開場合，還是婚喪喜慶，他一貫以「舒適」的夾克造型現身。在圖書館或舊書店當中，現在仍可看到他筆鋒豪放不羈的著作《夾克四十年》。

如同內村鑑三[29]和今和次郎，花森即知即行，絕不光說不練，也不是想要追隨他人，而是一個人也獨行，他從不畏懼。

裙子的真相究竟是什麼呢？

或許真如大橋鎮子所言，就是短褲或褲裙。即使是裙子，也不令人意外。女裝打扮並非為了增添風情，而是合適合理的服裝。透過這種打扮，展現詼諧感，所以戰後，在花森的身邊總是充滿著歡樂的氛圍。

第十章——拒絕走回頭路

The Man Who Changed Japan's Lifestyle ●●○● The Autobiography of Hanamori Yasuji

雜文家時代

一九五〇年（昭和二十五年）至五四年（昭和二十九年），在戰後的時事評論家時期，花森出版了五冊小本散文集，分別是《服飾讀本》（衣裳研究所）、《流行手帖》（生活手帖社）、《生活的眼鏡》（創元社）、《風俗時評》（東洋經濟新報社）、《倒立的世間》（河出書房）。

當時，花森相當受到主流媒體的歡迎，還有許多他稱為「雜文」的文章，未收錄到這五本散文集中。

然後，令人不解的是此後十七年，花森沒有出版任何一本著作，直到一九七一年（昭和四十六年），將《生活手帖》文章集結成B5版尺寸的盒裝文選集《一戔五厘的旗幟》（生活手帖社）。在這本之後，他再未出版任何作品。因此，直到最近，筆者完全無法掌握在這些時期，花森究竟寫了哪些文章，刊登在何處。

最近，也就是二〇一一年，正逢花森安治百歲誕辰，總算有所進展。《生活手帖》的資深編輯北村正之退休，邀請盟友中村文孝，巡迴各地的舊書店、圖書館，一點一滴地尋找、收集這些幾乎等於不存在的文章（《生活手帖》以外的文章），同時成立小出版社LLP BOOKEND，出版《花森安治戲文集》，全三冊。在戰後的日本，具有獨創思想的花森安治，託二人的福，終於得以全覽他的文學成就。

然而不出所料，文章數量繁多，無法全數收進三冊當中，後來陸續出版《花森安治集》三冊，以及《社會時評集 花森安治「昨日今日」》。

相較於現在的人氣作家，這些數量微不足道，畢竟當時和現在的雜誌種類數量就有差異。最近雜誌的銷售雖然逐漸下滑，二〇一一年，月刊和週刊合計三三七六種（七年前，二〇〇四年竟然有四五四九種）。《美麗生活手帖》創刊兩年後，一九五〇年時的發行種類是一五三七種，而且相較於現在的雜誌，都只是薄薄的一冊。

筆者收到《戲文集》之後，向北村表示，「書中收錄不只是雜文，還有訪談、對談，媒體的曝光度相當高，看來他深受歡迎呢。」

北村答道，「應該是和金錢有關。」

「家庭等生活所需嗎？」

「當然生活需要用錢，不過雜誌初期據說相當艱苦。」

創刊初期，除了大橋鎮子之外，所有編輯分工合作，扛著雜誌背包，搭乘東海道線、東北線、常磐線等電車，每站下車尋找書店，推銷雜誌。酒井寬敘述，「遭到拒絕，或是應付款項被含糊矇騙，太多欲哭無淚的遭遇。」「花森則坐鎮出版社，在牆上地圖，標記今日背包部隊前進哪個車站。然後烤好地瓜，等大家黃昏時返回出版社。」（《花森安治的工作》）。

然而，烤再多的地瓜，對雜誌銷售毫無幫助。所以，他讓自己成為賣點，多方爭取賺錢機會，將大部分收入轉到雜誌。女裝打扮、戲文等種種他為媒體提供的娛樂服務，背後其實藏著這些原因。

反對「走回頭路」

閱讀這些文章之後，發現花森後來在《生活手帖》的嘗試，都在這段期間逐漸萌芽、茁壯。不過，一九五四年，花森出版《倒立的世間》之後，突然停止出版任何作品。在《一戔五厘的旗幟》問世之前，十七年間的空白，原因究竟為何，必須首先探究。

而且不只是書籍，報章雜誌的雜文銳減，甚至拒絕訪談。花森喜好談論，所以好友邀請他參加對談或座談會，他願意出席；然而一陣子之後，他也完全抽身，將發言的場合只限在自己的雜誌。在一九七八年突然撒手離世之前，花森堅持將自己侷限在《生活手帖》的雜誌紙堡當中。

花森的個性任性，不拐彎抹角。他從不在意世間的眼光，只是專注在自己的想法和事物上，他的生活方式自成一格，他人無從置喙。這個時期，花森不再願意為了生計，而去攀附糾纏報章雜誌等商業媒體，以便取得邀稿機會。在《倒立的世間》當中，可在幾處發現他透過戲謔文章，吐露自己的心境。例如〈現代奉承術〉一文，最後一段尤其特別。

請各位再從頭細讀這篇文章。一定會發現每一字每一句，都是經由巧妙編排「奉承」讀者而成。為了賺得金錢，無奈且勉為其難地撰寫雜文，這也是一種無奈的「奉承術」。

文章中，諷刺上班族的高爾夫球應酬，以至政治家和官僚的對美談判等種種世間隨處可見的「奉承」風潮，最後再回馬一槍、打向自己，敘述以「批評家」和「評論家」為名的雜文寫手，其實是一種對讀者和媒體的諂媚。雖然語氣微露出羞愧或辯解，但應該是花森當時的心聲和自我批評。他自嘲不務正業，雜務過多。

前述提及花森不拐彎抹角，他喜歡且擅長在文章中暢所欲言。這點不同於同世代的戲文作家坂口安吾[30]、太宰治；也不同於稍微年長的德川夢聲[31]、高田保[32]，或是漫畫家近藤日出造[33]。因此，花森勉強自己寫下的戲文，反而顯得彆扭不直率。他自己心知肚明，縱然勉力下筆，卻徬徨無措，不知如何是好。

筆者閱讀這本戲文集，發現花森在這些戲謔式文章當中吐露的心境，和當時戰後日本社會急速變化的風潮，呈現出極為不同的氛圍。首先列舉兩份約略年表，前者是這段時期，花森和《生活手帖》的發展，後者是同時期的日本動向，請各位對照比較。

一九四八年　社名從「衣裳研究所」更改為「生活手帖社」。創刊《美麗生活手帖》。

一九五三年　「生活手帖研究室」落成。雜誌名稱去掉「美麗」，改為《生活手帖》。出版著作《風俗時評》和《生活的眼鏡》。

一九五四年　開始連載〈商品測試〉。出版著作《倒立的世間》。

這段時間，戰後的日本陸續發生下列事情。

一九五〇年　韓戰爆發。警察預備隊（後來的保安隊）成立。赤色整肅風潮[34]四起。

一九五一年　簽署舊金山和約。

一九五二年　遭到解雇的公職人員，全面重新雇用。制訂破壞活動防止法。日美安保條約正式生效。

一九五三年　教育行政逐漸趨於中央集權。

一九五四年　第五福龍丸漁船在比基尼環礁遭到美國氫彈試爆的高輻

射污染。保安隊改編為自衛隊。

花森安治編輯的《生活手帖》正式展開時，因為韓戰和日本獨立，使得日本在美軍佔領之下所推展的戰後改革，遭到阻擋，逐漸倒回到類似戰前的體制。當時還因此流行「走回頭路」一詞。

根據諸多理由，筆者判斷兩份年表之間的諸多關聯密切，絕非偶然。首先來看看一九五四年發行的時評集《倒立的世間》中，〈別再耍猴戲〉一文引用如下：

最近的日文，連日本人（或者應該說因為是日本人）都看不懂。例如佔領政策執行過度，須適當導正。翻譯成白話文就是美國別再耍猴戲了；而換成文言說法就是重返神聖的大和原貌。（略）

獨立、自立、阿諛奉承的笑臉，統統丟進水溝！民主主義根本是垃圾！美國算什麼！蘇聯算什麼！日本可是獨立天下的國家，鼓起勇氣，大聲說出來。（略）看看街上那些警察狐假虎威，如果沒了金鐘罩衫，根本只是一名小巡警。（略）什麼公平交易委員會，什麼禁止壟斷法，又是美國的把戲。地方自治體的警察，又是可恥的美國把戲。其實根本就是內務省警保局，一聲令下，全國通行。

無需多做解釋，花森所言「獨立天下的國家」就是在敗戰六年之後，一九五一年簽署舊金山和平條約，日本終於能夠擺脫同盟國佔領的狀態。前一年，一九五〇年，韓戰爆發，兩項事件糾結造成赤色整肅、成立警察預備隊（自衛隊的前身）、制訂破壞活動防止法，甚至研議修正新憲法。為了「適當導正」戰後「執行過度的佔領政策」，恢復戰前「美好」日本的動向，逐漸顯著。歷史似乎想要藉機重演，「走回頭路」。

韓戰的特殊需求，協助戰後跌落谷底的經濟，得以逐漸回升，日本開始邁向高度成長。一九五四年出版《倒立的世間》時，在一片混亂的政局中，鳩山一郎成立日本民主黨，吉田茂首相領導的自由黨內閣總辭。民間則發生燒津[35]的鮪魚船「第五福龍丸」，在比基尼環礁遭到美國氫彈試爆的高輻射污染，掀起軒然大波，卻也促成電影《哥吉拉》大受歡迎。翌年一九五五年，自由黨和日本民主黨合併，以自由民主黨之名重新出發。右派社會黨和左派社會黨重新統一，在美蘇冷戰的情勢之下，展開兩大政黨的「五五年體制[36]」。

一九五〇年代前半，重大事件接踵發生，日本在戰後首次面對重大轉變。當時筆者還是不知世事的國中生，卻依然感受到時代的轉變。花森這時的文章都收錄在《倒立的世間》，這個「倒」字就是「開倒車」的「倒」吧。

在反諷文章的背後，可看出花森打從心底感到憤怒，甚至難掩焦躁。不久之前，日本才戰敗，國土一片焦黑，軍方獨裁的戰時緊張體制，隨著戰爭結束，灰飛煙滅，總算能夠放下了心，鬆了口氣，正要盡情自由發展，結果竟然「開倒車」，認為這是「執行過度」、「學美國耍猴戲」。花森只覺得是孰可忍孰不可忍。

在訪談〈八月十五日對我們是為何意〉中，花森稱戰爭結束後的最初兩三年為「夢幻時代」，「即使沒有食物，卻不感到痛苦。反而（略）每天都是光明燦爛，喜樂愉悅，像是要飛上天際。」

那時，我天馬行空地想著，當發動戰爭的徵兆出現時，厭戰反戰的一方想要提出反對時，應該舉出值得守護的事物吧。我自己也缺乏這類事物。（略）如果沒有想要守護的事物，很容易就被剷除，甚至於無需大費周章，就像是浮在泡澡水面上的污垢，輕輕撥動就會聚集，然後就可以輕鬆被撈出扔掉。我開始思考除了聖上天皇、神國、大和民族之外，什麼是我們依附生存的事物。那就是生活。如果每個人都能夠更重視生活，不容許任何事物阻礙破壞，就能夠毫無畏懼地提出反對。

花森苦澀地形容自己也和所有人一樣，在戰爭時，都只是漂浮在「泡澡水表面的污垢」。

這篇訪談文章發表在一九七五年。然而在二十五年前，五〇年代前半，日本社會正在「全力開倒車」時，花森就認為這種情形早已存在。一九四七年二月一日，原本預定進行全國大罷工，卻在前一天晚上，遭到駐日盟軍最高司令官麥克阿瑟將軍的命令而取消。在訪談文章中，花森提及當時就感受到社會「慢慢在開倒車」，現在則是到了無法坐視不管的地步。

花森的個性是一旦下定決心，就會貫徹到底。為了防止可能發生的新戰爭，必須事先建好「反對」的基礎平台。他決定在日本各地找出「值得守護」的「每個人生活」，並加以改善提升，發揚光大。為了達到這項目的，他採取兩種策略。

第一是不再扮演媒體名人的角色。「開倒車」風潮越演越烈，幾年前感受到的解放感似乎會化為「夢幻」，在主流媒體上，反諷戲謔式的發言，花森逐漸感受不到從前的效果。

與其白費力氣在這些「奉承」事物上，不如快刀斬亂麻，保持體力運用在有用之處，確保自己能夠暢所欲言、為所欲為。

所以在五〇年代後期，除了自己的雜誌，以及兩位信賴友人扇谷正造和池島信平擔任總編輯的《週刊朝日》、《文藝春秋》之外，他刻意減少出現在媒體上，最後甚至不再出版著作。同時，另一項策略是藉由雜誌名稱變更，跳脫女性雜誌的框架，建造起一座全新的「紙堡」。他從此坐鎮堡內。

建造紙堡

一九五三年（昭和二十八年）十二月發售的第二十二號，雜誌名稱不再有形容詞「美麗」二字，成為單純的《生活手帖》。在這段過程中，出現兩大變化。

一是形式外觀的變化。原本是延續《婦人的生活》叢書、以隨筆文章為主的文字雜誌，轉變成為主打照片、插圖，以訴諸視覺效果為主的凹版印刷雜誌。

二是雜誌起源於大橋鎮子的夢想——「為了同世代的女性」，專為女性編輯製作。現在則希望透過女性的活力，從本質改變日本人的生活意識，所以轉換雜誌基本方針，成為生活綜合雜誌。

配合兩項變化，《美麗生活手帖》時代末期，雜誌逐漸增加隨筆散文、報導、對談、照片、圖表、附錄繪本等各種內容，建立起雜誌的架構。第二十二期，雜誌更名，到了一九五四年（昭和二十九年）九月發售的第二十五期時，整體架構已然成型，成為大眾（包含筆者）所熟悉的《生活手帖》風格。

一九五四年，筆者進入東京都立高中就讀。不過筆者早就知道《生活手帖》。家母訂閱的雜誌過期之後，都保存在客廳的櫃子當中。國中時，筆者有時候取出隨意翻閱，對於雜誌活潑歡樂的頁面，留下深刻印象，至今難忘。

當時的刊物用紙粗糙，採用活版印刷。除了從美國直接進口的日語版《讀者文摘》之外，只要翻開雜誌，映入眼簾的幾乎都是一片暗沉灰色。父親購讀的《週刊朝日》、《文藝春秋》也不例外。只有《生活手帖》與眾不同。先不論總編輯的想法為何，雜誌給人的視覺印象就是明亮。尤其是佔有雜誌三分之一的凹版照片印刷頁面，非常吸引人。硬質具有透明感的紙張，高解像度的黑白照片，編排地有條有理。柔和不刺眼的彩色印刷色調，也令人愛不釋手。

經過了半世紀之後，現在重新翻閱已成古董的《生活手帖》初期雜誌，這種印象仍然未變。如今筆者長大成人，注意到凹版照片印刷部分，大量使用「組合照片」。「組合照片」是印刷媒體的新手法，排列組合多張照片，以便呈現特定印象。這種手法是在三〇年代，由名取洋之助[37]從德國帶回日本國內，後來蔚為潮流。

花森從孩提時代就喜歡攝影，立刻迷上這種新手法。自此之後，他曾在松江高中的校友會雜誌進行迷你嘗試（卻立刻失敗），然後歷經帝大新聞編輯部、翼贊會宣傳部的戰爭政治宣傳，他仍然持續關注並嘗試組合照片的手法。他長年的興趣，在戰後，終於找到適合運用之處，例如第二十五期中的〈宇都宮的商家〉、〈行商〉等相片報導。〈宇都宮的商家〉是〈日本的民家〉連載第五回。〈行商〉則是〈某位日本人的生活〉系列第三回，報導一位從山形往來東京行商的農村女性，以照片記錄她一天的生活。

在同一期雜誌中，拉著生財道具走遍東京老社區的〈修理三輪車的大伯〉，也是

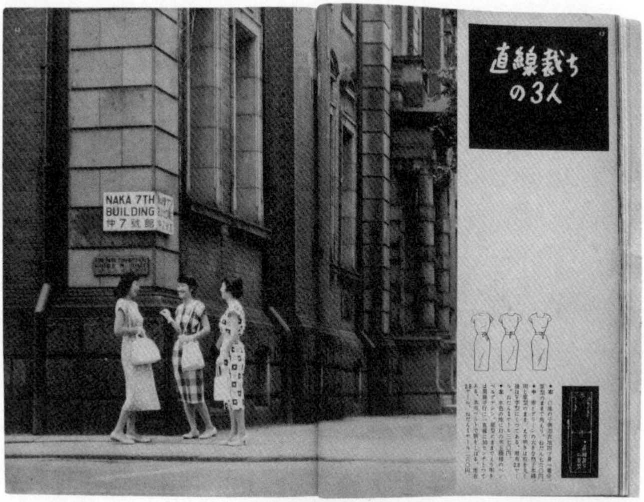

上：直線剪裁的三人。

下右：行商。下左：令人崇拜的修繕工。

（本頁皆刊於《生活手帖》第二十五期，一九五四年）

運用組合照片，進行報導（頗有同時代義大利新現實主義電影的氛圍）。

在這篇報導的前一頁，就是時裝照片的〈直線剪裁的三人〉。改造和服浴衣縫製而成的洋裝，裙襬隨風飄揚，三位年輕女模特兒（都是編輯部成員）開心地走在夏日的大街上。這篇也是運用組合照片（好萊塢都會派女性電影的氛圍）。

筆者原本以為照片中的街景是銀座，後來看到照片的小澤信男表示：

「這裡是丸之內吧。此處寫著仲七號館，大概是位在東京會館的後方。」

東京會館就是大政翼贊會成立之處，逃過空襲劫難。當時，可能花森想要找尋飄盪著都會風情的拍攝場所，他剛好熟悉附近的地理環境，所以才選擇此處。

這些具有對照性的照片都刊登在同一期雜誌上，一視同仁，沒有任何偏頗。「行商」大嬸，「修理三輪車」大伯，行走在丸之內大樓之間的年輕女性，在雜誌中，每個人都是日本人，是「值得守護」的生活。透過雜誌，花森簡潔清楚地傳達出人人平等、攜手共創日本未來的訊息，真是神乎其技的編輯方式，這樣的雜誌，日本從未出現過。

直行組合的美

除了凹版照片頁面之外，筆者也認真觀察文字頁面。

少年時期，筆者最愛讀戶板康二的連載〈歌舞伎文摘〉。戶板和大政翼贊會時期的花森，只共事過一次。然後，一直到戰爭結束，幾乎沒有碰面。可是——

「戰爭結束之後，過了四年，春天時，我沿著新橋架下的渠道行走，有人（花森）叫住了我。

他說最近將要出刊雜誌，邀請我以解說式散文風格，從創刊號開始撰寫關於歌舞伎的文章，我記得那天順道拜訪了編輯室，是在並木大道西側的大廈，我記得《苦樂》也是在同一棟建築物創刊。」（《我的交遊記》）

雜誌是指《美麗生活手帖》。戶板在三十歲出頭時，就在附近的日本演劇社（社長是久保田萬太郎[38]），擔任雜誌《日本演劇》總編輯。不過，戶板的寫作生涯才剛起步，所以「非常開心地」接下花森的邀約，從創刊號開始，連載〈歌舞伎文摘〉，總計三十回。

這時正值一九四八年的春天。一九五〇年，日本演劇社倒閉，戶板失業。當時《歌舞伎文摘》仍在連載，花森建議戶板「撰寫戶板風格的歌舞伎指南」，於是他寫下《歌舞伎的邀約》正篇和續篇。

「現在的讀者可能會覺得紙質不佳，當時可是特好的紙張，花森先生負責裝幀設計，和紙封面，正篇黃色，續篇綠色。

關於書名，兩人左思右想，後來從韋伯的樂曲《邀舞》獲得靈感。

失業之後，如果沒有這本書的版稅，三餐真的毫無著落。後來《歌舞伎文摘》也陸續出版B4版、新書版。《歌舞伎的邀約》不僅是一項開心的工作，也維持我的生計。」

花森可能覺得同為生活所苦之人，所以希望能夠盡力協助往來已久的同事夥伴。然而，不僅如此，為了充實「值得守護」的生活內容，只是合理化衣食住還不足夠，充其量只是「套用美國模式」罷了。以前，花森曾在傳統和服中，發現嶄新涵義；所以日本傳統戲劇歌舞劇，需要戶板運用新鮮用詞，加以詮釋說明。〈歌舞伎文摘〉每回挑選一部深受大眾歡迎的戲碼，例如《暫》、《忠臣藏》、《夏祭》、《勸進帳》、《四谷怪談》、《三人吉三》，不採用以往寫給「內行人」閱讀的風格，也不使用歌舞伎專門用語，只以簡潔明快、平易近人的文章，向完全外行的讀者，傳達歌舞伎的魅力。

這項連載工作，促使戶板康二成為全新風格的歌舞伎評論家，連一般讀者都熟悉他的大名。演藝評論家矢野誠一[39]就讀麻布高中時，就對歌舞伎產生興趣，他在《戶板康二的歲月》中，敘述戶板的華麗登場：

「由衷感謝他平易近人的文章。他運用活潑、自由、輕妙的字句，敘述歌舞伎的各種常識、規定形式，以及有著許多繁文縟節的戲劇。令人讀來像是在欣賞沒有制約、自由奔放的新劇。」

筆者比矢野小三歲，只是一個普通的國中生，讀起來一知半解，即使如此，透過連載的介紹，認識《暫》、《勸進帳》等歌舞伎名劇，充分感受到歌舞伎獨特的感官魅力，所以從高中到大學時，經常前往觀賞歌舞伎。

此外，這次，筆者發現雜誌的文字排版，非常賞心悅目。《生活手帖》雜誌中，凹版照片印刷頁面的核心，就是「組合照片」；文字部分則是「賞心悅目的直行組合」。或許各位認為日本雜誌本來就是直行組合，賞心悅目是理所當然之事，其實不然。筆者後來才知道日本的編輯和設計師，其實從昭和時代初期、一九三〇年代，才開始講究日文的直行組合。

日文是採用縱橫對齊排版方式。根據正方格設計的明體漢字和平假名，必須行對行、字對字、齊頭齊尾，就像是相撲館或小劇場中，觀眾席上並排的方形座墊；換言之，就是像四百字原稿用紙，必須縱橫平整對齊。

「賞心悅目的直行組合」就是指「賞心悅目的縱橫對齊排版」。年輕設計師原弘發起「新活版術」運動，首先開始追求這種美感。受到歐美「新字體」運動的刺激，他進行各種嘗試，設法運用縱橫對齊排版，漂亮呈現出混合漢字和平假名的日文。因此，日本的出版和宣傳業界中，出現字體排印學（組合各種活字，打造出符合效果

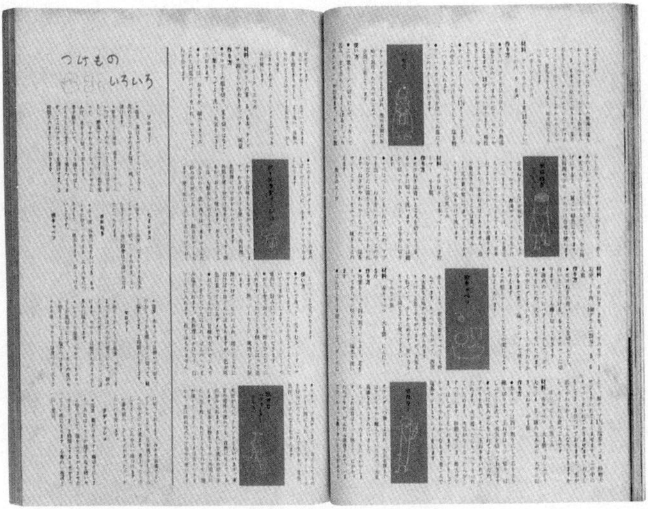

これは　あなたの手帖です
いろいろのことが　ここには書きつけてある
この中の　どれか　一つ二つは
すぐ今日　あなたの暮しに役たち
せめて　どれか　もう一つ二つは
すぐには役に立たないように見えても
やがて　こころの底ふかく沈んで
いつか　あなたの暮し方を変えてしまう
そんなふうな
これは　あなたの暮しの手帖です

上：小標題的空行處理，讓直行組合更為賞心悅目。
《生活手帖》第四十五期，一九五八年。
下：從創刊號開始，封面內頁固定刊登的發刊辭。

的印刷頁面）的新用詞。

年輕時，花森就接觸過新活版運動，以及小雜誌的前衛排版。歷經這些活字運動的薰陶，花森將之展現在《生活手帖》當中。筆者推測，花森認為想要實現「賞心悅目的日文排版」，就不能像《文藝春秋》、《週刊朝日》等其他雜誌一樣，被動接受傳統的縱橫對齊排版，必須加入新的巧思。《生活手帖》不是前衛的藝術雜誌，讀者是一般大眾，所以可以進行專屬於這本大眾雜誌的嘗試。

花森嘗試的結果，是文章盡量減少漢字，如果非用不可，則挑選筆畫少的漢字。花森是總編輯，對文章非常要求講究。一九七二年進入編輯部的唐澤平吉，在著作《花森安治的編輯室》中，表示自己常遭到花森的責罵。書中寫到：

・你寫的文章，賣菜的大嬸看得懂嗎？賣魚的大嬸看得懂嗎？想清楚這點再下筆！

・平易近人、簡單易懂的文章寫作秘訣，就是像在對人說話，盡量不使用需要用眼睛閱讀的詞彙。

・並非使用平假名，就可以簡單易懂。平假名寫著「ひじょう」，很難判斷究竟是表示「非常」？還是「非情」？這種寫法就是如假包換的艱澀難懂。

現在看來都是非常基本的要求，然而當時卻非如此。當時還無法接受寫作基本的原則——以平易近人、簡單易懂的方式撰寫艱澀難懂的事物。

縱橫對齊排版方式起源於中國，針對方方正正的中文字而設計，為近代的日本人（筆者、讀者、編輯）所熟悉。

由於是起源於中國，適合筆畫多、密度高的漢字，而不是筆畫少、密度低的平假名。日本報章雜誌的文章，使用習慣多半是以漢字為主、平假名為輔，所以經常出現直譯、難懂的漢字詞彙。因此花森主張「盡量不使用需要用眼睛閱讀的詞彙」，顛覆了這項傳統，以平假名為主、漢字為輔，撰寫成一聽就懂的文章。

此外，報章雜誌的使用習慣，不僅無視漢字和平假名之間不協調，也從不檢討探究，甚至經常混用漢字和平假名的專屬字體，導致頁面看起來雜亂無章，奇醜無比。這也是花森深惡痛絕的一點。

不過，早已習慣報章雜誌用法的人，甚至是年輕的編輯成員，都很難理解花森的想法。這些編輯成員最初撰寫的文章，幾乎沒有辦法達到花森要求的水準。然而，花森毫不氣餒，總是將原稿修改地滿江紅，徹底貫徹自己的理念。編輯成員重新謄寫之後，花森不厭其煩地再度修改，重複幾次之後，唐澤表示「每篇文章都讀起來像是花森所寫的」。

「因為編輯寫好的文章，即使是一篇小小報導，花森先生也絕不放過，手持紅筆嚴格把關。因此，文章讀起來當然大同小異，全部統一成為花森安治風格。

可是，我認為並非文章風格統一，所以讀起來相仿類似。花森先生統一的是文章本質。因此，確立了花森安治和《生活手帖》的品牌形象。」

透過不斷地修改再修改，直行組合的活版印刷，再也沒有雜亂的擁擠感，正正方方的方格空間，散發出明亮輕快的氛圍。筆者現在終於明白，少年時期對雜誌的歡樂印象，就是來自花森打造而成的《生活手帖》品牌形象。

1 櫻井恒次：一九一七～一九八〇。戰後參與諸多文化和出版相關事業。

2 大橋正：一九一六～一九九八。平面設計師。

3 伊藤憲治：一九一五～二〇〇一。平面設計師。

4 中野家子：大橋鎮子在府立第六女高的同學。

5 戶板康二：一九一五～一九九三。小說家、歌舞伎評論家、推理作家。

6 藤城清治：一九二四～。皮影戲作家。

7 志賀直哉：一八八三～一九七一。明治昭和時期的小說家，作品影響其後許多作家。代表作有《暗夜行路》、《小僧之神》。

8 室生犀星：一八八九～一九六二。詩人、小說家。

9 小倉遊龜：一八九五～二〇〇〇。女畫家。

10 天野貞祐：一八八四～一九八〇。哲學家、教育家。曾任文部大臣。

11 長谷川如是閑：一八七五～一九六九。記者、評論家、作家。

12 澀澤秀雄：一八九二～一九八四。企業家、文化人。

13 朱利安．杜維威爾：一八九六～一九六七。法國導演。

14 舞會的手帖：一九三七年上映。中文片名為《舞會的名冊》。

15 大橋鎮子的發音為 Ohashi Shizuko。「S」取自 Shizuko。

16 梅棹忠夫：一九二〇～二〇一〇。生態學家、民族學家。

17 森毅：一九二八～二〇一〇。數學家、評論家、散文作家。

18 大石芳惠：一八九七～一九七一。眾議員。

19 河盛好藏：一九〇二～二〇〇〇。法國文學家、評論家。

20 河合秀和：一九三三～。政治學家。

21 古谷綱正：一九一二～一九八九。媒體工作者、新聞主播。

22 勅使河原蒼風：一九〇〇～一九七九。藝術家。插花花道草月流創始人。

23 岡本太郎：一九一一～一九九六。抽象、超現實主義藝術家。

24 藤田嗣治：一八八六～一九六八。將日本畫技法引進油畫的巴黎派畫家、雕刻家。

25 幸田露伴：一八六七～一九四七。小說家。女兒幸田文也是散文作家、小說家。

26 三枝佐枝子：一九二〇～。編輯、評論家。日本第一位升任商業性雜誌總編輯的女性。

27 藤原房子：一九三〇～。媒體工作者。

28 艾瑞克．吉爾：一八八二～一九四〇。英國雕刻家、字體設計師、蝕刻版畫家。

29 內村鑑三：一八六一～一九三〇。基督教思想家、聖經學者、傳道者、文學家。提倡「無教會主義」。

30 坂口安吾：一九〇六～一九五五。小說家。

31 德川夢聲：一八九四～一九七一。辯士、漫談家、作家、演員等活躍於多方面的跨界人士。

32 高田保：一八九五～一九五二。劇作家、散文隨筆家。

33 近藤日出造：一九〇八～一九七九。漫畫家。擅長描繪政治諷刺漫畫。

34 赤色整肅風潮：二次世界大戰之後，駐日盟軍司令部下令剷除共產黨員的行動。公家機關、民間機構等共產黨員或相關人士，總計超過一萬人遭到解雇。

35 燒津：位於靜岡縣中部。

36 五五年體制：一九五五年開始的日本政壇體制。執政黨長期為自民黨，在野第一大黨為日本社會黨。但是在八〇年代末期至九〇年代，隨著美蘇冷戰結束、泡沫經濟崩盤，這個體制逐漸瓦解。

37 名取洋之助：一九一〇～一九六二。攝影家、編輯。

38 久保田萬太郎：一八八九～一九六三。俳人、小說家、劇作家。

39 矢野誠一：一九三五～。演藝評論家、散文作家。

HANAMORI
YASUJI

日本の暮しをかえた男

改變日本生活的男人

花森安治伝

第四部

第十一章 商品テストと研究室

第十二章 攻めの編集術

第十三章 日本人の暮らしへの眼

第十四章 弁慶立ち往生

上：一九五三年在東麻布建造的「研究室」二樓，
前方是編輯室，後方是廚房攝影棚。
下：花森安治《一戔五厘的旗幟》生活手帖社，一九七一年。

第十一章——商品測試和研究室

The Man Who Changed Japan's Lifestyle ●●●○ The Autobiography of Hanamori Yasuji

生活手帖研究室

一九五三年（昭和二十八年），在變更雜誌名稱之前，透過友人的介紹，花森在港區麻布貍穴町（現為東麻布）、蘇聯（現為俄羅斯）大使館的旁邊，購得一塊土地，他自己畫設計圖，建造兩層樓高的公司大樓，掛上「生活手帖研究室」的招牌。最初是攝影棚兼實驗室，後來，添購土地，慢慢增建，編輯部、業務部也陸續從銀座搬遷到東麻布。

可是，這裡的招牌仍然一直維持「研究室」，既非「生活手帖社」，也非「生活手帖編輯室」，不是一般所謂的公司大樓。首先，筆者引用大橋鎮子和唐澤平吉的記述，介紹建築物的概況。

因為後來的增建，舊館有部分是三層樓，面積約八百二十平方公尺（約兩百五十坪），館內共有大小二十二間房。一樓是總務和銷售部門，還有洗衣室、工作室、化學實驗室、倉庫等。最寬廣的洗衣室貼有磁磚，進行洗衣機、熱水器等用水相關的測試。

二樓是大廚房，旁邊是約二十帖大的主攝影棚（通稱一棚），還有顯像用的暗房、裁縫室。這層也有花森和大橋的辦公室，不過大橋表示「我的辦公室通常都變成置物間」。（大橋《生活手帖與我》）增建的新館二樓是「三棚」，一樓是測試室，三樓有音樂視聽室。

舊館二樓的「一棚」中擺設桌椅，方便編輯作業，所以也是編輯室。不過根據唐澤的說法，自己反而多半在編輯室以外的房間工作。編輯室或許只能算是虛有其名。現在，這棟建築物已經拆除，筆者沒能及時親眼見到這棟建築。不過，清楚了解大樓內的隔間，就能夠大略了解到花森當時的想法。

為了商品「測試」，大樓內設置了多間房間和裝置。大廚房是專為製作《生活手帖》獨樹一幟的烹飪報導而設。

前述曾提及在這個時期，《生活手帖》不僅外觀有所改變，而且不再只是女性雜誌，而是轉成生活綜合雜誌。其中，反映出內容改變的就是商品測試和烹飪報導。為了執行這些招牌企畫，花森認為首先必須滿足兩項條件，一是能夠進行長期測試的各項設施，二是具有耐心和執行能力的工作人員。

以前，筆者以為「生活手帖研究室」只是刻意取個冠冕堂皇的名稱，對《生活手帖》來說，這個場所並沒有任何舉足輕重的功能。

而且，筆者還認為花森是代表近代日本的偉大編輯。想要論述花森，只需將《生活手帖》過期雜誌全部蒐集齊全即可。貍穴的研究室充其量就是公司大樓兼作業場所。雜誌才是台前的大明星，研究所只是幕後幫手。

後來，筆者才發覺並非是有雜誌，才有研究所，而是有研究所，才有雜誌。

回頭一想，戰後，在銀座八丁目最初成立的公司，並非取名「衣裳出版社」，而是「衣裳研究所」。換言之，花森的目的應該不是編輯雜誌，而是研究日本人的生活中，需要和不需要改變的部分。雜誌只是發表研究結果的道具。

這種想法相當耐人尋味，令人想起一九三六年在美國開始活動的消費者組織，這是一個消費者運動的先驅團體。

雖然規模不同，消費者組織也有類似的兩大核心，一是大型研究所「全美測試研究中心」，二是月刊《消費者報告》，報導商品測試的結果。在花森的工作場所中，總有這本平淡無奇、看起來像是普通手冊的雜誌。花森可能在戰後得知這本雜誌，深有同感，認為應該仿效這種方式，採用研究所和雜誌並行。

各位都知道《生活手帖》不刊登廣告，也堅持拒絕企業提供測試用樣品或商品。其實，這種方式並非生活手帖社的創舉，而是消費者組織在開始進行商品測試時的規定。無論是否為模仿，由此可見，花森非常注意消費者組織的動向。

至於他對消費者組織活動的觀點，容後再述。至於日本的消費者運動，花森則採取一貫的批評態度。

不過，花森批評的是現實運動中隱含的矛盾。那些不依靠國家、大企業或大學的力量，而是個人或民間團體，自行設法成立獨立研究設施，不運用廣告，而是透過自由媒體的方式，將測試或研究結果，告知社會大眾。這類消費者運動不是花森批判的對象。從《消費者報告》中，花森獲得種子，撒在戰後的焦土上，成功開出連始祖都驚艷的漂亮花朵。其中，花森獨創的巧思，最引人好奇。

商品測試的開端

首先介紹商品（日用品）測試。

《生活手帖》原本就經常刊登這類報導，不過在初期，測試方法等仍未規畫完整，所以報導水準不一。第二十二期雜誌（一九五三年）和第二十六期雜誌（一九五四年），兩期雜誌相隔一年，從雜誌內刊登的兩份報導，就可看出水準的不同。

①「暖氣機：為了暖和室內，哪一款既便宜又方便實用呢？」（第二十二期）

②「日用品測試報告①襪子」（第二十六期）

一九五〇年韓戰爆發，增加許多特別需求，日本社會邁向高度經濟成長。因此，大街小巷充斥著各種新商品。花森的雜誌當中，在戰後不久，開始刊登〈如何廢物利用〉，也增加〈聰明的選購方式〉單元，以各種角度進行測試。其中，暖房器具的調查最具代表。

從前，能夠暖和房內的器具只有火爐，隨著社會的變化，發展出碳爐、油爐、瓦斯爐、電子爐等各種用品。

以使用者的角度，具體檢視功能和使用方便性，這種方式和後來的商品（最初是使用「日用品」一詞）測試並無不同。不過，這個時期的調查程度，只是在三越、高島屋等百貨公司中，詢問消費者的使用感想，尚未確立長期使用的實地測試手法。而且報導多是文字敘述，照片不多，欠缺衝擊性和說服力。不僅是花森，連編輯部成員都覺得這種方式行不通。

一年之後，②的襪子，酒井寬的《花森安治的工作》引用如下：

「最初的襪子測試，購買了二十二種襪子，有兒童用的毛尼龍襪、尼龍補強的棉襪等。請小學五年級、國一和國三的女學生每天穿著，洗襪方法和洗襪次數也加以規定控制，連續測試三個月之後，歸納整理出的報告結果為「不破洞」、「所有襪子都會掉色」等。

「生活手帖研究室」成立於一九五三年，和①的年份相同；然後②是在一年之後。表示商品測試經過一年，就幾乎已經確立基本規則。測試絕不使用企業提供的商品，而是成員自己前往購買。例如冷氣，唐澤平吉寫道：

「一定購買兩台以上，購買費用由生活手帖社支出。一台購自百貨公司，一台購自社區的電器行。」「因為商品總有好壞參差不齊，所以購買兩台。」（略）「兩台的差異過大，無法判斷產品功能時，就購買第三台，進行確認。」（《花森安治的編輯室》）

同樣的商品會購買多件（蒸汽熨斗甚至買了十八台），是為了避免業者藉口推託測試商品剛好是不良品，所以測試結果不佳。此外，公司會請業者派遣「最優秀的技術人員」，前來公司裝設商品，也是為了避免業者藉口推託。

對於商品測試，花森安治始終保持慎重、慎重、再慎重的態度。酒井寬的書中，說明花森堅持慎重的理由。

「花森表示，如果商品測試失敗了，生活手帖社將再無立足之地。因為這些商品是許多人的心血結晶，所以站在評判好壞的立場，必須『賭上性命』、嚴肅看待商品測試。進行商品測試時，他堅持完美主義，如果負責人員犯錯，他就會大聲咆哮，你這個沒用的東西，明天不用來上班了！」

一次的失敗，所有的努力將化為幻影。為了持續這項「賭上性命」的作業，必須大幅提高測試時的水準，因此必須專用設施。

然而「生活手帖研究室」不可能不花半毛錢，就能夠得手。土地、建物、測試用的各項設備，以及測試經費，需要龐大的資金。這筆資金是如何籌措的呢？

一般人通常會先想到雜誌的廣告收入。在一九五五年第三十一期的專欄〈編輯手帖〉中，花森曾敘述，根據廣告公司的計算，雜誌一期應該有兩百萬～三百萬日圓的廣告收入。然而，雜誌開宗明義就決定不刊登廣告，所以這個方法只能放棄。但是，為什麼不刊登廣告呢？

> 刊登廣告之後，就得承受來自贊助業主的壓力，陷入為難窘境。生活手帖有自我的主張，自我的理想，如果因為外力而屈服，絕非我們所願。尤其是商品測試，如果測試結果遭到施壓而屈服，就失去測試的意義。商品測試絕對不能有任何贊助者。

既然規則已立，所以不可能引進企業、政府官方的支援或資金，只能仰賴雜誌銷售。一九五三年，研究室完工時，雜誌的發行量達到十二萬冊，約是同時期《文藝春秋》的四分之一。過期雜誌的銷售也不容小覷。根據酒井寬的調查，初版印製一萬冊的創刊號，「不斷再版，十三版、十四版，賣出三十六萬冊。」

不刊登廣告根本是乾坤一擲的巨大賭注，但是花森安治成功地贏得這場賭注。

測試的商品，繼襪子之後，第二回測試火柴，第三次是鉛筆，測試環境也逐漸規畫完成，工作人員的工作量和嫻熟度也隨之提高。測試商品逐漸趨向精密物品。在鉛筆測試當中，比較十二種的國產品牌鉛筆，以及西德的輝柏（FABER-CASTELL）。雜誌毫不保留地表明「這枝鉛筆絕對是A等級中的第一名」，一時蔚為話題。從此，雜誌毫無顧忌地公布「這款可用，這款不可用」的強勢態度，成為商品測試的優良素質。

用人力和天數換取結果

全新設施「生活手帖研究室」，執行新企畫，並逐漸成長為雜誌的招牌連載。《生活手帖》發行到第一百期時，視為一世紀；然後再開始下一世紀，從第一期開始編號，這是雜誌特有的計期方式。最初的一世紀（一九五四年第二十六期至一九六九年第一百期，總計七十五期），所進行的商品測試，從襪子、火柴、鉛筆開始，然後是醬油、熨斗、烤麵包機、安全剃鬍刀、腳踏車、燈泡、油漆、縫紉機、運動鞋、滅火器、口紅膠、鬆餅粉、鋼筆、可機洗西裝、附脫水槽的洗衣機、炊飯鍋、面紙、宅急便、沾麵醬、計步器、自動對焦相機……。總計約兩百五十種，報告超過三百篇（不少商品測試多次），數量驚人。

當然，有些商品從未進行過測試，例如美國《消費者報告》的主要測試商品——汽車和休閒用品。一九六九年，《生活手帖》第一百期，花森發表的〈商品測試入門〉一文中，表示並非刻意排斥這些商品，而是「進行測試的人力和天數實在有限。光是日常生活必需用品的測試，就已經讓工作人員分身乏術，無暇再分神測試非必要的商品」。

人力是測試方法絕對不可或缺的一環。例如測試配線器具的方法，必須將插頭插入插座；ＪＩＳ（日本工業規格）的檢查測試方法是「將插頭裝設在前後移動速度相同的機器上，重複插入插座、再拔出插座的動作，經過五千次的反覆測試之後，確認和第一次使用沒有太大差異時，才算合格」。

可是，人類和機器不同，「插入和拔出插座，有些人會從右斜側，有人會從左斜側，有人習慣拉扯電線，」用法各有不同。所以，花森強調在雜誌的研究室中，每次都是「一般使用人插入插座，再拔出插座」，而不是像JIS、企業，或是有贊助者的消費者團體，由技術人員或專業測試員進行。而且雜誌研究室的測試員不只一位，每個人以自己的使用習慣進行新產品的測試，就如同一般家庭的使用情形。

假設有十個人進行插頭測試，每種插頭，一個人平均插入和拔出插座五百次。換句話說，每種插頭都同樣有十個人，以同樣的使用習慣，使用同樣的次數，合計使用五千次。(〈商品測試入門〉)

說起來容易，實際執行卻是一件大工程。一九五七年，第一次公開招募員工，錄取三位新人進入公司，其中一位是河津一哉。二〇一二年，島根縣立美術館舉行「生活和設計展」，他為專題講座準備的筆記，引用如下：

「那時剛進公司，所以我記得非常清楚。插座裝設木板上，每天就是親手拿起插頭，插入再拔出，插入再拔出，每進行十次，就記錄在紙上，不斷重複。我們不能使用（像ＪＩＳ般）自動裝置。根本就像是中國的人海戰術，只覺得非常浪費人力。後來，發生『不用不知道、用過才知道』的狀況。因為是確實發生的結果，所以無論接到任何抗議或控訴，我們都問心無愧，毫不畏懼。」

再看看另一個例子。ＪＩＳ測試燈泡的方法是接上一二〇伏特的電壓，經過一週之後，斷定結果。可是，日常使用的電壓是一〇〇伏特，所以ＪＩＳ的測試結果毫無意義。花森的研究室在進行測試時，使用和一般家庭相同的電壓一〇〇伏特，最後得到的結果，燈泡的壽命最短的兩個月，最長的維持將近一年。

「測試期間，必須保持相同熱情和集中力，並不是人人都能夠做得到。」（〈商品測試入門〉）

這就是花森所指的「人力和天數」。測試的執行人員主要是全職員工，不過經常還有其他人士參與測試。

研究所的玄關牆上貼有白紙。進入這棟建築物時，無論是全職員工或訪客，任何人換穿室內拖鞋時，都需在白紙上畫「正」字。因為當時正在進行室內拖鞋的測試。測試地毯時，則在樓階上鋪設多種地毯，同樣要求員工和訪客進行記錄。所以，測試的進行，不只是在密閉的研究室，走廊、樓梯等整棟建築物，無處不是研究室。前來採訪的報社記者、印刷公司的業務員等任何人，都自動成為測試人員，從不詢問是否同意。

不過，測試結果的報告原稿，全部是花森親自執筆，從不交給編輯成員。撰寫測試報告，必須仔細觀察，小心下筆，更需要過人的寫作能力，才能夠洞察讀者、業者以及媒體的反應，並能兼顧測試宗旨和雜誌商業利益。這種模式持續了十幾年，直到一九六九年，在第一百期發行的前兩個月，花森第一次發生心肌梗塞，才變成編輯成員寫好報告之後，交給花森修改。

測試員的責任

為了徹底執行花森風格的商品測試，光是完善的研究設施仍不足夠，測試員的進行方式也非常重要，才能獲得質量兩立的結果。

生活手帖社，最初形式是大橋鎮子家族成立的出版社，花森安治扮演協助顧問的角色。後來加入的編輯或員工，多半是靠交情介紹。例如，從《婦人的生活》時期開始，就是執筆常客的小堀杏奴（森鷗外的次女，散文隨筆作家），受她之託，花森自掏腰包雇用她生計困難的姐姐，也就是森茉莉。這件事情，森茉莉自己也曾撰文承認。

直到一九五七年（昭和三十二年），生活手帖社才正式公開招募員工。「第一屆公開招募」入社的是林澄子（本姓藤井，十年後遽逝）、河津一哉、宮岸毅（第二代總編輯，二〇一二年六月辭世，享年七十八歲）等三人。三人當中的河津說道，「以時期來看，那時其實是打算招募測試員吧。」這句話聽來頗引人深思。

一九五四年末，正式啟動執行的商品測試作業越來越忙碌；所以，迫切需要現場的測試員，而非編輯人員。

不過，筆者認為檯面下的理由並非如此。

這個時候，花森計畫打造出日本前所未有的新類型雜誌，所以不能再仰賴以往家族企業般的作業方式，必須組成更嚴謹的團隊。在〈商品測試入門〉文中，他表明「測試員，不能接受任何形式（國家或企業）的贊助」，而且不斷強調測試員身負重責大任。

對參與商品測試專員的要求極為嚴格，在現今時代，恐怕很難想像。不少測試員嚴以律己，幾乎不參加學長友人的聚會，因為擔心在這些場合容易牽扯上人情關說。

商品測試的確是一種對商品的批判，但是，在判斷基礎上，需要對生活具有深入的觀點，對於時代動向具有宏觀的想法。某種意義上，商品測試是對商品的批判，也是對社會、對文明的批判。所以，測試員必須努力符合這些要求。

花森的構想是編輯得抽空完成測試員的工作，優秀的測試員也能是傑出的編輯，所以不只需要一位人才，而是一個齊聚這些人才的精兵團隊。河津說自己其實是應徵成為測試員，然而，事實是花森想要文武雙全的人才。不只是河津，一九六九年，在〈商品測試入門〉文章問世當年入社的北村正之，在入社考試時，花森對他說，「與其說各位是編輯，倒不如說是運動的夥伴。」

前述曾提及「不少測試員」擔心涉及人情關說，而避免出席「學長友人的聚會」。可是，這個記述並不完全正確。這些測試員並非主動不出席聚會，而是在花森嚴格的教育之下「所訓練打造出來的」。北村就表示，「花森先生過世之後，最近，生活手帖社才終於加入出版健康保險組織。因為，花森先生認為加入這種組織，就會和其他出版社有所接觸，這樣並不妥當。」

同樣的理由，花森禁止員工前往印刷廠進行校正。這個時期，花森自己也鮮少接受媒體的訪問。這些措施，顯示他小心防範商品測試內容事前走漏。他並不是擔心投注大量心血的企畫，遭到其他出版社盜用，而是害怕失去測試的公正性，失去讀者的信賴。

不過他似乎警戒過度。在筆者的記憶中，雜誌頁面雖然開朗明亮，可是，在社會上的風評卻是孤高不群，甚至充滿了秘密主義、保守固執的印象。

想要具體了解雜誌魅力十足的製作秘訣，外人遍尋不得，因為有利資訊從不外洩。在花森死後，這種狀況也持續未變。不僅是筆者，多位當時的記者或編輯，都無法理解《生活手帖》為什麼採取如此封閉的態度。

可是，如同女裝打扮，對花森而言，吹毛求疵、過度追求才是正常。一旦下定決心，他絕對貫徹到底，不在乎他人的目光，絕不妥協。這是花森的個性使然。

他總是態度強硬，嚴格要求年輕編輯（也是測試員）；不管任何場合，只要討論不合道理時，他立刻高聲斥責咆哮。〈商品測試入門〉的宣言，他的論述的確都符合道理，文章也簡單易懂。這些想法來自於他心底潛藏的一種瘋狂，認為在戰爭以至戰後，這段價值大幅變動的時期，自己再也不能仰賴國家、政黨、大企業、大學、既有的運動團體、甚至是媒體，而是全靠自己判斷，自己負責。就這層意義而言，花森安治不是那種面對時代變化、皆能隨時因應的編輯類型。

《生活手帖》的編輯會議每兩個月舉行一次，每次為期兩天。所有員工都必須出席，不僅是編輯成員，業務、會計、廚師、司機等也都不能缺席。根據《花森安治的編輯室》，河津一哉、北村正之，以及後來入社的唐澤平吉都表示，會議參加者在前一天必須提出三份編輯企畫。

「這些企畫是否可行，交由全員表決，但是事實上，幾乎都是花森先生當場裁決。雖說是開會，但是大家很少交換或討論意見，只是看花森掌門人如何評價自己的企畫，我們這些弟子從旁觀摩學習裁定的基準、根據、關鍵、想法等。（略）開會，但是沒有任何討論，只是等待教主開金口，吐金言。」

所以，「生活手帖研究室」是研究室，也像是掌門人或師父鍛鍊弟子的工房或私

全體職員參加的編輯會議。
攝於銀座的總公司。一九六八年。

墊。在編輯會議上，想必花森依然不改大呼小叫的方式，而且，金口一開，就一發不可收拾，飆到晚上也停不下來。

哎呀呀，在這種師父底下做事開心嗎？

頻率相符的人肯定如魚得水，相反的則痛苦不堪。這種貫徹到底、絕不妥協的完美主義，筆者深感佩服，不過如果必須長期共事，只能敬謝不敏。不僅是筆者，當時的許多編輯、編輯助理等人都心有戚戚焉。如果時空換成現在，恐怕人數將會更多。

即使是現在，仍有不少人批評花森總編輯是個任性的父權主義獨裁者。不過，扣人帽子容易，筆者不是這派人士。筆者的確無法與他共事，可是，花森制訂的目標、倫理原則、雜誌夢想，如果無法堅定意志，貫徹執行，就會像筆者這種軟弱人士，碰到困難，就立刻縮手逃避。被咆哮的一方當然疲累，然而用盡氣力咆哮的一方肯定更為疲累。

第十二章——採取攻勢的編輯技術

The Man
Who Changed
Japan's Lifestyle
●●●○
The Autobiography of
Hanamori Yasuji

煤油暖爐與「灑水論」

在〈商品測試〉的長期歷史當中，如果必須舉出一項引起最熱烈迴響的商品，筆者和許多讀者一樣，都會毫不猶豫地回答煤油暖爐。這項商品測試刊登在一九六〇年（昭和三十五年）出版的第五十七期。

浦松佐美太郎[1]是長期居住英國的登山家兼職業作家，也常為雜誌撰稿。進行煤油暖爐測試時，除了六款國產煤油暖爐之外，花森採納他的建議，臨時決定將英國阿拉丁公司製作的「藍焰」款，列入測試。

根據酒井寬採訪編輯成員的說法，當時為了重現寒冬環境，花森等人租借築地冷藏公司的倉庫，在裡面打造一個臨時的小房間，編輯成員穿上防寒衣物，進行測試。結果，在所有的測試項目——「室內達到一定溫度所需的時間和煤油用量」、「有無臭味」、「是否容易擦拭」、「是否容易搬運」，列為參考品的英國藍焰款遠遠勝過所有國產品，榮登寶座。不過，測試並非就此告一段落。花森竟然提議「推倒正在燃燒的暖爐，看看會如何」？

「沒有人曾經試過推倒暖爐，每個人都非常害怕惶恐，所以先將暖爐推到研究室的車庫，然後關上鐵門，先推倒一台暖爐。我們本來預定觀察時間過程變化，分別設定二十秒後、四十秒後、以及一分鐘後，結果，火勢突然直竄天花板，我們趕緊拚命撒上準備在旁的砂子。」「(可是)只有藍焰款，在推倒之後，火焰也不會冒出爐外。一分鐘之後扶正暖爐，暖爐像是若無其事般地繼續燃燒。」(《花森安治的工作》)

〈火事〉をテストする

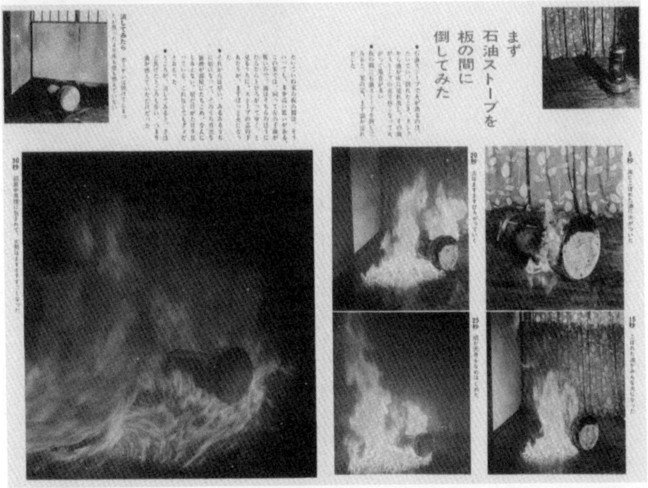
まず
石油ストーブを
板の間に
倒してみた

人氣企畫煤油暖爐第一次測試之後，經過了六年，花森竟然測試「火災」。
同年二月，花森的住家發生火災，燒毀殆盡；關於起火原因，有各種推測。
然而，燃燒一間房屋，進行火災測試，大手筆的實驗方式，震驚社會。
一九六六年十二月，第八十七期。

當時筆者是個大學生，對這則報導的記憶非常深刻，至今難忘。英國認真踏實的物品製作態度，對照出高分貝宣傳卻不堪一擊的國產品，事實擺在眼前，不容分辯。花森毫不隱瞞，忠實陳述「六款國產品當中，沒有任何一款值得推薦」。他直言不諱的膽識，實在令人讚佩。

這個時期，《生活手帖》的發行量已經超過七十萬冊，深具影響力。藍焰款的售價是國產品的兩倍，即使如此，銷售量仍然暴增，造成日本橋三越百貨公司本店根本來不及進貨，只好採取預約銷售。酒井指出，在這之後，花森的測試態度依然嚴格，絕不縱容妥協。八年後，一九六八年（昭和四十三年），進行第二次暖爐測試時，日立、三菱、夏普等產品，總算能夠和藍焰款並駕齊驅。

不過，一九六八年，《生活手帖》測試煤油暖爐安全性的報導，掀起一連串的後續話題。其中一項是「灑水論」。針對這個部分，當時置身事件中的編輯河津一哉，在《生活手帖保存版Ⅲ 花森安治》裡詳細描述了事件經過。

這項爭論，首先始於一九六八年二月發行的雜誌。該期雜誌刊登圖文報導〈如果煤油暖爐起火了，該怎麼辦？〉，並在電車內的吊掛廣告上，挑釁地印上斗大的字句「煤油暖爐的火，用水桶裝水就可以澆熄」。

各報社立刻大肆報導這項「令人意外的新實驗」。一週之後，東京消防廳打破沉默，在朝日新聞上抨擊「萬一起火了，以往都教導國民先覆蓋上毯子。雜誌所言的方法，只能算是實驗室內的歪理」。可是，經過不斷重複的實驗和調查，花森確信只要立刻倒水，就能夠澆熄煤油的火焰。所以他當然不願退讓認輸。

起火時，需要經過十～十一分鐘之後，消防隊才會抵達，然後開始灑水，澆熄火燄。可是，只需十分鐘，就能夠將一間十六平方公尺的木造房屋，燒成灰燼。消防隊抵達火場之後，原則上，不是立刻熄滅火源，而是預防火勢蔓延。所以，萬一起火時，我們只有靠自己設法撲滅。

現在的消防當局，或許正在進行出動任務時的相關研究。可是，關於家庭部分的消防研究，則完全缺乏，甚至於未曾嘗試我們所進行的測試項目，只憑著實務經驗四處宣傳。在此建議消防局應該深切檢討，並進行初期滅火的科學研究，再將結果毫不保留地告知各個家庭，才是正道。（關於「灑水論」，花森受訪的回答）

河津表示，花森的這項主張確實不是「憑藉理論而得的結果」。兩年前，一九六六年二月的某天夜晚，花森的家——位在大田區鵜之木、兩層樓高、灰泥木造新房，從客廳起火，整棟燒毀。

當時，花森尚未返家，只有夫人獨自在家，她只來得及搶救出銀行儲金簿，以及租借金庫的鑰匙。根據《週刊新潮》的報導，「花森先生收藏的四千張唱片、三千本書籍、鋼琴、音響等，以及『無價』的記錄文獻、錄音帶等『花森文化財產』，全都化為烏有。」

在這篇〈不堪火燒的花森安治邸〉報導中，敘述當時家裡擺有五台煤油暖爐，然而在火災事後，唯獨阿拉丁公司的藍焰款不見蹤跡。「究竟是什麼人、什麼時候取走這台暖爐，簡直就像是推理小說的情節。」當時正好在進行煤油暖爐的測試，於是有些媒體臆測其實火災起因就是藍焰款，是花森故意藏起來。河津還記得這些八卦報導，接著說道：

「對於那些燒掉的物品，我記得花森先生並無任何痛惜的表現，只是從他的言談之間，可以感受到他因親身經歷而產生的遺憾，更堅定他的想法，認為對於這種日常生活中無預警的火災，平常應有準備。」

一連串的報導和八卦傳聞，《生活手帖》和東京消防廳的「灑水論」，鬧得沸沸揚揚。各地的消防隊和一般市民，紛紛詢問總管全國消防的自治省[2]消防廳，究竟哪項理論才正確。為了平息紛爭，消防廳只好在一九六八年二月二十一、二十二日，在東京都管轄的三鷹市內、自治省消防研究所中，進行公開實驗，然後再發表最後結果。兩天的實驗結束後，二十九日結果判定，「灑水論」獲勝。於是，日本社會從此了解一項新知識──「用水桶裝水就可以澆熄暖爐的火」。

花森安治的編輯演繹能力

這段期間，編輯會議決定商品和主題之後，進行測試的步驟在收到花森的指示之後，再由負責的團隊規畫。北村正之回想說道，「我們會參考JIS的做法，但是基本上都不會獲得採用。」

對於雜誌的測試方式，業界極為不滿，國內業者更是張牙舞爪地反駁雜誌是外行人，什麼都不懂。

即使如此，花森依舊不改初衷。當測試發現產品未含有包裝上標示的維他命C，立刻毫不留情地公告大眾，導致POKKA LEMON公司的營運大幅下滑。測試地毯用吸塵器，結果得到「在這些機種當中，目前唯一能夠推薦的是HOKY[3]」。因而拯救了原本瀕臨破產的公司。各種不同的評判，每每造成媒體話題。（長部日出雄〈點燃憤怒火種．花森安治〉）

前述曾提及花森構想出商品測試的企畫時，其實並不滿意靈感的來源——《消費者報告》，對於日本的一般消費者運動等，更是不滿。

他的不滿，可具體歸納出三點如下。

第一點是常見於消費者運動中的「贊助」性質。「消費者協會的運作，仰賴通產省的預算、製造業者、財界組織的會費、捐款。兵庫縣、東京都的消費者中心則依靠政府補助金和地方政府預算。」（〈商品測試入門〉）

第二點是敷衍了事的商品測試。測試的商品應該擺設在一般實際使用的環境當中，測試數個月、甚至數年；許多機構卻採取和JIS或製造業者相同的方式，不是「人」親自試用，而是借助機器快速測試，這種結果根本毫無幫助。

第三點，企業只會一味地強調消費者教育，卻從不認真思考如何確實改變企業的態度。消費者意識不是光靠教育，就能夠有所改變。如果真的希望商品品質有所提升，反而應該直搗黃龍——製造業者的意識，改變製造業者低估消費者的壞毛病，徹底進逼，絕不縱容。」

當時日本正處於高度經濟成長的巔峰期，花森堅持雜誌的測試方法，絕對不容改變。雜誌不只是一味批判，在公司內部的讀書會中，有時也會出現製造業者派來參加的人員。這時，雜誌都會大方地提供所有相關資料。後來，花森曾表示，當時的製造業者都還非常認真上進，非常直率單純。

資料分享的成果，很快地顯現在第一次「煤油暖爐」測試的兩年之後。《生活手帖》一九六二年冬季號刊載第二次測試。花森在後記寫下「我好久沒有如此開心過」。「測試結果誠如各位所見。雖然還無法和外國產品相比，但是相較於兩年前，品質的確大幅提升。（略）我的工作既渺小又辛苦，但是絕對不是無謂的努力。（略）這件事情令我非常開心。」

第一次的測試結果公布之後，製造業者「集中砲火攻擊，責怪、謾罵、惡毒中傷，無所不用其極」（《花森安治的工作》），現在終於撥雲見日，可以想像花森的欣慰心情。

諷刺的是日用品測試大獲成功，卻逐漸動搖《生活手帖》的根基。雜誌「不是無謂的努力」，間接地協助高度經濟成長進展更為順利，日本社會最終發展成為用完即丟的大量消費社會。結果，發揮巧思，為節儉生活增添情趣的精神；因為窮困匱乏而產生的創造性，種種《生活手帖》提倡的戰後精神，旋即遭人淡忘。取而代之的是Magazine House出版、以大量消費社會為前提、嶄新的女性生活雜誌《牛角麵包》。而Magazine House的前身是平凡社，負責人是花森的老友岩堀喜之助和清水達夫。

關於這段故事，容後再述。

想必各位已經發現花森安治身為編輯，與生俱有傑出的編導能力。

例如商品測試。戰後，他得知《消費者報告》雜誌，天生叛逆的他，當然不可能原封不動，照單全收，他採取批判式模仿。《消費者報告》只是淡淡地陳述資料報告，《生活手帖》則是從檢查準備、執行、結果、反應等測試全程，都讓讀者（企業、政府機構、消費者）留下深刻印象，像是一場熱鬧的表演秀。

所以，雜誌能夠立刻引起所有人的注意。

例如「嬰兒車」的測試報導，在刊登的照片中，七位女性前後排成一列，頭戴大白帽，推著不同款式的嬰兒車，畫面非常漂亮；然而拍攝場所是在含有砂石的陡坡，又增添逗趣的要素。根據了解當時狀況的編輯描述，照片是花森拍攝，女性則是編輯部成員，以及附近協力團體的成員。總之，照片不是真實測試記錄，而是為了雜誌，演出拍攝的「擺樣子」照片。

不過，測試當然不是擺樣子。人類終究不是資訊處理機，總會出錯。因此，花森動用多位測試者，再總結每個人的主觀行為和評價。他不惜花費大量時間，不待在隔絕外界的實驗室，而是在日常生活或是模擬環境當中，實際試用。這些過程，他運用文字、圖表逐一記錄。其中，他尤其擅長運用照片說故事。

・在一整排的配線板前，插上和拔出插頭的男士們。

・縫紉機測試中。縫製一萬公尺的布匹，堆積如山。自動烤麵包機的測試中，烤了四萬三千八十八片吐司。

・每塊布揉出同樣程度的皺褶，多位男女一起使用熨斗燙平。一旁擺放節拍器，調整燙衣速度。

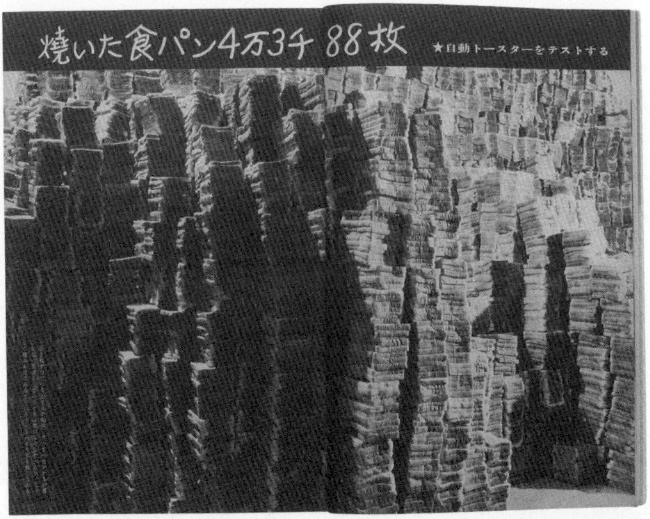

上：自動烤麵包機測試，文章名稱〈烘烤四萬三千八十八片吐司〉深具震撼力。
據說為了拍攝吐司堆積如山的畫面，好幾台冰箱都塞滿了烘烤測試過後的吐司。
一九六九年，第九十九期。
下：一九六〇年，第五十六期。
進行嬰兒車的實際測試時，是推著嬰兒車行走了一百公里。
照片中的每位女性穿著時髦，深具視覺效果。

每一位男性或女性測試員，都認真專注、不厭其煩地進行測試，實在讓人佩服，然而看著這些記錄照片（絕非擺樣子），又覺得滑稽有趣，不禁會心一笑。測試員的認真專注，在照片當中化成一種另類表演秀。一九五六年（昭和三十一年）出生的齋藤美奈子[4]記述如下。

「使用一枝一百二十日圓或一百五十日圓的油性筆，在棉布和化纖布上寫字，然後各清洗二十次，調查痕跡掉落的狀況。（略）測試方法確實令人佩服。不過，有時候因為測試商品的調性，反客為主，測試方法成為主角，變成像是手忙腳亂的小學生，越寫越糟的暑假作業。」（〈女性雜誌探險隊〉）

筆者算是花森的子輩世代，實在難以同意這種看法，不過，孫輩世代的齋藤小姐會有這種心情，筆者多少能夠理解。當然，對於實驗呈現出的滑稽趣味，花森總編輯早已了然於胸，否則絕對難以將這些記錄照片，運用地如此恰到好處，妙不可言。

如何營造出絕佳的演出效果，花森是箇中高手。

他想要打造嶄新的大眾雜誌，像《消費者報告》只是單純刊載資料的方式，是不足夠的；而是必須將檢查準備、實驗、結果、反應等測試全程，化為一場表演秀，才能帶給讀者（包含企業和政府機關）深刻的印象。既然是一場表演秀，就是娛樂節目，當然能夠加入「笑果」。對於這些「笑果」，雖然筆者認為花森是經過縝密精算；不過，無論是女裝或怪異髮型，花森可能根本沒想太多，天生就不自覺地會選擇逗笑滑稽路線。

雜誌烹飪秀

花森傑出的導演能力，也發揮在另一項《生活手帖》的招牌企畫——烹飪報導。從《美麗生活手帖》時期，雜誌中就已經刊載過多篇家庭料理做法的報導。《生活手帖》初期，連載〈西餐入門〉。在《生活手帖與我》一書中，大橋表示，「奶油濃湯、漢堡、豬排、可樂餅、咖哩飯、香料炊飯等菜色，都挑選容易購得的一般材料，介紹烹調出美味菜色的秘訣。」

這個時期，擔任烹飪報導的核心人物是千葉千代吉。他原是霞町德國萊茵餐廳的廚師。戰時，大橋任職的日本出版文化協會，接收高級公寓「文化公寓」，千葉曾是這裡的食堂主廚。戰後，萊茵餐廳的老闆決定返國，所以大橋邀請他前來雜誌社任職。

北村正之表示，「他成為生活手帖社的廚師，負責料理花森先生的餐點，以及員工加班時的餐點。」「上班時，我們也經常擔任千葉先生的助手，幫忙裹麵包粉，或是幫忙醃漬食材。所以我們學會不少烹飪技巧。」

跟著千葉「學會烹飪」的不只是員工。志賀直哉跟著雜誌烹飪教室〈咖哩的做法〉，煮出的咖哩非常美味，他開心地不得了，逢人就宣傳「生活手帖非常有用」。從此，千葉風味的咖哩成為志賀家經常出現在餐桌上的料理。

在生活手帖社的廚房中，千葉和年輕員工之間，產生一種日常生活形式的「師傅和弟子」關係，從初期的報導開始，逐漸成為《生活手帖》烹飪報導的基礎。雖然，雜誌烹飪報導的編寫方式，已為社會大眾所熟知，仍然介紹如下。

① 請專業廚師烹調家庭料理，以組合照片方式記錄烹調順序。

② 從旁觀察的責編，將做法整理成食譜。

③ 請當時未在烹飪現場的另一位編輯，跟著食譜照做。

④ 大家試吃。

⑤ 味道和專業廚師相同則通過；味道不一樣則重寫。

⑥ 重複①～⑤，直到通過為止。

為了確認責編寫好的食譜是否真的有用，反覆地在廚房中進行測試。這個方式和商品測試完全相同。所以，對編輯而言，又增加一項嚴酷的考驗。

北村表示，「平日經常到晚上十點、十一點才下班。進行測試時，簡直就是沒完沒了，永無止境。」「好像已經不只是壓力，當時年輕衝動，對花森先生應該心懷憤恨吧。他總是說試過之後再抱怨，沒試過，哪能知道是否可行。我不服氣，又想反駁……。」

這種「因測試而形成的對立關係」，當然也存在於烹飪報導的製作過程當中。然而為什麼花森如此堅持呢？

一九五三年刊行的《生活的眼鏡》，刊載〈能吃就是極樂〉的文章，應該是花森在五〇年代所寫，當時《生活手帖》尚未創刊。戰時到戰後的「飢餓時期」終於告一段落，街頭巷尾的流行從洋裁學校改為烹飪教室。花森運用他擅長的戲謔文筆，描述這種「無謂的事情」。

學生無罪，是學校有罪。傳授烹飪技巧，無需在菜名上堆疊一堆外來語，虛張聲勢，試圖震懾學生。請學校認真教導如何烹飪，如何才能煮出美味料理。

教導菜色無需多樣，煮飯，味增湯、醃漬小菜、烤秋刀魚、蔬菜料理，或是湯品、蛋包飯、煎牛排等，挑選常見菜色即可。

但是，學校必須敦促學生反覆烹調，然後反覆指導，數次、十數次、甚至上百次，直到熟練烹調步驟，味蕾記住調味，這才是烹飪教室。如果學生討厭這種學習方式，那是他本來就無心學習。

那些堆疊外來語的料理，不讓學生實際操作，只是老師示範，然後學生只是試吃口味。如果老師真的是烹飪名人，學生會變成老饕，但不一定會做菜。不過，從未嚐過真正美食的人，只是勤於上課，抄寫筆記，烹飪技巧肯定不可能進步。這麼簡單的道理，那些人為什麼都不懂，真令人費解。

既然出言批判，就必須負起責任。花森向來著重實踐，無法容許自己單方面批評他人。所以《生活手帖》的烹飪報導，就是他理想的烹飪教室形式。筆者翻開手邊保存的《生活手帖》，一九六四年初夏號。內容有不少實用報導，例如電動縫紉機、瓦斯爐的測試、試吃比較咖哩速食包，〈每個人都能簡單上手的時髦貝雷帽〉

等，並且刊載以下的烹飪報導。

○挑戰燉煮鹽味昆布
○八寶辣醬（戰美樸）
○十二個月家常菜（小島信平）
　醬烤竹筍，糖醋沙丁魚，山椒拌豬肉青花菜，豆腐湯，山葵醬油拌鰹魚蜂斗菜
○法式燉雞和蟹肉沙拉（常原久彌）
○今晚的配菜

當時，戰美樸是香港飯店的主廚，小島信平是大阪料理店「生野」的主廚，常原久彌是大阪皇家飯店的主廚，都是社會大眾熟悉的廚師。

這些「料理名人」就像是現在的「料理鐵人」，成為大家的老師，在編輯室旁的大廚房，烹調家常料理，學生就是編輯成員，同時記錄做法步驟，再由其他學生試

花森偏好邀請一流專家，執筆作者都是來自名家。
料理的指南也不例外。
上方是懷石料理吉兆的湯木貞一，下方是帝國飯店的村上信夫。
一九七三年第二十三期／一九七四年第三十一期。

做，如果口味不是和老師一模一樣，就得不斷重寫食譜。烹飪報導的誕生，必須經過嚴格的考驗。如同商品測試，必須「拚盡全力」，才能無懼批判。

不僅是「料理名人」，花森喜好任用「一流人士」，不少人對此嗤之以鼻，筆者也不以為然。可是，《家庭畫報》總編輯本多光夫[5]，在雜誌《東京人》舉辦的座談會「花森流生活學四十年」當中，他的談話顯示烹飪報導並非是一味地「愛用名人」。

「解說指導烹飪的『烹飪老師』，多半教導家常料理的基本技術，以及如何變化菜色。《生活手帖》是（略）邀請專家——餐廳主廚或日本料理師傅。（略）這點就不同於一般方式。後來，追求『專業』的風潮興起，各種女性雜誌的料理頁面，都開始採用廚師或日本料理師傅。《生活手帖》是開創這股風潮的始祖。」

誠如本多所言，以往婦女雜誌的料理頁面，都是女子大學家政科或是烹飪學校的老師。花森捨棄這種方式，聘請非日常的高級餐廳廚師，在自己面前烹調日常料理，營造出非常微妙神奇的化學反應。而且，如果學生失敗，將「不斷」反覆嘗試。花森又再次打造出另一種形式的實用報導表演秀和娛樂節目。而且，這種戲劇化效果，唯有花森能夠執導成功。

筆者不禁好奇，雜誌打造出高水準的報導，花森在家中是否下廚呢？根據藍生小姐的證詞，得知除了學生時代和新婚初期，他幾乎不下廚。

「父親愛好美食，但是並不親自下廚。戰後不久，神戶的祖父過世，父親有事在身，所以母親代為前往。家中只剩下我和父親兩人，父親為我做了薩摩炸魚餅（甜不辣），餡內放了山椒，我嫌難吃，父親立刻不高興，訓斥我不可以偏食。」

事實上，花森自己非常偏食，他討厭吃豆類、芋頭等澱粉類食物，而且當這些食物上桌時，他還會大吼「不准擺在我的面前！」藍生小姐表示「所以母親非常辛苦」。但是，聽說他似乎知道自己任性妄為，所以總在發完脾氣之後，對妻子和女兒低聲下氣。

不過，在辦公室中，他偶爾會下廚。每天早上九點抵達辦公室之後，他先泡咖啡，而且是使用雀巢即溶咖啡，沖泡非常濃郁的咖啡，不使用砂糖，而是人工甜味料。花森也喜歡速食麵，曾有編輯看過他利用甘燉牛肉罐頭，加入蔥花，最後淋上蛋汁，當做午餐。

看來，在實際生活當中，花森並不是「煮夫」派。他任性挑食，三餐都由妻子打點，或許他曾經想要改變，然而隨興慣了，早已積習難改；他覺得只要下一代有所改變，其他就無所謂了吧。

第十三章——關注日本人生活的視線

The Man
Who Changed
Japan's Lifestyle
●●●○
The Autobiography of
Hanamori Yasuji

〈某位日本人的生活〉

在《生活手帖》中，花森安治嘗試的企畫不只商品測試或食譜，另有一項企畫，可說是雜誌的第三台柱，只是較為樸素不顯眼，那是一系列的照片報導，追蹤各地日本人的生活，名為〈某位日本人的生活〉。

出身港都神戶，花森希望透過商品測試和食譜，合理地、循序漸進地改善日本人的生活。第三項企畫，則是在松江時，他對市井小民傳統生活的好奇和同理心。

一九五二年（昭和二十七年），生活手帖社的部分辦公室還在銀座八丁目，花森寫下短文〈土橋附近〉。文章開頭寫著：「這片風景就像是洗舊褪色的汗衫。七年以來，當我伏案桌前，偶爾抬頭望向窗外，總能看見，從土橋到浪速橋的河岸。」

像我這樣的人，觀察一般人生活瑣事，比欣賞風景更能挑起我的興趣。我知道「土屋」並不是店號，而是土管店、柏青哥店，是因為我看見運貨河船從千葉運土過來。兩、三天前，因為棧橋木頭腐朽，土屋旁邊倉庫的大叔掉進河裡，至今未見有人修理。橋邊的燒烤店似乎又要換手了，現在不停地有木工出入。（略）

戰爭結束之後，這裡附近的河岸堆滿了磚瓦碎片，有一天突然都清乾淨了，豎起大立牌，以英文寫著不准丟垃圾，結果成為附近的垃圾丟棄場。後來又清乾淨了，出現攤販。感謝攤販，讓我學到許多經營秘訣。

攤販消失之後，立刻變成流浪漢的推車停放場，仔細一看，其中還有年輕女性，我看到她慎重地用方巾包好鏡子和梳子，擺進成堆的垃圾紙箱中。

花森向來喜歡觀察民眾生活的瑣碎家常，在神戶的少年時代，他坐在路邊專注觀察、學習木屐店的作業；青年時代，在松江看到木工、泥瓦匠、人力車夫，在路旁點茶飲用；在軍醫院時，他用心聆聽「大阪賣鐵匠」、「米子巡警」的故事。他單純對這些事物抱持好奇心，從沒打算現學現賣，只覺得像是洗舊褪色的汗衫，熟悉且舒適。

河津一哉表示，花森不是從旁觀察而已，他還喜歡坐下來一起閒聊。「無論到任何地方，他很快就融入當地，老公公、老婆婆、工匠，他很快就和人打成一片。」

筆者推測，在大政翼贊會時代末期，他身為文化動員部副部長，走遍日本各地。那時他可能也是和當地的居民，啜飲著冷掉的茶，親耳聽著「瑣碎家常」，體會到翼贊會式口號根本是在自欺欺人吧。所以，他才會反省自己未經深思，只憑一股狂熱投入戰爭當中，內心覺得自己是獲判緩刑的戰犯吧。所以，戰敗之後，他才會質問自己，質問所有人，想要知道自己應該如何做，才能夠脫離奴性，不再捲入戰爭之中。

他認為不能採取一面倒的方式，仿效美國施行民主主義，或是仿效蘇聯實行共產主義，皆不可行，因為這也是另一種奴性。他認為必須將日本人的生活，加以合理化，還必須從現代生活當中，搜尋「值得守護」的事物，靠著自己發揚光大。

所以，現在的日本人生活必須詳實記錄，而且不仰賴媒體的煽情炒作或是左右兩派的意識形態。於是，〈某位日本人的生活〉的第一回，就是報導一般戲稱「扛貨人」的行商大嬸，然後是水車小屋居民、員工宿舍居民、公寓居民、戰爭寡婦、菜販、雙薪夫婦、跑龍套演員……，有些甚至是生活在社會「冷眼」看待之下的人物（就像他在〈土橋附近〉中描寫的人物），雜誌貼身拍攝記錄，實在不是一件簡單的差事。

這項企畫由花森發號施令，每位接到指派的編輯，有時候甚至必須長達一年貼身採訪，從早上起床到晚上就寢，仔細觀察。如果採訪隨便不夠深入，當場就會挨罵。在《花森安治的編輯室》中，唐澤平吉敘述花森令人害怕的一面。
花森讀完某位編輯提出的原稿，立刻召來詢問。
「這些真的是他說的嗎？」
「沒錯，這些都是他說的……。」
「我不認為他只有這些說法，應該還有更多。我要聽聽採訪錄音帶。」
聽著錄音帶，唐澤表示「花森的臉色越來越難看」。原來這位編輯自做聰明，提問方式都擅自臆測對方的回答，所以採訪對象只能回答「是」或「不是」。
「他什麼話也沒說，全部都是你的意見，這樣根本不是採訪，你只是去確認自己的想法。這樣何必派你去採訪，這種方式不能稱為報導。」
原稿當場就被退回。
「雖然花森先生令人畏懼，但是他的採訪功力真是一流。他甚至能夠推測對方不願回答的事項，卻仍有方法讓對方自動開口。（略）對方自主回答之後，他總會詢問：

『如果有不希望刊登的部分，請告訴我。我保證絕不公開。』

一旦和對方約定，他絕對守信。」

不僅是文章，編輯部規定採訪時，除了專屬攝影師之外，編輯也必須拍攝照片。花森非常愛好攝影。每當雜誌校正結束之後，他就動身前往銀座的一間相機店，和信賴的店員討論購買新相機，或是八釐米放映機。可能是這個緣故，北村正之表示，「進入公司時，大家都得自掏腰包購買相機或錄音機。」

「花森先生解釋，如果是公司用品，大家一定不會愛惜使用。反正相機就是記者的必需品，不算是無理要求。只是員工旅行時，每個人的胸前都掛著一台專業單眼相機，不明就裡的人應該會覺得我們是個奇怪團體吧。」

這個時期當然不可能是數位電子產品，甚至還未進入七〇年代的小型輕量化，相機和錄音機都是非常昂貴的物品。雖然強制命令「自掏腰包購買」，其實每位新進人員進入公司之後，立刻就領到一筆獎金，相當於一個月的月薪，設想地非常周到。

由此可知，花森希望這些專業編輯必須是一名優秀的記者，能夠和隨筆專欄作家往來交流，還必須能夠自己親眼觀察現實狀況，撰寫報導。商品測試和烹飪報導，能夠提供面對物品的經驗。然而面對真實的人時，光靠鉛筆、筆記本、量尺是不夠的，還必須仰賴自己隨身攜帶、使用上手的相機和錄音機。

花森對照片非常挑剔，不滿意專屬攝影師或編輯拍攝的照片時，當場就是一頓數落。

「拍這種照片，浪費底片。」

唐澤表示，這是花森的口頭禪。然而，這些「浪費底片」的照片，經過他的巧手編排和調整，就成為《生活手帖》獨樹一格的活潑頁面。這時花森總是會得意地說著：

——多看看電影，多看看外國雜誌，拍攝角度、取景方式，還有太多地方值得學習。

獨自堅持的保守主義者

在花森安治家中，商品測試徹底要求的合理性，以及「洗舊褪色汗衫」般的古老生活方式，同時並存著。

他對日文文章也是同樣的想法。戰後，他徹底反對文部省和佔領軍限制使用漢字，並強迫使用新平假名。雜誌強調「賞心悅目的直行組合排版」，他對日文文章、用詞，一直維持保守立場。

再次引用酒井寬的書中敘述，介紹花森對「好文章」的想法。

「自己的想法，如果對方也能夠接收到相同意思，就是好文章。別用艱澀詞彙，試著全部使用平假名，漢字的使用減到最低，選用筆畫少的漢字。盡量改行。用簡單詞彙表示怒氣。」（《花森安治的工作》）

乍看之下，花森似乎自相矛盾。他明明痛恨漢字限制和使用新假名，卻又自訂規則限制漢字和使用假名，而且還要求編輯遵守。

其實，筆者認為並不矛盾。

當時，不只是花森，許多人都在各自的領域中，設法訂立新的文章規則，有別於國家的強制規定。例如鶴見俊輔，他認為人一定會犯錯，所以主張無需拘泥使用西周[6]、西田幾多郎[7]等近代日本學者所造、那些曖昧難懂的漢詞；犯錯時，只需寫出每個人都能立刻看懂的文章即可。鶴見在京都大學人文科學研究所的同事梅棹忠夫，他也訂立個人規則，使用的漢字只限音讀字，訓讀字則寫假名。

鶴見和梅棹都欽佩花森的工作方式。其實，梅棹和花森只在朝日新聞社非公開的定期雜談會碰過面而已，並未有任何深談，兩人只是生活在同一時代。然而，幾乎沒有交集的兩人所打造的文章論，卻相互呼應，實在耐人尋味。

所以，花森看似矛盾的兩種論述，事實上只有一種——對於強制施壓、打算破壞自己熟悉的傳統（使用假名或直行組合習慣），強迫改變使用新系統，他要挺身反抗，表達將傳承自己能夠接受的古老方式。

為了保護古老事物，有些人願意接受權勢的強迫。如果說這類人士是保守主義者，花森並不屬於這派。戰後，他不與任何勢力聯手，獨自一人走自己的道路，是獨行俠型保守主義者。戰爭也是一種強迫。不同於常見的保守主義者，花森一直恐懼和厭惡戰爭徹底破壞日本人的生活。他認為不能再走回頭路，必須向前看，延續〈某位日本人的生活〉的想法，一九六八年（昭和四十三年）八月發行的第九十六期，整本特輯〈戰爭中的生活記錄〉，充分體現出他的理念。

許多人都敘述這場戰爭。然而，在戰爭期間，那些咬緊牙根、忍氣吞聲而存活下來的人，痛苦什麼，吃些什麼，穿些什麼，如何生活，如何死亡，如何存活，沒有任何記錄是這些人所寫下的話語。雜誌所題的短文寫著：「為了在那天之後出生的人，這裡保留少許記錄。」作者沒有署名，想必是花森所寫。

> 當您閱讀這本雜誌時，我無法得知您身處在哪個時代，哪個地方；也無法得知您是以什麼樣的心情進行閱讀。
>
> 可是，無論您的想法為何，我留下薄薄的這一冊，希望您能夠了解這就是

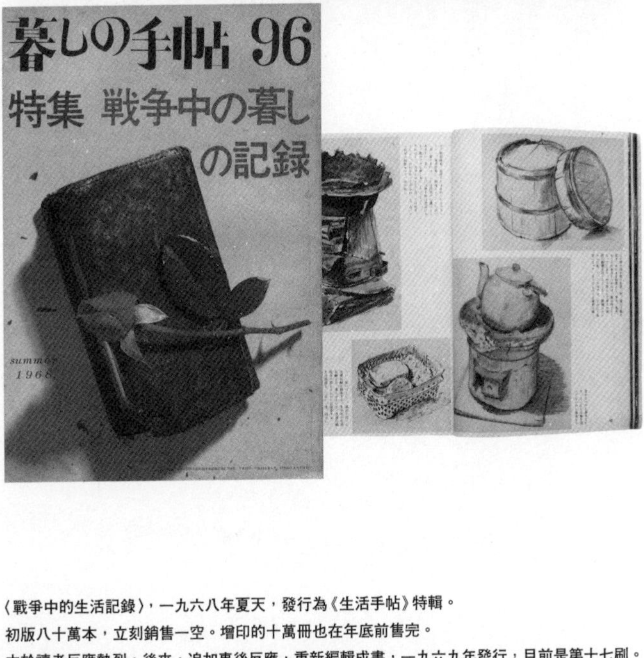

〈戰爭中的生活記錄〉，一九六八年夏天，發行為《生活手帖》特輯。
初版八十萬本，立刻銷售一空。增印的十萬冊也在年底前售完。
由於讀者反應熱烈，後來，追加事後反應，重新編輯成書，一九六九年發行，目前是第十七刷。

戰爭。

這期特輯全部都是來自讀者的投稿。根據後記所述，投稿不限於文章，還有「戰爭時使用的道具、衣物；或是照片、日記、記事本等」。投稿總數一千七百三十六篇，投稿人八成是中老年女性。稿件數量驚人，其中多數是第一次寫稿，幾乎篇篇文章都有借用字、錯字、漏字，讀起來像是在解讀暗號。文章分類成戰場、補給食品日記、疏散、東京大空襲、我的城鎮燒毀、大阪全滅、飢餓的孩子們、從城市來到鄉村的孩子、防空洞和防空房、全身滿是油污泥濘、食、酒、菸、火柴、肥皂、雨鞋、油、路旁農田、扭曲的裝扮、恥辱的記憶、父親啊丈夫啊……。

在文章之間穿插當時的報紙報導。龐大繁雜的編輯工作，花森仍然堅持完美主義，整理歸納成一冊B5版、兩百五十二頁的紮實內容。這次的編輯作業絕非易事，相機和錄音機完全派不上用場，花森和編輯成員連日在研究室過夜趕工。

一九六八年，正值越戰戰況最激烈的時期，日本也經常出現反越戰的運動，促使這期特輯銷售達到九十一萬冊，後來成為「保存版」，持續發行到現在。

特輯的編輯進入尾聲時，某家通信社前來採訪，問到許多人經歷過這場沉重的戰爭，也還有不少核心人物在世，為什麼這些事情未曾告訴年輕一代。花森回答：

自己的這些體驗轉成為一種愧疚的意識。戰爭時，我剛好三十多歲，一心相信自己的所作所為神聖崇高，所以能夠撐過那段期間，活了下來。然而，戰爭一結束，所有的價值都遭到全面否定，上戰場打仗是惡行，曾經當過鄰保組織8的班長，到處遭人白眼。（略）可是，許多人心底都不解為了國家，貢獻一己之力，究竟錯在哪裡；但是現下是民主主義的時代，所以只能選擇閉口不言。（略）而且，戰敗造成莫大的衝擊，對於自己的生存方式，人民再也無法判斷究竟是對是錯。所以男人乾脆噤聲不語。（略）然而女性則不同，她們清楚知道自己的體驗真實不假。（〈第二十二年的戰爭體驗〉）

戰後，男人因為愧疚意識，而逃避敘述戰爭體驗。花森也是其中一人。因為，他也曾是一名士兵，參與「戰爭」；也是大正翼贊會的一員，打造大後方的「鄰保組織」。

而且，自己和其他男人一樣，身處在「民主主義的時代」，對於自己的體驗，有口難言。然而，女性則不同。只要有機會，女性就能具體地描述自己的戰爭體驗，這些都如實呈現在這期雜誌當中。自己能夠提供這個表達機會，花森感到欣慰；然而他更真實感受到相較於女性，男性實在可悲。

京都大病

這一年，花森已經五十七歲，不再是精力充沛的青年，每在大型企畫結束之後，他總感到身心俱疲。不僅如此，他的體重直線上升，超過八十公斤，還罹患了心臟病、支氣管炎等疾病。翌年一九六九年二月，為了和松田道雄會面，他拖著病體，和幾位編輯成員前往嚴寒冷冽的京都。根據河津一哉表示，「為了請京都的人士提供建議。」

松田道雄，一九〇八年（明治四十一年）出生，比花森年長三歲。京都大學畢業，是肺結核專門醫師和小兒科醫師。他獨立開業，在京都經營小診所，一九四九年，在創元社出版《嬰兒科學》；一九六七年，在岩波書店出版《育兒百科》等，其間還有不少廣為人知的著作。他是一位自由思想家，重視日常生活，不願屈服在國家或政黨的力量之下，是花森的知心好友之一。

兩人是如何結識的呢？

花森過世之後，松田立刻向《每日新聞》投稿追悼文〈我和花森安治的往來〉。文中寫著：「大阪的創元社先後出版了我和花森的隨筆散文集，透過當時編輯部的谷口正元[9]的介紹，我們相互為對方撰寫書評。」這兩本隨筆散文集，分別是松田的《有可能療法》和花森的《生活的眼鏡》，版權頁都標示一九五三年（昭和二十八年），由創元社發行。

生活手帖社在這一年成立，松田成為雜誌的撰稿常客，幾乎每期都可看到他的文章。一九五九年開始的連載〈我的手帖〉中，他和花森進行長篇對談。一九六〇～七〇年代，《生活手帖》持續地運用擅長的照片報導，刊載團體育幼的第一線，想必是經由松田的介紹牽線而產生的企畫。

八〇年代前期，松田在《每日新聞》上連載專欄〈一半時間〉，集結成書《珍惜日常》，書中說道：

「為了守護和平，必須了解死亡商人的貪慾，傳達悲慘的戰爭體驗。然而，這場戰爭否定了日常生活，為什麼能夠動員國民全體投入參加呢？因為當時的媒體，炒熱話題，醞釀營造出維新的氛圍，全國國民興奮過頭，變成洪水猛獸，淹沒了日常生活。

珍惜日常生活，才能抵制反抗戰爭。

資訊情報是巨大的產業商品，會帶動活絡其他產業，所以對於新穎、具話題性的事物，社會必須隨時警戒，不要輕易隨之起舞。

為了守護和平，與其期望殉教者般的反戰活動家，不如尊重主婦維持有方的日常生活。」（〈年頭〉）

為了不捲入「否定日常」的戰爭當中，必須「珍惜自己的日常生活」。松田道雄的想法和花森非常相似。兩人身在不同地方，可能相互模仿，相互影響，最後都獲得相似的結論。

反戰口號是不足夠的，非常時期的英雄主義也不可取。「珍惜日常」才能對抗「否定日常」，唯有從這點出發，即使繞遠路也無妨，才是正道。

曾是大政翼贊會的一員，協助戰爭，花森深感內疚而產生這些想法。雖然松田沒有這類內疚意識，但是以往他認為抵抗戰爭，倚賴那些「殉教者般的反戰活動家」即可。對於共產黨，雖然他並未入黨，在戰前、戰時、戰後，他算是站在同意一方，無意中協助史達林主義的獨裁。

花森一行人前往京都造訪松田，究竟討論了哪些事項，現在已無人知道。如果是河津所說，訪問目的是為了尋找新顧問的話，和松田也有交情的鶴見俊輔、梅棹忠夫，應該也在邀請之列。不過，這些都只是推測……。

當天晚上發生了意外狀況。在松田家中暢談結束，回到住宿飯店之後，花森突然昏倒。飯店醫師建議住院觀察，花森拒絕住院，表示「熟識的按摩師幫我按摩完畢，可能只是按摩之後的不舒服」。同行的編輯別無他法，只好電話聯絡松田。他嚇壞了，第二天早晨趕緊前來飯店探視，「到了飯店，發現他是心肌梗塞，而且相當嚴重。此時此刻，我不能讓他死啊。（略）住進大學醫院，就必須和高層人士打交道。而且一旦拜託安排住院，就必須對院方言聽計從。花森堅持只要活著，就絕不停下工作，肯定會和院方產生衝突。（略）

所以，為了維護花森的『主體性』，大夥兒集思廣益，終於想出治療方法——商請好友經營的堀川醫院和南醫院的醫師，分別是笹井、森、日下等頂尖專家，組成醫療團隊，再搬來心電圖監測設備、氧氣瓶等，進行『飯店療法』。」（〈我和花森安治的往來〉）

松田準確迅速的診斷，再加上飯店的善意安排，除了病房之外，還空出家人和

心肌梗塞病倒之後，前來看護照顧的女兒和孫女。
一九六九年，攝於京都的都飯店。

醫師休息待命的房間。晚上由醫師團成員輪班；白天，松田的診療所已經停止營業，所以能夠撥出時間，一邊撰寫河出書房新社的《俄羅斯革命》(《世界的歷史》二十二)，一邊監視照顧花森。前所未見的飯店住院體制，把大家折騰得人仰馬翻，一團混亂。

翌日，同行的編輯返回東京。不巧的是妻子桃代眼底出血住院，所以結婚嫁到大阪高槻的女兒土井藍生，帶著兩歲十一個月大的女兒陽子，住進飯店，和松田介紹的護士，一起照護父親。

「醫師告誡父親不能再發胖，又被禁止抽菸，脾氣壞到不行。都飯店的社長叮囑餐廳廚師烹飪特別飲食，端來房間。父親不肯吃，而且還吵著從此再也不吃東西了。我只好將電熱器、菜砧、平底鍋等搬進房間，為父親做飯。

我正愁著女兒無人照顧，松田先生表示讓小陽子在身旁晃悠，有助於安撫父親的精神狀態，並找來京都女子大學的學生來當保母，幫忙照顧。女兒不怕生，飯店的服務生、電梯的大哥都很疼愛她。」

在飯店靜養時，為了打發時間，
花森描繪自畫像和靜物素描。（世田谷美術館所藏）

果然如同松田的推測，花森絲毫不停下工作。不僅要求編輯成員送來原稿、照片、印刷校樣；而且輪流前來京都的編輯成員，在花森的咆哮下，繼續進行下一期、下兩期的編輯作業。

醫師居然沒有要求花森靜養，實在令人覺得不可思議。不過，從這件事情可得知松田和花森之間深厚的信賴關係。這場荒唐的「飯店療法」為期兩個月，花森終於獲准出院。筆者詢問：「住院費用怎麼計算呢？應該非常昂貴吧？」

藍生小姐答道：

「父親的部分由公司支付。個人部分只能自己想辦法。回程時，大家都規勸他搭乘臥鋪車，父親不肯，結果搭新幹線，坐著回東京。」

第十四章——弁慶死而不倒，站立而亡

The Man Who Changed Japan's Lifestyle ●●●○ The Autobiography of Hanamori Yasuji

出版《一戔五厘的旗幟》

在京都大病一場之後，花森的身體大不如前。戒酒、減糖，Peace 罐從不離手、抽到手指泛黃的香菸，也不得不戒掉。

他開始騎乘三輪腳踏車通勤。北村表示，「他似乎還是在意自己的身體狀況。」「他會說今天中午只吃沙拉，一看碗裡，真的只有蔬菜。他行事總是非常極端。」

兩年半之後，一九七一年（昭和四十六年）十月，他出版睽違十七年的作品《一戔五厘的旗幟》。B5版、三百四十頁，盒裝精裝本。從他在《生活手帖》撰寫的大量文章當中，挑選二十九篇散文，集結成書。

他大病之後的翌年，一九七〇年十月發行的二世紀第八期，曾經刊登詩詞風格的長篇散文〈看呀！我們的一戔五厘旗幟〉，擷自這篇文章做為書名。「一戔五厘」是戰前的明信片郵資，花森等許多日本男子收到這張明信片時，就必須接受徵召，入隊上戰場，如「螻蟻」般戰死。因此「一戔五厘」含有視人民如草芥、螻蟻之意。

根據書中後記，因為在京都病倒，「醫師囑咐，連動個手指握筆都有危險，只好整日瞪著天花板，」所以想出本書的計畫。「當時，從心底湧現我想活下去的意念，（略）所以想到可以整理集結《生活手帖》的文章。」

翌年一九七二年，這本書和井伏鱒二的《早稻田的森林》同獲第二十三屆讀賣文學獎（隨筆紀行部門）。丹羽文雄[10]和林房雄[11]大力推薦，十四位選考委員也過半數通過。

丹羽文雄的推薦詞寫著：「長期以來，我對花森有所誤解。他具有深厚且合理的生活感受。近來，許多人只是嘴上喊著良心、進步，但是作者絕非光說不練之輩。《一戔五厘的旗幟》是一本了不起的詩篇。」

共同獲獎人井伏鱒二接受報社訪問時，也表示，「能夠和花森先生一起獲獎，實在開心。那些文章真的只是散文嗎？他的文筆精妙，想法不凡。」

花森獲獎，非常開心。頒獎典禮，以及後來在九段的格蘭皇宮飯店舉辦的慶祝酒會，他仍是一身平常便服，未繫領帶，身穿McGREGOR的白夾克。回應佐野繁次郎、藤山愛一郎[12]、澤村貞子[13]、池島信平等人的賀詞時，他說道，「沒想到在我有生之年，能夠得到這座獎。我曾經獲頒勳八等瑞寶章[14]的勳章，街上隨便找個人，大概都得過這個勳章……。」

這座獎是個意外驚喜，所以花森非常開心。而且在不久之前，林房雄出版《大東亞戰爭肯定論》，造成紛紛議論，沒想到他居然積極推薦這本完全兩極主張的作品，明明書中還寫著：「絕對不能忘記，那場戰爭為了保護『國家』，卻對國民造成多大的痛苦。」

書中最關鍵的一篇散文〈看呀！我們的一戔五厘旗幟〉，道盡花森最深沉的心情，尤其是下列段落，震撼不少讀者。

民主主義的「民」　是庶民的「民」
我們的生活　必須優先擺在第一位
我們的生活　和企業利益發生衝突時　必須打倒企業
我們的生活　和政府想法發生衝突時　必須推翻政府

打倒企業，推翻政府……。

花森寫下這般直率不諱的字句，據說和雜誌前一期專欄〈雜記帳〉的文章相關。那篇文章為編輯河津一哉所寫，介紹五人合唱團「第五度空間」的唱片專輯，是約一百五十字的短文。河津回想說道：

「那首歌曲唱出美國獨立宣言，而且一字不改。我非常感動，於是抄下一長串的歌詞，提交給花森先生，他稍事刪減之後，刊登如下。

『……政府的設置，基於受到治理者的同意，目的在於確保所有人的性命、自由、以及追求幸福的權利。任何形式的政府危害這項目的時，國民有權改變或廢除……。』

直到現在，我都還記得，當自己在下一期雜誌——第八期中，看到那些文句時，心中深感榮幸。花森先生真的是天才，他將獨立宣言轉化成為自己的句子。」（島根縣立美術館「專題講座」筆記）

修改河津抄寫的獨立宣言時，花森想起美國政府當時對待越南的行為，完全違反獨立宣言所揭示的「所有人的性命、自由、以及追求幸福的權利」。

這股憤怒，令他想起政府和企業違背日本憲法保證的相同「權利」。然而，他軟硬兼施，左批政府，右訐國會，寫得自己筋疲力盡。更令他感到忿忿不平的是，隨著高度經濟成長，為了提高收益，罔顧人民性命和幸福的企業。

「我們的生活和企業利益有所衝突時，必須打倒企業。」

花森寫下這句話時，在他的腦海當中，浮現的是水俁病和危害社會的日本公害。

水俁

花森並非無來由地寫下這些煽動的言詞。六〇年代後半，花森在《生活手帖》已經開始批判水俁病等公害（企業和政府造成的自然破壞）。下列兩份年表，前者是一九七〇年前後，花森在《生活手帖》的軌跡；後者是同時期日本社會的動向。

一九六七年　花森的〈這種大型公害〉刊載在《生活手帖》第九十一期。

一九六八年　三鷹消防研究所的研究結果公開發表。「灑水論」爭議告一段落。

一九六九年　二月，心肌梗塞，不得不長期住在京都的都飯店療養。四月，《生活手帖》第一百期。七月，發行二世紀第一期。

一九七〇年　〈看呀！我們的一戔五厘旗幟〉刊載在二世紀第八期。
一九七一年　十月，出版《一戔五厘的旗幟》。
一九七二年　一月，《一戔五厘的旗幟》獲頒讀賣文學獎。
〈未來是灰色〉刊載在二世紀第二十一期。
〈大家請聽我說〉刊載在《文藝春秋》三月號。

七〇年代，許多重大事件陸續發生，越戰反戰運動，大學紛爭逐漸激烈，機動隊撤除對東大安田講堂的封鎖，大阪世界博覽會，淀號劫機事件[15]，三島由紀夫切腹自殺，淺間山莊事件[16]，沖繩復歸日本，田中角榮的「日本列島改造論」，橫井莊一伍長從關島歸國[17]。除了這些事件之外，日本還發生一連串嚴重事件。

一九六七年　新潟水俣病患者，集體控告昭和電工排出有毒的有機水銀，請求損害賠償。

一九六八年　認定水俁病・痛痛病。
一九六九年　熊本水俁病患者和家屬，集體控告新日本氮肥料公司排出有機水銀，請求損害賠償。
一九七〇年　舉行公害受害者全國大會（水俁病、痛痛病、三池礦山的一氧化碳中毒、森永牛奶砷中毒事件、米糠油中毒等）。
大阪召開的新日本氮肥料股東大會上，患者身穿白衣，以一般股東的身分出席。
一九七一年　新潟水俁病一審原告勝訴。判決企業具有過失責任的首例。
一九七三年　熊本水俁病一審也判決原告勝訴，判決企業有責任防止地區居民的生命和健康受到危害。

一九四〇年代末期，熊本縣的水俁灣附近，就已經出現後來稱為水俁病的「怪病」患者。經過了二十年，終於獲得判定證實是企業排放的廢水中含汞所造成，公害問題才引發日本全國的關心。各位請仔細對照兩份年表，就可發現同一時期，針對公害和環境破壞，花森積極發言。在〈看呀！我們的一戔五厘旗幟〉中，他像是高喊著口號，寫下「打倒企業」、「推翻政府」，甚至更具體地表示，「到了這種地步，新日本氮肥料和昭和電工還在逃避責任，打倒他們！政府放縱企業不願表態，蔑視我們的生活，推翻政府！」

如果各位將其置換成福島事件，想像雜誌發行量百萬的總編輯公然高呼打倒東京電力公司，撤換那些態度曖昧的政客，就可以了解花森的發言深具震撼力。

花森為何如此嚴詞批判企業和政府呢？當然不僅是受到美國獨立宣言的鼓舞。

花森寄望日本企業具有「物品製造」能力。不同於美國的《消費者報告》，花森進行商品測試，並非試圖改變消費者的意識，而是希望為日本社會營造「製造優良商品，就能夠熱賣」的風氣（〈商品測試入門〉），將那些迷失基本精神的企業拉回正道，「踏實努力地製作優良商品」。實際上，煤油暖爐、冰箱等經過商品測試，遭到嚴厲批評之後，商品品質確實迅速提升。

諷刺的是，花森等人的貢獻（根據《生活手帖》第二代總編輯宮岸毅表示，某一天，索尼公司的盛田昭夫[18]現身編輯室，表示「日本製品能夠達到世界頂級水準，其中原因之一就是商品測試」），似乎間接協助高度經濟成長的腳步更為快速，結果出現水俁病，污泥[19]、汽車的排放廢氣、光化學煙霧等公害，很快地超過「人類群聚生活的極限」。（〈看呀！我們的一戔五厘旗幟〉）

然而，企業和政府卻畏畏縮縮地不願承認，只會推託搪塞，逃避自己應負的責任。戰爭時，政府也是同樣的態度，再這樣下去，自己努力進行的「商品測試」將淪為共犯，絕對不能重蹈覆轍，必須趁早解決。日本和自己的所剩時間都已不多……。

他越想越不對勁，所以語氣更形激烈。《生活手帖》迎接創刊第一百期，發行量一路成長，固然令人歡喜。《生活手帖》的誕生，是著眼於敗戰後的日本人貧困生活。然而，包括〈商品測試〉，雜誌似乎從高度經濟成長的現實當中逐漸脫軌。

不只是企業，消費者的意識也大幅改變，大眾不再是依照需求購買，而是沒有需要，也想購買，似乎不買反而覺得吃虧，感到不快樂（〈商品測試二十年的變化〉）。筆者也是其中一員，愛好新商品，愛好各種電子產品，新相機、八釐米相機、最新發售的攜帶式電動玩具，總是當場不買就難以罷休。

五〇年代「走回頭路」，透過改變雜誌名稱，確立方向。然而這個方法已不適用。所以，這次並非更改雜誌名稱，而是在第一百期發行之後，結束「一世紀」，迎接新時代「二世紀」，促使雜誌重生。這個方法應該是來自花森瞬間產生的靈感，而非經過一番沉思所得的結果。

他急著改變，將自己的憤怒集中在公害問題上，針對「人類群聚生活的極限」、「回到極限」（〈看呀！我們的一戔五厘旗幟〉），打算在今後的《生活手帖》上設法從事更多改善。在這個時期，他所寫的文章，列舉幾篇代表如下：

〈因為未來是灰色〉（七二年）

〈「痛恨二十八年來的每個日子」之歌〉（七三年）

〈時間已經所剩不多〉（七四年）
〈國鐵．勢力龐大的暴走族〉（七五年）
〈我，再也不投票〉（七六年）……

以下引用的文章〈大家請聽我說〉，曾列於前述的年表當中。刊載於《文藝春秋》七二年三月號，從文中可以清楚感受到花森的焦急迫切感。

如果我們再不改變想法，屆時將為時已晚，無以挽救。「保衛國家」，早就毫無意義。

現在要保衛「地球」。

如果有人嚷嚷當其他國家侵略攻擊時，祖國山河怎麼辦？只要回答「大地之母的地球」怎麼辦。

一邊高喊反戰，反對戰爭，一邊卻四處點燃戰火，這種生物的細胞構造簡直令人匪夷所思。

這種革命理論是十九世紀的產物，老舊了，早就不適用了。毫無意義。（略）

在地球毀滅之前，我應該已經死了。我無法親眼目睹二十一世紀。（略）

可是，比我年輕的人啊

世界再如此下去，到了那一天，你們將和地球一起毀滅。

害你們遭到這種命運，都是我們的責任。

文章當中，花森沒有表達任何特定的理論，或是意識形態。

花森不擅長論述冗長的邏輯，個性也不適合。戰後，他刻意拒絕接受其他人編排的理論、或是意識形態的束縛或影響。除了早川推理系列、或是工作所需，他幾乎不太看書。

他總是運用自己的親身體驗做為出發點，再將獲得的結論，運用簡潔平易的文字，犀利直率地寫出。所以他的文章或語調，獨具個人風格，有時感傷，有時嘮叨。可是，就像是〈商品測試入門〉的文風，展現出歷經千錘百鍊的強悍。

「都是我們的責任。」

以現代眼光看來，或許會覺得像是進步派知識分子虛無空泛的場面話。

戰後不久，花森曾說自己是「獲判緩刑的戰犯」。所以，如果日本再度陷入無底深淵，待罪之身的自己究竟應該如何是好。戰後三十多年，花森無法再逃避這個問題。「戰爭」就是無底深淵，現在又加上他從未料到的「公害」。商品測試被時代拋在一旁，每個人一心追求富足，但是卻造成更多問題。

「難道我又做錯了嗎？時至今日，或許為時已晚，可是，現在不想點辦法，又會變成和敗戰後那幾年一樣，七十年代也會變成『幻覺的時代』。」（〈看呀！我們的一戔五厘旗幟〉）

看似虛無空泛的場面話，其實背後藏著花森焦急迫切的心情。

弁慶站立而亡

一九七八年（昭和五十三年）一月十四日。

根據酒井寬的《花森安治的工作》，前一年的十一月二十九日，花森的健康惡化，住進東京都內的醫院。十二月二十日，因為「聖誕節」得以暫時「出院」，他畫好二世紀第五十二期的封面。不過，土井藍生小姐表示，其實是孫兒從大阪前來東京，所以花森執意暫時出院回家。

「父親消瘦許多，看起來相當不舒服。但是他還是盡力討好孫兒，一起去買玩具，一起去吃飯。看著他蹣跚的背影，實在擔憂。」

過年之後，一月十二日晚上，花森不顧四天前已經感冒發燒，他來到生活手帖社的辦公室，校正原稿〈關於人的手〉，並告訴大橋鎮子，校正結束這份原稿之後，十四日將要住院。一九六〇年，當時的日本社會黨委員長淺沼稻次郎，遭到右翼的少年刺殺身亡。所以，小學禁止學生攜帶小刀，改為在教室擺放削鉛筆機。這篇短篇散文是嘲諷學校採取這種方式，將會擾亂人類靈敏的手感，甚至破壞人類天生的感覺。

校正完畢之後，看到《每日新聞》記者增田玲子，她正好有事來到編輯室，花森小聲說道：

「這篇文章寫得不太好。」

發燒導致支氣管不順，河津一哉看他呼吸痛苦，於是幫他按摩雙手。河津表示花森的雙手「腫脹地厲害」，只好提早回家。這個時期，他通常都扶著年輕唐澤平吉的肩膀，慢慢走下樓梯，那天，他卻說道：

「今天我自己下樓。」

後來唐澤寫下：「他一台階一台階、慢慢地走下樓梯。」大橋、在場的編輯成員以及唐澤都陪同走到玄關。

「穿上鞋子的花森，突然轉身說道『謝謝大家』，然後低頭鞠躬。大橋擺擺手，說道『真是的，花森先生怎麼突然行大禮……』。（略）花森微笑著，揮揮手，未再回

應，然後步出玄關。」（《花森安治的編輯室》）

翌日十三日星期五，花森在南麻布的家中休養，表示想吃壽司。大橋前往常去的銀座壽司店，購買散壽司送到家裡。離去時，花森來到玄關，不停地揮手送行。然後，花森回到床上睡覺休息。半夜，他感到「呼吸不順」，於是來到客廳，桃代夫人為他撫背按摩之後，他表示「舒服多了」，繼續坐在客廳沙發上。十四日清晨一點半，暫時離開、再返回客廳的桃代夫人發現花森已無鼻息。

花森安治離開人世，六十六歲，死因是心肌梗塞。

晚年，花森常說，「我也算是一名記者，我決定自己在死前也要握著寫稿的藍筆，或是校正用的紅筆。」（〈因為未來是灰色〉）結果，真如他自己所說，在他死前，的確是握著校正用的紅筆，就像弁慶是站立而亡，堅持到最後一刻。

根據藍生小姐的談話，花森十分掛心自己死後《生活手帖》的發展。他似乎已有計畫，將不再邀請名人撰稿，而是全部由編輯撰寫報導，拍攝照片（所以曾經進行嚴格特訓）。可能他也想邀請松田道雄擔任顧問。但事實是他未留下任何遺言。

不過，花森平日就曾叮嚀，絕對不能舉辦盛大誇張的喪禮，自己死後，就從飛機上撒下骨灰即可。所以，員工齊聚商量之後，一月十六日中午，在生活手帖社二樓的主攝影棚，舉辦沒有任何宗教派別的「離別會」。

根據《每日星期天》專欄〈告別時……〉，除了委託葬儀社準備的黑白布幔、接待櫃台、會場的座墊之外，所有的物品都是員工親手製作。祭壇中央的木質牌位，並未書寫法名，只有俗名，也不燒香。除了現任和離職的員工之外，還有四十多位友人趕來參加，會場播放花森愛聽的英國民謠〈綠袖子〉。下午一點的公祭，約有一千人前來弔問，發出八百五十杯甜酒。

一個集團，為了實現共同的目的（宗教、政治、社會、藝術等）而行動，無論規模大小，就是運動。可是《生活手帖》的運動，終究未能成為這種意義的集團，或許根本拒絕成為集團，而始終是花森個人的運動。無論好壞，這是花森唯一能夠做到的方式。

花森死後，在原來成員和新成員的運作之下，《生活手帖》繼續刊行，直到現在。當然，那個奇裝異服、特立獨行的花森安治《生活手帖》，隨著他的死去，宣告結束。

1 浦松佐美太郎：一九〇一～一九八一。媒體工作者、評論家。以登山家最為著稱。

2 一九六〇～二〇〇一年，管轄地方行政、財政、消防、選舉制度的中央機關。

3 HOKY：專製清掃地毯、榻榻米的手動式吸塵器。HOKY音同日文的掃帚。

4 齋藤美奈子：一九五六～。文藝評論家。

5 本多光夫：一九三一～二〇〇一。編輯、作家、散文作家。

6 西周：一八二九～一八九七。幕府大臣、貴族院議員、啟蒙思想家、教育家。

7 西田幾多郎：一八七〇～一九四五。哲學家、京都學派創始者。

8 鄰保組織：日本戰時守護大後方百姓生活的官方組織，執行動員、物資配給、防空演習等活動。

9 谷口正元：一九二一～二〇〇〇。法國文學翻譯家、編輯。

10 丹羽文雄：一九〇四～二〇〇五。小說家。

11 林房雄：一九〇三～一九七五。小說家、文藝評論家。

12 藤山愛一郎：一八九七～一九八五。政治家、企業家。曾任外務大臣、經濟企畫廳長官等。

13 澤村貞子：一九〇八～一九九六。女演員、隨筆散文作家。

14 勳八等瑞寶章：頒發給長期對國家、公眾有貢獻者。

15 淀號劫機事件：一九七〇年三月三十一日，日本共產主義者同盟赤軍派劫持日本航空班機，聲稱要前往北韓的劫機事件。

16 淺間山莊事件：一九七二年二月，左翼組織連合赤軍的五位成員挾持人質，據守位於長野縣的淺間山莊，和警方對峙長達十日。最後，人質獲救，五名人犯全數逮捕。

17 橫井莊一伍長從關島歸國：一九四四年，橫井莊一隨軍派往關島作戰；所屬軍隊在山中進行游擊戰，並未接獲日本已經戰敗投降的消息。戰後判定為戰死。二十八年後，一九七二年，當地狩獵的居民發現他還存活，將他送回日本。

18 盛田昭夫：一九二一～一九九九。索尼公司創辦人之一。

19 污泥：廢污水經過化學處理或物理處理程序之後，所沉降之物質，通常含多量的水分。

後記

The Man Who Changed Japan's Lifestyle
○○○○
The Autobiography of Hanamori Yasuji

對筆者而言，花森安治是父執輩人物。雖然，生活在同一時代，呼吸著同樣的時代空氣，長達四十年，卻從未見過面、說過話。不過，家母偶爾購買《生活手帖》，從國中開始，筆者就已經很熟悉雜誌開放明亮的氛圍。

當時尚未有電視，在公司上班的家父購讀《週刊朝日》，筆者在雜誌內的照片當中，看過花森安治。燙著捲髮的男性，打扮惹人發笑；現在或許毫不稀奇，當時可不同。筆者相當震驚，因為他不只是滿頭捲髮，而且真如傳聞所言，他穿著裙子。

然而，筆者逐漸了解，花森驚人的「震撼力」，其實是發揮在平實沉穩的雜誌《生活手帖》中，而非「女裝」。

在每一期雜誌上，大量的掛名或匿名的報導，插圖、手繪文字、照片攝影、排版，甚至報紙廣告、電車廂內廣告，全部是他一個人統籌製作。

僅是這一點，就可看出花森和一般的雜誌總編輯，完全不同。

這些總是分秒必爭、迫在眉睫的現場作業，從一九四八年創刊，到他一九七八年過世，長達三十年，他似乎都能輕鬆擺平，甚至將《生活手帖》打造成發行量百萬冊的雜誌，而且還是日本第一本獨創的視覺雜誌。無論是「商品測試」，甚至是烹飪報導的撰寫方式，現在的女性雜誌或生活雜誌，無論是否以《生活手帖》做為學習範本，多少都受到這本雜誌獨創的手法影響。

想必各位已經了解，綜觀近代日本的出版史，像他這樣的總編輯可說是前無古人，後無來者了。

然而，相較於花森安治在戰後達成的偉業，一般人對他的功績卻不甚關心。

其中緣由之一是花森並不主動積極地敘述自己的工作，甚至刻意堅持閉口不談。

一九五四年出版《倒立的世間》之後，到了一九七一年，他才又出版深具紀念意義的大作《一戔五厘的旗幟》，算是唯一的例外。在他過世之前，他從未出版過自己的傳記，由此可知他的堅定意志。

這道堅硬厚實的沉默高牆，後來透過《生活手帖》的資深編輯北村正之，他和中村文孝聯手成立一間小型出版社，二〇一一年，欣逢花森百歲冥誕，發行《花森安治戲文集》全三卷，終於得以填補這些空白。後來，兩人繼續整理花森生前發表的大量文章、訪談報導、座談會記錄等，集結成冊出版。依照時間順序閱讀這些記錄，更能夠清楚了解花森的變化，才能夠寫成本書，在此由衷感謝兩位編輯的耐心和毅力。

六年之間，本書是筆者撰寫的第三本傳記。

傑羅姆・羅賓斯（Jerome Robbins）[1]、植草甚一[2]、花森安治。三位都在第二次世界大戰下度過青春期後期，戰後，在廣義的大眾文化領域中，創下豐功偉業，分別成為音樂劇和芭蕾舞劇的編舞家、最新藝術和風俗的介紹人、雜誌發行量百萬的總編輯。在這六年之間，承蒙老天眷顧，筆者安度來到古稀之年。經歷各種的人生體驗和嘗試，終於了解自己始終對這些人士抱持強烈的興趣。

年歲增長，行動也隨之遲緩，所以撰寫傑羅姆．羅賓斯和植草的傳記時，如果必須求證相關人士時，完全不曾親自會面進行採訪。

然而這次有太多事情，筆者想要追查探究真相，所以，經常麻煩《生活手帖》前編輯部成員河津一哉先生，以及北村正之先生。此外，再加上這次沒能見到面的唐澤平吉先生，三位曾在花森麾下效力的編輯部成員，都為筆者提供相關證詞。

感謝目前居住在松江的老友三原浩良，以及他的友人「風流堂」主人內藤守。如果沒有兩位的協助，筆者無法深入了解松江。此外，繼植草傳之後，這次再次獲得世田谷文學館矢野進（現任職於世田谷美術館）的協助，製作年譜；以及在雜誌連載時，生活手帖社的平野美乃里提供相關資料，在此向二位致上誠摯的謝意。

還有花森安治的獨生女土井藍生小姐。

透過多次和藍生小姐見面，筆者才得以逼真呈現出一個活生生的花森安治形象，各位請別誤會，並非是藍生小姐酷似花森安治，因為，她也就讀住吉國民學校，是比筆者高一年級的學姐，也同樣經歷過川崎大空襲，原本是個遙遠存在的花森安治，透過藍生小姐，筆者能夠感受到自己也曾經和他活過同一時代。

可是，如果只有自己埋頭苦寫，恐怕無法完成本書，沒有編輯部的疇津真砂子小姐力勸猶豫難決的筆者，協助收集資料，本書不可能問世。所以，這本書不是個人的成果。

最後，昭和時期，或說二十世紀，戰爭、革命、不景氣接踵而至，對一般人而言，是個非常不易生存的時代。雖然，現在進入二十一世紀，狀況仍舊沒變。

書中已經詳細敘述，此處就不再說明。在那場戰爭下，年輕花森自知犯下大錯。人都會犯錯，但還是得繼續過活。花森試圖從內而外、徹底改變日本人的生活，他具體表示自己的想法，用盡各種方式，不協助戰爭或公害。

戰後，花森完全不相信政府、政黨、大企業、大學等組織。對於支持國家或革命運動、具有排他性的「主義」，他也刻意排斥。他只坐鎮在《生活手帖》堡壘中，和自己訓練的少數編輯守在城內，終其一生，從不動搖意志，一路走來，始終如一。這股恆心毅力令人讚嘆，所以說這樣的總編輯，前無古人，後無來者。

人都會犯錯，但不能夠一路錯到底。犯錯之後，如何繼續未完的人生，才是一位人物的風範所在。這個道理適用在花森的時代、筆者的時代，相信也同樣適用在未來的時代。

二〇一三年十月五日　　津野海太郎

1　傑羅姆．羅賓斯：一九一八～一九九八。美國戲劇製作人、導演、舞蹈指導。代表作有《彼得潘》、《屋頂上的提琴手》等。曾獲五次東尼獎，聯合執導的《西城故事》得到奧斯卡最佳導演獎。

2　植草甚一：一九〇八～一九七九。歐美文學、爵士樂、電影評論家。

引用文獻

◎全書引用、參照的文獻

花森安治著作

1 《服飾讀本》衣裳研究所，一九五〇年
2 《生活的眼鏡》創元社，一九五三年
3 《風俗時評》東洋經濟新報社，一九五三年
4 《倒立的世間》河出書房，一九五四年
5 《一戔五厘的旗幟》生活手帖社，一九七一年（過世後發行）
6 《花森安治戲文集》（全三卷）LLP BOOKEND，二〇一一年
7 《花森安治集》（全三卷）LLP BOOKEND，二〇一二年～一三年
8 《社會時評集 花森安治「昨日今日」》LLP BOOKEND，二〇一二年

傳記、其他

1 酒井寬《花森安治的工作》朝日新聞社，一九八八年
2 唐澤平吉《花森安治的編輯室》晶文社，一九九七年
3 大橋鎮子《生活手帖與我》生活手帖社，二〇一〇年
4 馬場真人《花森安治的青春》白水社，二〇一一年
5 《生活手帖保存版Ⅰ 三百期紀念特別號》生活手帖社，二〇〇二年
6 《生活手帖保存版Ⅲ 花森安治》生活手帖社，二〇〇四年
7 世田谷文學館《花森安治和生活手帖展》圖錄，二〇〇六年

◎各章引用文獻

序 誕生《生活手帖》的街道

1 柴田鍊三郎《異形的數學家 花森安治》（《別冊知性》一九五六年十一月十日號）
2 大橋鎮子採訪記錄〈生活手帖和半世紀〉（《編輯會議》二〇〇二年十月號）
3 創建和平博物館之會《銀座和戰爭》（和平工作室，一九九三年）
4 小澤信男《小說昭和十一年》三省堂，一九六九年

第一章 我要當編輯

1 花森安治《一枝筆》（收錄於〈我思我風土〉，《朝日新聞》一九七二年六月）
2 杉山平一〈舊制松江高中〉（收錄於《我的敗走》）編集工房NOA，一九八九年
3 杉山平一〈訪談〈談花森安治〉〉（收錄於《詩和生存方式》）編集工房NOA，二〇〇六年
4 杉山平一〈我相遇過的人〉（收錄於《巡航船》）編集工房NOA，二〇〇九年
5 淀川長治《淀川長治自傳》中央公論社，一九八五、八六年
6 足立卷一《親友記》新潮社，一九八四年
7 花森安治〈關於我〉（收錄於《倒立的世間》）河出新書，一九五四年
8 朝日新聞社松江支局編《舊制松高物語》今井書店，一九六八年

第二章 神戶和松江

1 村山知義《結構派研究》中央美術社，一九二六年
2 原弘《新活版術研究》（非賣品手冊）一九三一年
3 高見順《昭和文學盛衰史》文藝春秋新社，一九五八年
4 朝日新聞社松江支局編《舊制松高物語》今井書店，一九六八年
5 田所太郎〈松江高中時期〉（收錄於《戰後出版的系譜》）日本編輯學校出版部，一九七六年

第三章 帝國大學新聞的時代

1 花森安治〈關於我〉（收錄於《倒立的世間》）河出新書，一九五四年
2 井伏鱒二《荻窪風土記》新潮社，一九八二年
3 青山光二《純血無賴派走過的時代》雙葉社，二〇〇一年
4 杉山平一《我的敗走》編集工房NOA，一九八九年
5 田宮虎彥〈從瀧川事件到二二六〉（收錄於《年輕心靈的飄泊》）光文社，一九五九年
6 扇谷正造〈反俗漢 花森安治的秘密〉（《文藝春秋》一九五七年十月號）
7 杉浦明平《三春易過》河出書房新社，一九七四年
8 杉浦明平〈帝大新聞時代〉（收錄於《明平遇見歌與人》）筑摩書房，一九八九年
9 朝日新聞社松江支局編《舊制松高物語》今井書店，一九六八年
10 內藤千代榮〈憧憬蠻漢〉（《朝日新聞》大阪版，一九六六年六月十四日號）
11 澤開進〈花森安治論〉（《每日情報》一九五一年七月號）
12 高瀨廣居〈現代男性論1 花森安治〉（《人和日本》一九七三年七月號）

第四章 以化妝品改變世界

1 田所太郎《出版的先驅者》光文社，一九六九年
2 週刊朝日編《價錢史年表．明治大正昭和》朝日新聞社，一九八八年
3 林哲夫〈年譜〉（收錄於《佐野繁次郎裝幀集成．以西村收藏為中心》）水之輪出版，二〇〇八年
4 和田博文《資生堂這項文化裝置 一八七二～一九四五》岩波書店，二〇一一年
5 多川精一《廣告非我終生職業》岩波書店，二〇〇三年

第五章 出征北滿洲

1 馬場真人《花森安治的青春》白水社，二〇一一年
2 花森安治〈一張紅紙〉（《文藝春秋》一九五六年四月號）
3 花森安治〈看呀！我們的一戔五厘旗幟〉（《生活手帖》一九七〇年十月號）
4 花森安治、池島信平、扇谷正造〈前一等兵的再軍備觀〉（《中央公論》一九五二年十一月號）
5 花森安治〈別再說謊了〉（《週刊讀賣》一九五四年十一月二十一日號）
6 安岡章太郎《我的昭和史I》講談社，一九八四年
7 唐納德．基恩《百代的過客．日記中的日本人》朝日新聞社，一九八四年

8 花森安治和松田道雄的對談〈醫生和士兵和戰爭和保險〉（《生活手帖》一九七一年十月號）

第六章 奢侈是大敵

1 和田博文《資生堂這項文化裝置 一八七二～一九四五》岩波書店，二〇一一年

2 讀賣新聞大阪社會部《我們究竟在做些什麼》講談社，一九七八年

3 井上壽一《一大堆理想的戰時日本》筑摩新書，二〇一三年

4 竹內好〈中國和我〉（《未來》一九六九年二月號）

5 井上雅人《洋服和日本人：國民服模式》廣濟堂出版，二〇〇一年

6 安田武〈大政翼贊會文化部長的寶座〉（收錄於《戰爭文學論》）勁草書房，一九六四年

7 杉森久英《大政翼贊會前後》筑摩文庫，二〇〇七年

8 岸田國士〈世界文化的母胎〉（收錄於《岸田國士全集 25》）岩波書店，一九九一年

第七章 「聖戰」最後的日子

1 川崎市公文書館《川崎空襲．戰災的記錄》川崎市，一九七四年

2 杉森久英〈花森安治的青春和戰爭〉（《中央公論》一九七八年六月號）

3 福原麟太郎《那些年月》吾妻書房，一九七〇年

4 讀賣新聞大阪社會部《我們究竟在做些什麼》講談社，一九七八年

5 鹽澤幸登《「平凡」物語》河出書房新社，二〇一〇年

第八章 從谷底再出發

1 花森安治訪談〈八月十五日對我們是為何意〉（收錄於《一億人的昭和史4》）每日新聞社，一九七五年

2 野間宏《座談會 我的文學 我的昭和史》筑摩書房，一九七三年

3 土井藍生〈一些回憶．父親花森安治〉（收錄於《花森安治戲文集I》）LLP BOOKEND，二〇一一年

4 〈花森安治的一戔五厘精神〉（《週刊朝日》一九七一年十一月十九日號）

5 大橋鎮子訪談〈雜誌是反映時代的鏡子——生活手帖社〉（《編輯會議》二〇〇四年五月號）

6 大輪盛登《巷說出版界》日本編輯學校出版部，一九七七年

7 田所太郎〈神田村〉（收錄於《戰後出版的系譜》）日本編輯學校出版部，一九七六年

8 森毅．鶴見俊輔《人生不無聊的智慧》編輯團體 SURE，二〇〇九年

第九章 女裝傳說

1 〈人物速寫〉（《改造》一九五一年五月號）

2 大田信男〈媒體報導的戰友〉（《文藝春秋》一九九一年二月號）

3 池島信平〈我的人物評〉（《日本經濟新聞》一九五四年十月二十六日）

4 對談專欄〈老狐狸問答〉（《每日新聞》一九五三年）

5 河合秀和・古谷綱正對談〈花森安治改變日常生活了嗎〉（《諸君》一九七八年四月號）
6 土井藍生訪談〈我和父親花森安治一起的日子〉（《文藝別冊・花森安治》二〇一一年）
7 三枝佐枝子〈《生活手帖》改變生活方式〉（《東京人》二〇〇〇年一月號）
8 藤原房子〈座談會 花森流生活學四十年〉（《東京人》一九八六年七月號）
9 泰戈爾〈日本紀行〉（收錄於《泰戈爾著作集10》）第三文明社，一九八七年
10 艾瑞克・吉爾《衣裳論》創元社，一九五二年
11 今和次郎《夾克四十年》文化服裝學院出版局，一九六七年

第十章 拒絕走回頭路

1 戶板康二《我的交遊記》三月書房，一九八〇年
2 矢野誠一《戶板康二的歲月》文藝春秋，一九九六年

第十一章 商品測試和研究室

1 河津一哉〈生活和設計《生活手帖》花森安治的世界〉展專題講座，島根縣立美術館，二〇一二年
2 森茉莉〈花森安治和森茉莉〉（《週刊新潮》一九八四年四月五日・五月三日號）

第十二章 採取攻勢的編輯技術

1 河津一哉〈灑水論〉（《生活手帖保存版Ⅲ 花森安治》二〇〇四年）
2 〈不堪火燒的花森安治邸〉（《週刊新潮》一九六六年二月二十六日號）
3 長部日出雄〈點燃憤怒火種・花森安治〉（《朝日藝能》一九六八年三月十七日號）
4 齋藤美奈子〈女性雜誌探險隊4〉（《uno!》一九九七年三月號）
5 本多光夫〈座談會 花森流生活學四十年〉（《東京人》一九八六年七月號）

第十三章 關注日本人生活的視線

1 松田道雄〈我和花森安治的往來〉（《每日新聞》一九七八年一月二十日）
2 松田道雄《珍惜日常》筑摩書房，一九八三年。後來由平凡社於二〇〇二年出版
3 花森安治訪談〈第二十二年的戰爭體驗〉《新潟日報》一九六八年八月十二日

第十四章 弁慶死而不倒，站立而亡

1 丹羽文雄〈合理有序的生活感覺〉（《讀賣新聞》晚報，一九七二年二月一日）
2 井伏鱒二〈拜訪獲獎者〉（《讀賣新聞》晚報，一九七二年二月三日）
3 河津一哉〈生活和設計《生活手帖》花森安治的世界〉展專題講座，島根縣立美術館，二〇一二年
4 宮岸毅〈觀察日本人的生活55年〉（《才藏》二〇〇二年十月號）

5 花森安治訪談〈商品測試二十年的變化〉（《朝日新聞》一九六九年四月十六日）

6 〈告別時……〉（《每日星期天》一九七八年二月五日號）

花森安治簡略年譜・書誌

*根據矢野進編纂的年譜（收錄於世田谷文學館《花森安治和生活手帖展》圖錄），本編輯部精選出相關事項，加入必要的事物和書誌。◎表示花森執筆（生活手帖社出版物不在此項）。●表示對談或座談會。

一九一一 **明治四十四年（零歲）** 十月二十五日，生於神戶市須磨平田町。長男，兄弟姐妹五人。父親恒三郎是貿易商，母親淑乃是小學教師。

一九一九 **大正八年（八歲）** 十一月，神戶市熊內町（現為中央區），住家失火全毀。

一九二四 **大正十三年（十三歲）** 三月。雲中一般高等小學畢業。田宮虎彥是雲中小學的同學。四月，神戶第三中學入學。淀川長治是高一屆的學長。這個時期，他撰寫長片腳本，使用九點五釐米底片，自撰自導自拍影片。

一九二七 **昭和二年（十六歲）** 熱中閱讀《新青年》連載的偵探小說。在神戶元町的電車鐵橋下，搜尋《史全德雜誌》、《笨拙》、《紐約客》等舊書。

一九二九 **昭和四年（十八歲）** 三月，神戶第三中學畢業。投考高等學校落榜。在神戶大倉山的圖書館，閱讀平塚雷鳥《來自圓窗》，對女性解放論深有所感。

一九三〇 **昭和五年（十九歲）** 四月，舊制松江高中入學。夏天，母親過世（享年三十八歲）。和田所太郎（後來擔任日本讀書新聞總編輯）擔任活動小屋「松江俱樂部」電影鑑賞會的幹事，編輯電影解說手冊。

一九三一 **昭和六年（二十歲）** 進入文藝部社團。田所太郎也是編輯成員。

一九三二 **昭和七年（二十一歲）** 七月，負責編輯《校友會雜誌》第二十期。投稿刊載自作詩，也負責頁面排版。

一九三三 **昭和八年（二十二歲）** 三月，松江高中畢業。四月，東京帝國大學文學部美學美術史學科入學。進入《帝國大學新聞》編輯部。成員有田宮虎彥、扇谷正造、杉浦明平、岡倉古志郎、田所太郎等人。夏天，認識松江和服批發商的么女山內桃代。

一九三五 **昭和十年（二十四歲）** 委託佐野繁次郎製作《帝國大學新聞》的插畫和原稿，因而結識。

十月十八日，在祭拜山神的日枝神社，和山內桃代成婚。在牛込簞笥町租屋開始新生活。

一九三六 **昭和十一年（二十五歲）** 佐野在伊東胡蝶園（後來的Papilio公司）負責廣告宣傳，花森以在學身分，兼職協助製作廣告和宣傳雜誌（月薪五十五日圓）。十二月二十六日，儀式舉辦一年之後，登記結婚。

一九三七 **昭和十二年（二十六歲）** 三月，東京帝國大學畢業。畢業論文是〈衣妝美學〉。四月，長女藍生出生。徵兵檢查，甲種體位合格。七月，日中戰爭開戰。

一九三八 **昭和十三年（二十七歲）** 一月，接到政府召集，前往滿洲（中國東北部）。

一九三九 **昭和十四年（二十八歲）** 在戰地罹患肺結核，送進陸軍醫院。四月，搭乘醫船回國。在和歌山的陸軍醫院療養。在「從軍記事本」上抒發養病心情。

一九四〇 **昭和十五年（二十九歲）** 除隊。伊東胡蝶園復職。在川崎市井田租屋，一家三口共同生活。十二月，和佐野繁次郎編輯發行《婦人的生活》（生活社）；最初預定發行十冊，後來發行系列叢書五冊，成為《生活手帖》原型。從這個時期開始就和攝影家松本政利進行合作。

◎在《婦人的生活 第一冊》（生活社，十二月發行），以筆名安並半太郎撰文。

一九四一 **昭和十六年（三十歲）** 春天，接受大學新聞編輯部時代的學長邀約，任職位於日比谷舊國會議事堂前的大政翼贊會實踐局宣傳部，杉森久英任職興亞局企畫部。太平洋戰爭開戰。

◎《婦人的生活 第二冊》〈裝扮讀本〉（生活社，四月發行）。

一九四二 **昭和十七年（三十一歲）** 寶塚歌劇雪組公演《開心的城鎮 強大的城鎮》，以大政翼贊會實踐局宣傳部名義撰寫腳本。

◎〈政治和宣傳技術〉（《宣傳》五月號）

◎〈和服讀本〉刊載於《住居和衣服》（生活社，一月發行）和《生活的巧思》（生活社，六月發行）。

一九四三 **昭和十八年（三十二歲）** 三月，再度接到政府召集入隊，二十三天後解除召集。和報導技術研究會設計師山名文夫等人，負責國策宣傳工作。陸軍省分發五萬張決戰標語海報「敵人不倒，自己也不倒」。

一九四四 **昭和十九年（三十三歲）** 七月，升任大政翼贊會文化動員部副部長。下屬岩堀喜之助、清水達夫等人後來成立了平凡出版社（現為Magazine House）。

◎《切的巧思》〈和服讀本〉（築地書店，三月發行）。

一九四五 **昭和二十年（三十四歲）** 四月，遭遇川崎大空襲。六月，大政翼贊會解散。花森回家種田，每天前往戰災援護會。八月戰爭結束。在朝日新聞社的後方暫時經營咖啡廳，並在田所太郎擔任總編輯的《日本讀書新聞》描繪插圖。當時的編輯部成員有柴田錬三郎。
秋天，在田所的介紹之下，認識大橋鎮子。年底，組成「青年文化會議」，創會成員有中村哲、瓜生忠夫、櫻井恒次、長谷川泉；會議成員有川島武宜、丸山真男、扇谷正造、杉浦明平、田所太郎、野間宏、寺田透、杉森久英、花森等人。

一九四六 **昭和二十一年（三十五歲）** 三月，在銀座八丁目日吉大廈三樓，花森總編輯和大橋社長成立衣裳研究所。
◎發行設計集《造型書》（一九四六年夏天）第一期。在翌年夏天之前，總計發行五冊。

一九四七 **昭和二十二年（三十六歲）** 十一月，父親過世。杉森久英委託繪製《文藝》的封面。
◎發行《職業婦女造型書》、《服飾手藝的圖案集 姓名的第一個文字》（花森安治設計）、《服飾手藝的圖案集 花的圖案集》（山名文夫設計）等。
◎〈前襟馬甲——無需大布料也能打造美麗裝扮〉《婦人公論》三月號。

一九四八 **昭和二十三年（三十七歲）** 九月二十日《美麗生活手帖》創刊。公司從「衣裳研究所」更名為「生活手帖社」。受邀前往東京藝術大學進行服飾設計的演講。
◎衣裳研究所發行設計集《首飾的實物大型紙》、《全家人的內衣》（花森安治編）、《女性襯衫書》、《服飾手藝的圖案集 草木蟲魚的圖案集》（伊藤憲治設計）、《服飾手藝的圖案集 可愛圖案集》（大橋正設計）、《圖解 夾克的縫法》（八木沼貞雄著）。雜誌第一期刊載〈直線剪裁的設計〉、〈左右不對稱設計〉、〈自己做首飾〉；〈服飾讀本〉連載開始。
◎〈對裙子難分難解的鄉愁——談談羨慕非東京市民的風俗〉《VAN》一月號。
◎〈可愛的首飾〉《婦人朝日》三月號。

一九四九 **昭和二十四年（三十八歲）** 第二期之後，訂為季刊。
◎〈首飾的漂亮使用方式〉《新女性全集 實用篇》（鎌倉文庫，一月刊）。
◎〈夏威夷襯衫的穿著方式〉《新青年》七月號。

一九五〇 **昭和二十五年（三十九歲）** 從川崎市井田搬遷到大田區調布鵜之木町。
二月，生活手帖社發行《住居手帖》（美麗生活手帖別冊）；十月，發行《美麗房間手帖》。在日本橋三越百貨公司舉行「生活手帖展」（十二月九日～十五日）。
◎七月，衣裳研究所發行花森安治著《服飾讀本》。
◎〈烏托邦國的服裝 未來生活風景．衣服篇〉《讀賣評論》四月號。

◎〈論中原淳一〉《婦人公論》四月號。

◎〈斜視的風俗〉《潮流》十二月號。

一九五一

昭和二十六年（四十歲）　五月，《靈感巧思手帖》（美麗生活手帖臨時增刊）；七月，《住居手帖續》（美麗生活手帖別冊）；八月，《古今東西帖》（美麗生活手帖增刊）；八月，陸續發行《塗色》、《塗色練習帖》系列。

◎七月，生活手帖社發行花森安治著《流行手帖》（加入對國外造型照片的評論）。

◎〈胃病和音樂〉《音樂之友》四月號。

◎〈佔領為日本帶來什麼──風俗〉《中央公論》十月號。

◎〈賣國奇談──大人式拉洋片〉《ALL 讀物》十月號。

◎〈和平的秋天裝扮──美貌課〉《ALL 讀物》十一月號。

◎〈揶揄的精神〉《文藝春秋》十一月號。

●座談會〈反向觀察國會議員〉（花森安治和自由黨秘書等人）《日本評論》三月號。

●座談會〈反向觀察一等車廂旅客〉（花森安治和東京鐵道局火車員等人）《日本評論》五月號。

●座談會〈批判日本的生活〉（花森安治、橫山泰三、坂口安吾）《ALL 讀物》七月號。

一九五二

昭和二十七年（四十一歲）　為中村汀女士主掌的俳句雜誌《風花》五月號繪製封面和題字；後來為該雜誌每年的一月號繪製新封面。

二月，生活手帖社發行《幸福住居 主婦的巧思點綴》（生活手帖增刊）；五月，《靈感巧思手帖第二集》（美麗生活手帖增刊）；十月，《自己做家具》（生活手帖別冊）生活手帖社發行。在日本橋三越百貨公司舉行「生活手帖展」（六月十日～二十二日）。在關西地區舉行第一次「生活手帖展」（十二月六日～十四日，大阪高麗橋三越百貨公司）。

◎〈風景〉《風花》二、三月合刊。

◎〈生活的眼鏡1〉《小說新潮》四月號。

◎〈求租屋──生活的眼鏡2〉《小說新潮》五月號。

◎〈沒有色彩的生活〉《工作室》五月號。

◎〈俗氣的衣裳──生活的眼鏡3〉《小說新潮》六月號。

◎〈未完成旅行介紹──生活的眼鏡4〉《小說新潮》七月號。

◎〈能吃就是極樂──生活的眼鏡5〉《小說新潮》八月號。

◎〈夏禮法改正草案──生活的眼鏡6〉《小說新潮》九月號。

◎〈粉領族十誡〉《ALL 讀物》九月號。

◎〈你想說什麼──生活的眼鏡7〉《小說新潮》十月號。

◎〈無底國風物誌──生活的眼鏡8〉《小說新潮》十一月號。

◎〈無趣之人的處事籤──生活的眼鏡9〉《新潮小說》十二月號。

◎〈關於最近的服裝〉《女性教養》十二月號。

●座談會〈無題座談會〉（山本嘉次郎、今日出海、花森安治、橫山隆一）《ALL 讀物》十月號。

一九五三　昭和二十八年（四十二歲）　在港區東麻布成立「生活手帖研究室」，花森繪製研究室設計圖。從第二十二期開始，雜誌名改為《生活手帖》。這個時期，森茉莉透過妹妹小堀杏奴的介紹，在生活手帖社編輯部工作半年。在札幌三越百貨公司舉行「生活手帖展」（六月十八日～二十九日）。

◎一月，在《ALL 讀物》上，針對橫溝正史的推理小說〈湖泥〉，和橫山隆一、飯澤匡合作投稿〈解決篇〉。

◎四月，創元社出版花森安治著《生活的眼鏡》。東洋經濟新報社出版花森安治著《風俗時評》（家庭文庫系列）。

◎〈「模範」解決〉《ALL 讀物》一月號。

◎〈藝術大學參觀記〉《藝術新潮》三月號。

◎〈一件事 風花五周年大會記〉《風花》六月號（談）。

◎〈人工流行〉《群像》六月號。

◎〈教祖藝術〉《藝術新潮》六月號。

◎〈女性家畜說〉《小說公園》七月號。

◎〈自相矛盾的事情〉《ALL 讀物》十一月號。

◎〈現代衣裳哲學〉《自由國民》第五十五期。

●對談〈德川夢聲連載對談 問答有用〉（德川夢聲、花森安治）《週刊朝日》五月十日號。

●對談〈生活和藝術〉（勅使河原蒼風、花森安治）《婦人公論》十月號。

一九五四　昭和二十九年（四十三歲）　第二十五期，開始連載生活當中突發奇想的靈感〈圍裙備忘錄〉；生活手帖研究室〈KITCHEN 廚房研究第一回〉。第二十六期〈日用品測試報告 其一 襪子〉（第一次的商品測試）。第二十六期銷售量達到三十萬冊。

◎河出書房出版花森安治著《倒立的世間》（河出新書）。版權頁的職稱寫著風俗評論家。

◎〈飛機和電話〉《風花》一月號。

◎〈別再舉辦藝術祭〉《藝術新潮》一月號。

◎〈有樣學樣，勇敢無懼——稱讚少女歌手〉《藝術新潮》四月號。

◎〈日本的獨立美展〉《藝術新潮》四月號。

◎〈只有女人的政治〉《婦人公論》四月號。

◎〈插畫這項藝術〉《藝術新潮》五月號。

◎〈電影這項商品——關於《地獄門》〉《藝術新潮》六月號。

◎〈到此為止了吧〉《世界》八月號。

◎〈超越漫畫 期待諸位漫畫家的奮起〉《文藝春秋臨時增刊 漫畫讀本》十一月號。

●座談會〈私設日本藝術院〉（伊藤整、德川夢聲、花森安治、橫山泰三）《藝術新潮》七月號。

●座談會〈民藝〉（棟方志功、福田豐四郎、劍持勇、花森安治）《藝術新潮》八月號。

一九五五　昭和三十年（四十四歲）　石垣綾子根據花森安治的想法，撰寫〈主婦的第二職業論〉刊載在《婦人公論》，引起「主婦爭論」。

●座談會〈旁觀者清紙上版——七嘴八舌篇〉（花森安治、扇谷正造、池島信平）《小說公園》一月號。

一九五六　昭和三十一年（四十五歲）　二月，由於「致力為婦女家庭雜誌創造嶄新形式」，花森安治和《生活手帖》編輯部獲得第四屆菊池寬獎。浦松佐美太郎的「獲獎者素描」文章〈誠實的「打破形式」〉刊載於《文藝春秋》四月號。

◎〈世界最初的衣裳美學〉《我的畢業論文》（同文館，十二月刊行）。

●對談〈「做什麼像什麼」排擊論〉（鶴見和子、花森安治）《婦人公論》三月號。

●座談會〈男女共存之道——言論休戰會談〉（花森安治、中屋健一、福島慶子、高峰秀子）《文藝春秋》四月號。

●座談會〈漫談空手道場　第一回〉（大宅壯一、中野好夫、花森安治）《中央公論》四月號。

●座談會〈民主主義的倦怠期——漫談空手道場　第二回〉（大宅壯一、中野好夫、花森安治）《中央公論》五月號。

●座談會〈風潮的風潮——漫談空手道場　第三回〉（大宅壯一、中野好夫、花森安治）《中央公論》六月號。

●座談會〈電影跨出攝影棚——談最近的短片、前衛電影、小型電影〉（花森安治、飯澤匡、橫山隆一、羽仁進）《藝術新潮》十月號。

●座談會〈雖然說秋天適合讀書……〉（花森安治、布川角左衛門、相島敏夫、篠原敏之）《文藝春秋》十月號。

●座談會〈開拓全新讀者層的東京創元社版《世界推理小說全集》〉（江戶川亂步、花森安治、戶板康二等人）《出版文摘》第二一四期。

一九五七　昭和三十二年（四十六歲）　第三十八期開始，銷售量超過五十萬冊。這個時期，「電影57」（勅使河原宏、羽仁進、松山善三、荻昌弘、川頭義郎、草壁久四郎等八人組成的藝術實驗電影團體）主辦舉行花森電影欣賞會。上映八釐米電影作品《奈良》、《水壩》、《時速90km的風景》。

日本橋三越百貨公司舉辦相簿展。花森安治繪製的相簿封面，展示之後立即售出。

◎〈祝辭　風花十周年大會記〉《風花》五月號（談）。

●對談〈花森安治連載對談「中東之旅」〉（花森安治、藤山愛一郎）《藝術新潮》五月號。

一九五八　昭和三十三年（四十七歲）　從第四十四期開始，《生活手帖》封面改為照片。花森負責頁面編排設計，松本政利負責拍攝。六月，因為《生活手帖》的「獨特製作方式」，大橋鎮子社長獲得美國父母雜誌社頒贈「父母獎」。

在《寶石》雜誌（八月號）上，針對鮎川哲也的推理小說〈薔薇莊殺人事件〉，投稿〈解決篇〉。這是江戶川亂步的企畫。

◎〈文部省改革案〉《藝術新潮》七月號（談）。

●座談會〈電影的未來〉（花森安治、安部公房、羽仁進、碧川道夫）《藝術新潮》一月號。

●對談〈突破本格不景氣的對策〉（花森安治、江戶川亂步）《寶石》三月號。

一九五九 **昭和三十四年（四十八歲）** 隨著時代的急速變化，《生活手帖》最初五十期絕版。八月，生活手帖社再度發行花森安治編《全家人的內衣》。

一九六〇 **昭和三十五年（四十九歲）** 第五十七期商品測試，進行「煤油暖爐」測試，英國阿拉丁公司製「藍焰」款第一名。第五十四期，刊載石井好子〈巴黎的天空下，飄盪著蛋包飯的香氣〉。

一九六一 **昭和三十六年（五十歲）** 花森命名、設計商標的甘味調味料「最一番」上市發售。

一九六二 **昭和三十七年（五十一歲）** 森村桂透過友人父親清水一（建築家、散文隨筆家）的介紹，進入編輯部門工作。第六十七期日用品測試是第二次「煤油暖爐」。

◎〈一本書〉《朝日新聞》三月十五日。

一九六三 **昭和三十八年（五十二歲）** 四月，生活手帖社發行石井好子著《巴黎的天空下，飄盪著蛋包飯的香氣》。十月，女兒藍生，和松下電器公司松下幸之助的秘書土井智生結婚。

一九六四 **昭和三十九年（五十三歲）** 十二月，生活手帖社發行松田道雄著《遇到這種情形時，媽媽應該如何處理》。

一九六五 **昭和四十年（五十四歲）** 從第八十二期開始，定價從一六〇日圓調整為二二〇日圓。在日本橋三越百貨公司舉行「飛驒的高山展」。

◎〈民主主義和味增湯〉《中央公論》九月號。

一九六六 **昭和四十一年（五十五歲）** 二月，住家失火全毀。搬遷至港區南麻布的公寓。七月，松尾昭典導演《我，是不一樣的嗎？》（日活電影）公開上映。根據《生活手帖》編輯部在職員工森村的小說改編拍攝。總編輯由宇野重吉飾演，社長由細川千香子飾演，森村由吉永小百合飾演。十一月，生活手帖社出版美國小兒科醫生班哲明．斯波克（Benjamin Spock，一九〇三～一九九八）著《育兒寶典》。十二月，在東京消防廳等機關團體的協助下，進行〈火災測試〉，刊載在第八十七期。翌年，第八十九期，〈圍裙備忘錄〉總數達到一千則。

一九六八　昭和四十三年（五十七歲）　二月，煤油暖爐剛起火時、就可以灑水滅火的「灑水論」爭議，經由三鷹市自治省消防研究所進行的公開實驗，結果證明《生活手帖》的論點正確。
八月，第九十六期整本頁面都是「戰爭中的生活記錄」特輯。
第九十三期，刊載〈如果煤油暖爐起火了〉。

一九六九　昭和四十四年（五十八歲）　一月，生活手帖社出版小島信平、松本政利著《十二個月家常菜》。
二月，前往京都採訪，心肌梗塞病倒。
四月，《生活手帖》迎接第一百期，進入二世紀。第一〇一期，版型改為較大的A4變形版，成為二世紀第一期。
八月，生活手帖社出版《戰爭中的生活記錄》。
◎〈男人中的男人・二六〇日圓丈夫〉《文藝春秋》二月號。

一九七〇　昭和四十五年（五十九歲）　十月，〈看呀！我們的一戔五厘旗幟〉刊載於二世紀第八期。十月，生活手帖社出版《身體讀本1》。

一九七一　昭和四十六年（六十歲）　五月，生活手帖社出版《身體讀本2》。十月，生活手帖社出版花森安治著《一戔五厘的旗幟》。
《週刊朝日》（十一月十九日號）刊載〈花森安治的一戔五厘精神——如果是您呢？〉。
二世紀第十四期，刊載對談〈醫生和士兵和戰爭和保險〉（松田道雄、花森安治）。

一九七二　昭和四十七年（六十一歲）　《一戔五厘的旗幟》獲得第二十三屆讀賣文學獎（隨筆紀行部門）。
二月，生活手帖出版社出版《家常菜——外國版》。
八月，因為「支援日本的消費者、尤其是受到壓抑的主婦的相關利益、權利、幸福，深具說服力」，花森安治獲得拉蒙麥格塞塞獎。
《說話特集》四月號刊載的〈多樣形象4 花森安治〉，接到三十五位對花森評價的投稿。
◎〈大家請聽我說〉《文藝春秋》三月號。
◎〈我思我風土〉《朝日新聞》六月十三日～十七日號。

一九七三　昭和四十八年（六十二歲）　二世紀第二十二期刊載〈亂世的徵兆〉。
二世紀第二十四期刊載座談會〈四角四面大雜談會〉（入江德郎、高木健夫、古谷綱正、花森安治）。

一九七四　昭和四十九年（六十三歲）　一月，生活手帖社從銀座搬遷到六本木。
四月，生活手帖社出版常原久彌著《一道料理》。

一九七五　昭和五十年（六十四歲）　三月，生活手帖社出版大橋鎮子編著《獻給精采的你》。八月，二世紀第三十七期，刊載〈國鐵．勢力龐大的暴走族〉，展開訴請新幹線減速活動。岡山．博多新幹線開通。二世紀第三十八期刊載〈在那次颱風當中，東海道線列車一如往常地駛過揖斐川的鐵橋〉。

一九七六 **昭和五十一年（六十五歲）** 一月，生活手帖社出版澤村貞子著《我的淺草》。

一九七七 **昭和五十二年（六十六歲）** 十二月二十八日，在編輯室廚房桌旁，請大橋鎮子記下自己的遺言，並交代刊載在自己死後的該期雜誌後記。

一九七八 **昭和五十三年** 一月十四日，凌晨一點半，心肌梗塞過世，享年六十六歲。利根山光人素描花森的側臉。一月十六日，港區東麻布生活手帖研究室進行公司公祭。祭壇和會場是編輯部成員親手製作，最後，全體成員齊聲朗讀《生活手帖》封面內頁的花森話語「這是屬於你的手帖。內容包羅萬象。希望其中能有一、兩項立刻派上用場，即使有一、兩項看似無用，期許能夠留存在記憶之中，未來逐漸改變你的生活。……」未使用的封面原畫（和二世紀第四十五期的顏色不同），成為二世紀第五十三期的封面，也是花森親手繪製的最後一張封面。編輯後記〈編輯的手帖〉由大橋鎮子執筆撰寫〈關於總編輯花森安治〉。主要的追悼文有酒井寬〈悼花森安治 對庶民生活的強大影響力〉（《朝日新聞》一月十五日）；鶴見俊輔〈追憶花森安治〉（《朝日新聞》一月十八日）；山本夏彥〈悼花森安治先生 男人的宿願〉（《京都新聞》等，一月十八日）；樋口惠子〈追悼花森安治先生 一位無可取代的戰士的死〉（《愛媛新聞》等，一月十八日）；松田道雄〈我和花森安治的往來〉（《每日新聞》一月二十日）；杉浦明平〈悼花森安治之死 堅持不懈、絕不妥協的戰鬥〉（《圖書新聞》一月二十日）；山口瞳〈男性自身 花森安治先生〉（《週刊新潮》二月十六日號、二月二十三日號）等。二世紀第五十二期刊載〈關於人的手〉（絕筆）。

一九八六 **昭和六十一年** 《生活手帖》迎接第三世紀，第一期發行。

一九八八 **昭和六十三年** 酒井寬著《花森安治的工作》（朝日新聞社）出版。

一九九四 **平成六年** 在東京生活手帖社別館舉辦花森安治的《生活手帖》封面原畫展（五月二十八日～六月三十日），花森安治離世之後的第一次封面原畫展。

一九九七 **平成九年** 唐澤平吉著《花森安治的編輯室》（晶文社）出版。

一九九八　平成十年

第三世紀第七十六期創刊五十週年紀念特輯〈五十年的五十件事〉。

二〇〇二　平成十四年

花森安治和生活手帖展（六月二十六日～七月二日，東京銀座平面設計畫廊）。

九月，《生活手帖》發行總計第三百期。

十二月，《生活手帖》迎接第四世紀，第一期發行。發行《生活手帖保存版Ⅰ 三百期紀念特別號》。

二〇〇三　平成十五年

十二月，公司大樓搬遷至北新宿。

二〇〇六　平成十八年

花森安治和生活手帖展（二月四日～四月九日，東京世田谷文學館）。

二〇〇八　平成二十年

◎《生活的眼鏡》（中公文庫）出版。

二〇一〇　平成二十二年

大橋鎮子著《生活手帖與我》（生活手帖社）出版。

二〇一一　平成二十三年

◎《花森安治戲文集（全三冊）》（LLP BOOKEND）出版。

馬場真人著《花森安治的青春》（白水社）出版。

酒井寛著《花森安治的工作》（生活手帖社）更換出版社，出版新裝版。

《花森安治的設計》（生活手帖社）出版。

《文藝別冊 花森安治：美麗生活手帖的創始人》（河出書房新社）出版。

二〇一二　平成二十四年

生活和設計《生活手帖》花森安治的世界展（二月二十四日～四月九日，島根縣立美術館）。

花森安治和《生活手帖》展（六月三十日～九月二日，世田谷美術館）。

◎《社會時評集 花森安治「昨日今日」》（LLP BOOKEND）出版。

◎《花森安治集「衣裳・和服篇」》、《花森安治集「漫畫・電影・自己的事情篇」》（LLP BOOKEND）出版。

二〇一三　平成二十五年

戰時、戰後的戰病者～歷經二次除隊 花森安治的軌跡展（三月二十日～五月十二日，東京戰傷病者史料館）。

◎《花森安治集「戰爭・廚房・祭典篇」》（LLP BOOKEND）出版。

◎《指引明燈之言》（鈴木正幸構成，土井藍生監修，河出書房新社）出版。

初期刊登

〈改變日本生活的男人：花森安治傳〉
最初連載刊登於季刊雜誌《東京人》2010 年夏季號～2012 年春季號，
再經過大幅修正添筆而成本書。

圖版提供

生活手帖社　P.1、143、240、276、295、301、308、
328、333、343、351、365、373、432
土井藍生　P.38、51、97、117、128、149、157 上下、226、231、375

（上述以外的圖版，個別表示攝影者、提供來源、收藏處）

解說　中野翠

閱讀津野海太郎先生撰寫的《改變日本生活的男人》，我突然恍然大悟。

花森安治出生於明治四十四年十月二十五日。家父也是生於明治四十四年，只是比花森安治晚一個星期，十一月二日出生。

明治四十四年是明治天皇年號的最後一年，翌年七月三十日，明治天皇駕崩，大正天皇繼位改元。雖然，花森安治和家父都是出生於明治時代，其實卻是成長於大正時代；所以，兩人的童年時代都是生活在「大正摩登時代」，是大正人，而非明治人。

大正時代為期不長，僅僅十四年五個月。花森和家父的青春時期，則是在璀璨繁華的「昭和摩登時代」中度過。這段時期，美術方面，從新藝術運動逐漸轉成裝飾藝術的全盛時期。雜誌《新青年》獲得年輕人的熱烈支持，無聲電影轉為有聲電影。還有打扮摩登的男男女女，搔首弄姿地在走在銀座的街上……。

花森安治生活在松江，家父則在東京，雖然所處地區不同，但兩人肯定都感受吸收到形形色色的「昭和摩登氣息」。雖然此時筆者尚未誕生於世，卻從童年時代至現在，對於「昭和摩登」始終抱持著一種「鄉愁」般的愛戀。

筆者家中並非每期拜讀《生活手帖》，當需要購買煤油暖爐時，就會購買《生活手帖》，參考〈商品測試〉。

閱讀這份雜誌時，雖然還是似懂非懂的孩子，那些漂亮的手繪文字立刻吸引筆者的注意力，樸實卻摩登俐落，毫無做作誇飾，卻展現出高級感。

十幾歲時，筆者非常喜愛插畫家中原淳一主掌的《太陽》和《小太陽》等雜誌。兩本都是以年輕女性流行為主的雜誌，甜美、華麗的雜誌調性，加上中原淳一的插畫和手繪文字，充滿著撩動少女心的時髦流行感。

《太陽》的編輯、插畫、文章、手繪文字、排版等，都是中原淳一一手包辦，和《生活手帖》的花森安治如出一轍。對筆者而言，《太陽》和《生活手帖》就像是當時的兩大獨裁雜誌，雜誌直接反映出兩位總編輯的人格特質。

雜誌的影響力巨大深遠，說來難為情，筆者曾經使用非常粗糙的草紙，自己製作過雜誌。

《生活手帖》最令筆者留下深刻印象的是特輯頁面，例如〈肩背包熱門推薦〉。當時（五〇年代末期至六〇年代初期吧），成熟女性都使用手提包，挽在手腕上，鮮少有人使用肩背包。然而，《生活手帖》卻使用素人模特兒（似乎是編輯部門的女性成員？），展現肩背包的各種功能和方便俐落感。

過了幾年之後，肩背包果然成為時尚不可或缺的單品。

（中原淳一生於大正二年，比花森安治和家父小兩歲，可以說都是同一世代。）

往事歷歷在目，不由得心生懷念，只顧著閒聊個人私事，還是回到正題，本書

《改變日本生活的男人》經過綿密蒐集調查，是一部耐人尋味的評論傳記。

花森安治是個奇人，首先是綽號「鬼瓦」來源的嚴肅面孔，瀏海修剪成一直線，留著燙捲的長髮。他有時穿長褲，也穿褲裙。這些都是他經過思考所獲得的合理性。可能是他認為自己有義務成為《生活手帖》的活廣告，也可能是他從學生時代就養成的奇裝異服興趣。

對於這點，津野先生寫下：「另有一種奇裝異服，具有不同的動機和方向，例如花森的老友今和次郎，一年四季都穿著夾克，平常生活、學校講課，連婚喪喜慶也都是夾克裝扮。」筆者又再次恍然大悟，因為筆者非常尊敬喜愛今和次郎。

今和次郎是一位民俗學家，比花森安治年長二十三歲。而且他不穿皮鞋，穿著帆布鞋，絲毫看不出是一位學者，事實上他的著作《考現學》是這個領域的權威，書中嚴密的調查分析，簡直到了滴水不漏的地步（電影《帝都物語》的今和次郎角色是由伊藤正幸飾演）。

在花森安治的求學歷程中，神戶第三中學→舊制松江高中→東京帝國大學美術史學科，他遇到各種出類拔萃的人才——富士正晴、田宮虎彥、杉浦明平……，想必他是一個吸引優秀人才的強力磁場。

花森安治認識著名的平面設計師佐野繁次郎，也大大影響他的人生；他從佐野身上學到如何更有效果地運用手繪文字。

筆者長期以來，一直不解花森安治在戰時的行動。他沒上戰場幾天，就返回日本，然後便打造出宣傳口號「奢侈是大敵！」。日本國內制定國家總動員法，街角四處可見「奢侈是大敵！真正的日本人是不奢侈的！」的立牌。

當筆者知道這是花森所打造的文案，後來又知道他曾經任職於惡名昭彰的大政翼贊會宣傳部，年輕不明事理的筆者只感到失望透頂，以為「原來花森安治也不過如此，會受到時代潮流影響，煽動國民」。

但是，根據這本《改變日本生活的男人：花森安治傳》，才知道事實並非如此單純。因為作者認為「奢侈是大敵！」的確是出自花森之手，但是後面的「真正的日本人是不奢侈的！」卻可能是其他人加上的。

「即使戰時的他感受沉重，但是既然已經開戰，就不能認輸。身為一名日本國民，這種想法理所當然。」

戰後的花森曾經表示，「在這場戰爭中，我的確有罪。」「今後，我再不會被騙，還要增加不受騙的人。對於過去的罪行，在這股決心和使命感之下，我暫且能夠獲判緩刑。」相信這是花森率直無虛假的心情。如果是筆者自己……，應該也覺得身為一名日本國民，既然已經開戰，就不能認輸吧。不過，真正置身其中時，誰也沒把握究竟會如何。

老實說，「奢侈是大敵！」雖然成為戰時激勵士氣的口號，但是對花森安治而言，其實就只是表現出自己的趣味嗜好。他本來就厭惡裝飾過度、金錢堆疊而成的趣味。在這點上，花森在戰前、戰時和戰後，態度始終如一。

戰後物資缺乏的時代，花森提倡改造浴衣，裁剪成簡單服裝，或是創出直線剪裁的方法，將務實不浮誇的裝扮方式，推廣到各個家庭。

在新橋附近的銀座八丁目，從大廈中一室起步的生活手帖社，打造出發行量百萬的《生活手帖》。長期處於雜誌業界，尤其是現今網路普及，雜誌滯銷，發行量百萬簡直就是天方夜譚。

大橋鎮子撰寫《生活手帖》專欄〈獻給精采的你〉，是筆者的愛讀短文，真正表達出仰賴金錢，無法打造出時髦有型，而是必須依靠自己的巧思和修養。花森安治和大橋姐妹的相遇，實屬幸事。

一本精采的雜誌，背後一定藏有精采的相遇故事。

（平成二十八年〔二〇一六〕一月 專欄作家）

1 中野翠：一九四六～。專欄作家、散文隨筆作家。除了評論社會相關事件之外，也撰寫電影、書籍、落語等相關評論。

2 中原淳一：一九一三～一九八三。畫家、服裝設計師、插畫家、編輯。

一九五四年七月，生活手帖社。（攝影：樋口進，寫真提供：文藝春秋）

花森安治｜Hanamori Yasuji｜日本生活型態的創造者、《生活手貼》（暮しの手帖）第一任總編輯、平面設計師、記者、文案寫手，用三十年光陰，成為「改變日本生活的男人」。

一九一一年生於神戶的花森，從小大膽、好勝心強，有繪畫天分，小學三年級和他同班的作家田宮虎彥說：「花森在教室後面的黑板上，生動地描繪出伊索寓言的場景。」畢業後，花森就讀神戶第三中學，儘管學校禁止學生上戲院，父親卻默許他每月看一次電影，而且經常帶他觀賞寶塚少女歌劇。熱愛電影和攝影的花森，年少時就曾嘗試用法國製的 pathe Baby 相機拍電影；相較於說教型的電影，他更喜歡製作精良的娛樂作品，例如二戰前尾上松之助拍《國定忠治》系列，以及《飛行世紀》、《火燒摩天樓》、《黃金時代》等西洋片。高中時期接觸到小津安二郎的電影，十分著迷，尤其欣賞他以低視角仰拍的手法。後來《生活手帖》進行拍攝時，花森不時會朝著攝影師大喊：「小松，像小津那樣拍。」

一九二九年，花森高中落榜，在大倉山圖書館準備重考期間，他閱讀了平塚雷鳥的評論集《來自圓窗》、德國社會主義者奧古斯特．倍倍爾的《婦人論》，以及一些與解放女性地位相關的書籍，埋下他對女性主義的啟蒙種子。隔年花森考進松江高中，母親曾問他將來想做什麼，他毫不思索的回答「新聞記者或者編輯」。一九三三年，進入東京帝國大學文學部美學美術史學科，並加入人才濟濟的《帝國大學新聞》編輯部，當時成員有田宮虎彥、扇谷正造、杉浦明平、田所太郎等。

花森長相特異，給人面貌凶惡的印象，因而有「鬼瓦」綽號；除了繪畫天賦，寫作、演說長才也令同輩稱羨。他沉迷於各種大膽的文體實驗，文風像極全盛時期的龍膽寺雄、吉行榮助等新興藝術派；能說善道、辯才無礙，當上學生自治會長。「全權負責」的獨斷編輯風格，在擔任高中《校友會雜誌》編輯時展現無遺，前衛的繪畫、獨特的字體、如詩般簡潔的排版設計，「傳奇雜誌」的美譽傳頌至今。受前衛藝術運動拼貼理論的影響，花森認為透過挑選、連結組合既有事物，也是一種創造，能挖掘出前有未有、嶄新的美感與力道。他過人的眼界與獨樹一幟的排版風格，也讓《帝國大學新聞》煥然一新。因為約稿事宜，花森認識了以裝幀及插畫著名的西畫家佐野繁次郎，兩人意趣相投，二十四歲時擔任佐野繁次郎的助理，為化妝品公司伊東胡蝶園（後來的 Papilio）設計廣告。花森特色的手繪文字裡，有著佐野繁次郎的影子。

花森二十九歲被徵召前往北滿洲從軍，一年後因罹患肺結核返國。退伍後回到伊東胡蝶園復職，但軍政府已禁止製造化妝品，為了生計，他協助佐野繁次郎編輯出版《婦人的生活》叢書，從裝幀、版式風格以及編輯手法來看，花森名為助手實為得力的執行者。

一九四一年二戰爆發，花森在學長力邀下轉任大政翼贊會宣傳部門，一度為寶塚劇團撰寫劇本；一九四五年戰爭結束後，他在朝日新聞報社附近開了一間咖啡店，並在好友《日本讀書新聞》總編輯田所太郎的邀請下，幫刊物繪製插圖及書寫標題文字，而且透過他認識在編輯部工作的大橋鎮子。

大橋鎮子感念母親一生含辛茹苦，期望創辦讓女性更幸福的雜誌，花森深受感召：「我希望立下一個約定，就是打造出不再發生惡戰的世界；我想每個人若是能夠珍惜自己的日常生活，戰爭就不會發生了吧。」建設和平的新社會，就得從建立美麗而合理的家庭生活開始。一九四六年，他們在銀座創辦衣裳研究所及《造型書》雜誌，教導親手做西式服裝的知識和技術，兩年後更名為《美麗生活手帖》，增加食與住方面的內容，一九五三年再次定名為《生活手帖》，以提升日本人的生活品質和審美觀為宗旨，同時邀請一流作家如川端康成、志賀直哉為雜誌撰文，在日常中注入文學性。

隨著五〇年代景氣復興到六〇年代高度經濟成長，《生活手帖》敏銳地察覺到新生活模式的出現，推出「商品測試」單元，以當時少見的科學方式進行實驗。一九五四年，二十六號刊，首次刊載商品測試文章〈襪子〉，大受歡迎。從震驚讀者的家電產品測試到宅急便運送品質評比，精準地掌握家庭生活的需求，打敗其他婦女類型雜誌。花森指出商品測試是對商品的批判，也是對社會、對文明的批判；真正目的，不是為了消費者，而是提升日本的國際製造能力，將迷失基本精神的企業拉回正軌，踏實地製作優良產品。為了獨立報導、言論公正，《生活手帖》不刊登任何廣告，創下日本雜誌首例，堅定至今。一九五七年，三十八號刊的發行量已超過五十萬冊，森花離世前攀升到近百萬冊，驚人的銷量史無前例。

花森不對企業、政府或任何人阿諛奉承，就算被輕視也立志要守護日常生活的小事。在美學上有自己獨特的主張與堅持，從雜誌的提案、封面的繪圖、照片的拍攝到文稿撰寫，甚至於一字一行的韻律感，從字體級數、字距、行距、插畫及留白等細節都必須符合「花森主義」，嚴謹獨裁宛如「編輯室裡的天皇」；從文章、標題、插畫、手繪文字、排版、照片拍攝、報紙廣告到電車車廂廣告，花森也都不假他人，堪稱日本雜誌史上罕見的達文西型全能編輯。

花甲之年，花森將《生活手帖》中的文章集結成書《一戔五厘的旗幟》，於一九七二年與井伏鱒二的《早稻田的森林》，同時獲第二十三屆讀賣文學獎。一九七八年一月十四日，第一五二期《生活手帖》出刊前夕，花森因心肌梗塞逝世，享年六十六歲。隨後，大橋鎮子扛下總編輯重擔，直到二〇〇六年由松浦彌太郎接棒。

將榮格心理學引進日本的臨床心理學家河合隼雄，稱讚花森是「手感的思想家」，索尼公司創辦人暨社長盛田昭夫晚年曾拜訪《生活手帖》，有感而發表示「日本製品能夠達到世界頂級水準，其中原因之一就是商品測試」。花森則在第一百期〈編者的手帖〉中說道：「《生活手帖》從第一期到第一百期，都是由我親力親為進行採訪、攝影、撰稿、設計版面、繪製插畫、校訂內容。這些都是令身為編輯的我，最具有生存價值，且感到愉悅與值得驕傲之事。我希望能盡心地擔任編輯，至死方休，在那個時刻來臨前，我會持續採訪、拍照、寫作，讓紅色校正的筆染紅手指，無愧於現任的編輯重任。」為他自己一生寫下最佳註解。

二〇一一年，日本島根縣立美術館為紀念花森安治誕生一百週年，舉辦「《生活手帖》花森安治的世界」展覽；二〇一六年，NHK製作播出晨間劇《大姐當家》，向一生戮力推動日本生活新典範的大橋鎮子與花森安治致敬；二〇一七年，東京世田谷美術館推出「花森安治的工作——設計的手．總編輯的眼」大型展覽，重現他的編輯人生。

這是屬於你的手帖。
內容包羅萬象。
希望其中能有一、兩項立刻派上用場，
即使有一、兩項看似無用，
期許能夠留存在記憶之中，
未來逐漸改變你的生活。
這本生活手帖是屬於你的。

——**花森安治**

津野海太郎｜Tsuno Kaitaro｜作者｜一九三八年，生於福岡。早稻田大學文學部畢業之後，從事戲劇演藝、出版的工作。曾任晶文社董事、《季刊．書和電腦》總編輯、和光大學教授、和光大學圖書館長等。主要著作《滑稽的巨人：坪內逍遙的夢》（新田次郎文學獎）、《傑羅姆．羅賓斯死了》（藝術選獎文部科學大臣獎）、《莫名其妙的時代》、《絕不做不想做的事：植草甚一的青春》、《別小看電子書》等。

蔡青雯｜譯者｜日本慶應義塾大學文學部美學美術史系學士。目前專職口譯與筆譯。

王志弘｜選書、設計｜平面設計師，國際平面設計聯盟（AGI）會員。二〇〇〇年成立個人工作室，承接包含出版、藝術、建築、電影、音樂等領域各式平面設計專案。與出版社合作成立書系，以設計、藝術為主題，引介如荒木經惟、橫尾忠則、中平卓馬與川久保玲等相關之作品。作品六度獲台北國際書展金蝶獎之金獎、香港HKDA葛西薰評審獎、韓國坡州出版美術賞，東京TDC提名賞。著作有《Design by wangzhihong.com: A Selection of Book Designs, 2001-2016》。

SOURCE SERIES

1 鯨魚在噴水／佐藤卓
2 就是喜歡！草間彌生／Pen 編輯部
3 海海人生！橫尾忠則自傳／橫尾忠則
4 可士和式／天野祐吉、佐藤可士和
5 決鬥寫真論／篠山紀信、中平卓馬
6 COMME des GARÇONS 研究／南谷繪里子
7 1972青春軍艦島／大橋弘
8 日本寫真50年／大竹昭子
9 製衣／山本耀司
10 背影的記憶／長島有里枝
11 一個嚮往清晰的夢／Wibo Bakker
12 東京漂流／藤原新也
13 看不見的聲音，聽不到的畫／大竹伸朗
14 我的手繪字／平野甲賀
15 Design by wangzhihong.com／王志弘
16 為何是植物圖鑑／中平卓馬
17 我在拍電影時思考的事／是枝裕和
18 色度／德瑞克．賈曼
19 想法誕生前最重要的事／森本千繪
20 朱紅的記憶：龜倉雄策傳／馬場真人
21 字形散步 走在台灣：路上的文字觀察／藤本健太郎
22 改變日本生活的男人：花森安治傳／津野海太郎

書系獲獎記錄：書系獲韓國坡州出版美術賞年度最佳設計／《海海人生！橫尾忠則自傳》獲開卷（翻譯類）好書獎／《看不見的聲音，聽不到的畫》獲東京TDC賞入選、《Design by wangzhihong.com: A Selection of Book Designs, 2001-2016》獲誠品書店閱讀職人大賞、台北國際書展大獎入圍、東京TDC賞入選……………

Source22／改變日本生活的男人

日本の暮しをかえた男

花森安治伝

作者：津野海太郎
譯者：蔡青雯
選書・設計：王志弘
發行人：涂玉雲
出版：臉譜出版

發行：英屬蓋曼群島商家庭傳媒股份有限公司城邦分公司
台北市民生東路二段一四一號二樓
讀者服務專線：〇二～二五〇〇～七七一八
〇二～二五〇〇～七七一九
服務時間：週一至週五　九：三〇～一二：〇〇
一三：三〇～一七：三〇
二十四小時傳真服務：〇二～二五〇〇～一九九〇
〇二～二五〇〇～一九九一
讀者服務電子信箱：service@readingclub.com.tw
劃撥帳號：一九八六三八一三／書虫股份有限公司
英屬蓋曼群島商家庭傳媒股份有限公司城邦分公司
城邦網址：http://www.cite.com.tw
臉譜推理星空網址：http://www.faces.com.tw

香港發行：城邦（香港）出版集團
香港灣仔軒尼詩道二三五號三樓
電話：八五二～二五〇八～六二三一
傳真：八五二～二五七八～九三三七
電子信箱：hkcite@biznetvigator.com

馬新發行：城邦（馬新）出版集團
Cite (M) Sdn. Bhd. (458372 U)
11, Jalan 30D/146, Desa Tasik, Sungai Besi,
57000 Kuala Lumpur, Malaysia
電話：六〇三～九〇五六～三八三三
傳真：六〇三～九〇五六～二八三三
電子信箱：citekl@cite.com.tw

初版一刷：二〇一九年五月

國際標準書號：九七八～九八六～二三五～七三九～二
定價：新台幣四八〇元整

HANAMORI YASUJI DEN
花森安治伝
NIHON NO KURASHI WO KAETA OTOKO
日本の暮しをかえた男

by TSUNO KAITARO
津野海太郎